体育人文译丛

主　编　田　慧

07

Social Theory, Sport, Leisure

Ken Roberts

社会理论、体育与休闲

［英］肯·罗伯茨　著

田　慧　王　敏　主译

北京体育大学出版社

策划编辑： 王英峰
责任编辑： 王英峰
责任校对： 左　颖
版式设计： 久书鑫

北京市版权局著作权合同登记号：01-2024-0797
Social Theory, Sport, Leisure
By Ken Roberts/ISBN: 9781138936737

图书在版编目（CIP）数据

社会理论、体育与休闲 / （英）肯·罗伯茨著 ; 田慧, 王敏主译. -- 北京 : 北京体育大学出版社, 2024.2
（体育人文译丛 / 田慧主编）
书名原文: Social theory, sport, leisure
ISBN 978-7-5644-3976-7

Ⅰ. ①社… Ⅱ. ①肯… ②田… ③王… Ⅲ. ①休闲体育一研究 Ⅳ. ①G811.4

中国国家版本馆 CIP 数据核字(2024)第 001942 号

社会理论、体育与休闲　　[英]肯·罗伯茨　著
SHEHUI LILUN、TIYU YU XIUXIAN　　田慧　王敏　主译

出版发行：北京体育大学出版社
地　　址：北京市海淀区农大南路 1 号院 2 号楼 2 层办公 B-212
邮　　编：100084
网　　址：http://cbs.bsu.edu.cn
发 行 部：010-62989320
邮 购 部：北京体育大学出版社读者服务部 010-62989432
印　　刷：唐山玺诚印务有限公司
开　　本：710mm×1000mm　1/16
成品尺寸：170mm×240mm
印　　张：15.5
字　　数：212 千字
版　　次：2024 年 2 月第 1 版
印　　次：2024 年 2 月第 1 次印刷
定　　价：188.00 元

译 者 名 单

主译： 田　慧　王　敏

译者：（按姓氏笔画为序）

王　敏　亓顺红　田　慧

李　娟

译丛前言

为了推进体育社会学学科的建设与发展，做好体育人文译丛的出版工作，我们组织北京体育大学国际体育组织学院的师资力量，集中精力，翻译了国外7本体育社会学方面的前沿性学术著作，分别是:《体育社会学启蒙：现代社会体育运动研究》《足球、权力与政治：有关足球和社会的跨学科研究》《足球运动主体研究》《体育社会学》《社会中的体育：问题与思辨》《足球美学、诗学与修辞》《社会理论、体育与休闲》。入选体育人文译丛的这些学术译著，是国际上体育社会学研究领域较为经典的文本，作者均为国际上从事体育社会学研究的知名专家、学者。译著内容包括现代体育社会学和足球运动两大研究主题，既有对现代体育发展、体育对现代社会的影响等体育社会现象的分析研判，又有对足球运动的社会学、美学、史学、政治学方面的研究和探讨。

在这套翻译丛书出版之际，我们要特别感谢北京体育大学国际体育组织学院院长田慧女士的大力支持！

前　　言

对于需要将社会学观点应用到体育与休闲研究的学生来说，《社会理论、体育与休闲》是一本文字简洁、清晰明了的社会理论入门读物。本书内容简单易懂，无须任何知识基础即可理解，从全新的角度概述并诠释了社会学对体育与休闲研究的贡献。

本书结构大体上按年代顺序编排，每个章节有如下特点。

• 重点介绍一位重要的社会理论家及其最具影响力的思想。

• 提供详细的历史和传记信息，以便读者理解这些社会理论家及其思想产生的背景。

• 指出这些理论可以用于解决体育与休闲领域的哪些问题。

• 探索如何将这些思想应用到体育与休闲领域，介绍这些思想在体育与休闲领域曾有过哪些应用案例。

• 均可作为独立的材料，便于学生和教师根据自身的需求灵活应用。

本书的作者是体育与休闲领域的一位杰出的社会学家。本书内容浅显易懂，有助于学生在掌握重要概念的同时了解这些概念的多样化应用。因此，对于旨在探索体育与休闲在社会学中的地位和意义的课程而言，本书是一本必不可少的教材。

肯·罗伯茨是利物浦大学的社会学荣休教授和研究员，在切斯特大学从事体育与休闲教学已有 25 年以上。他是休闲研究协会的创始人和名誉终身会员，同时也是国际社会学协会休闲研究委员会和世界休闲组织研究委员会的前任主席。40 年来，他的多部著作一直被用作体育与休闲课程的教材。

“该书的作者是一位社会学家，也是休闲研究领域的创始人。对于学习大学预科课程的学生而言，该书是他们从社会学角度了解体育与休闲的最佳教材。”

——***约翰·霍恩（John Horne）***，*英国中央兰开夏大学体育与社会学教授*

“该书对体育与休闲研究做出了巨大贡献。肯·罗伯茨用深思熟虑的反思性方法深刻考察了各种社会学理论及其贡献，并提出了一系列新的研究问题。无论是对于学者还是学生而言，该书都是他们对当前问题进行反思和探究时不可或缺的一本书。”

——***阿塔娜·希文（Atara Sivan）***，*中国香港浸会大学社会科学院副院长兼教育学系教授*

“对于想从社会学理论视角理解体育与休闲的学生来说，该书是核心的优质教材。罗伯茨以一种清晰且引人入胜的风格，向读者介绍了如何从不同理论家的理论视角来理解体育与休闲。”

——***卡尔·斯普拉克伦（Karl Spracklen）***，*英国利兹贝克特大学休闲研究教授，多样性、公平和包容研究中心主任*

“肯·罗伯茨为我们这些社会学背景有限的人提供了宝贵的资源。他简要回顾了历史上意义深远的社会学思想，方便我们了解这些思想。此外，他还介绍了这些思想之间的相互联系，为如何应用这些思想来加强我们对休闲行为的理解提供了深刻见解。该书观点积极向上，不偏不倚，论述了每一种思想的潜在贡献，而且不存在为了宣扬其中某种思想而贬低其他思想的情况。本人于20世纪60年代晚期进入该领域，当时肯·罗伯茨已经是休闲研究领域学者中少有的几位开拓者之一。我想不出在这个领域还有谁比他更适合撰写这本书了。该书秉承其清晰的散文风格，具有很强的可读性。在我看来，该书堪称这个领域的经典之作，即使再过20年，其重要性也不会有丝毫下降。”

——***约翰·克朗普顿（John Crompton）***，*美国得克萨斯农工大学杰出教授、董事教授、卓越教学首席教授*

目　　录 Contents

第一章

绪论

“社会学”（sociology）一词由法国人奥古斯特·孔德（Auguste Comte，1798—1857）创造，他也因此被公认为该学科的创始人。自此，社会学成为各种社会理论的基础。由于体育和其他休闲活动均为社会性活动，因此社会学自然而然地成为体育与休闲研究的学术基础。几乎所有的现代体育运动及很多其他现代休闲活动（如外出度假）都是由欧洲国家在 19 世纪的工业化和城市化进程中发明的。为了回应并解释这些社会转变，社会学应运而生。但是，在孔德去世一百多年后，社会学家才开始对休闲活动展开集体性研究。这种对休闲的忽视不是社会学独有的特征。直到 20 世纪末，人们才认识到那些原本被认为“无关紧要”的娱乐活动可以对经济发展发挥如此重要的作用，而在此之前，没有任何一门社会科学对此高度关注。那时，最先进的经济体正向后工业化阶段过渡，休闲产品和服务对就业和国家间的贸易差额发挥了关键作用，以至与休闲、娱乐、体育、媒体、旅游和活动有关的课程及相关专业的学生人数呈现爆炸式增长的趋势。所有这些课程都需要社会学知识，其中就包括那些与体育和其他休闲活动所具有的社会特征有关的社会学理论。但问题是，从孔德开始，几乎没有一位重要的社会理论家写过关于休闲的著作。即便如此，他们的理论仍可以用在体育与休闲研究中。体育与休闲学者可以从这些理论中为其正在探索的问题找寻答案，也可以基于这些理论提出全新的问题。

一、社会学与社会理论

奥古斯特·孔德之所以被视为社会学的创始人，是因为他创造了“社会学”这个词。从字面意思来看，社会学指与社会有关的研究。这个词的创造以及这个词本身对人们接受和认同这一新型社会思想发挥了重要作用。虽然孔德的理论很快就被否定了，但他关于社会学使命、社会学总体特征和范围的思想在 20 世纪 30 年代之前一直支配着社会学在欧洲的发展。孔德的社会学与早期社会思想的区别在于前者采用了科学的方法。19 世纪是科学发展的辉煌时代，科学推动了交通运输业、制造业和作战技术的长足发展。孔德期望社会学也能获得同样的地位，并在社会变革的管理方面发挥与科学同样的推动作用。

用孔德自己的话来说，他的社会学研究的是社会的静态和动态现象，即现在所说的社会结构和社会变革。他的社会学旨在确立一种历史规律，用来解释 19 世纪法国（孔德的祖国）和欧洲其他国家发生的变化，以及如何加速新兴经济、政治和社会秩序的产生。孔德出生于法国大革命（1789—1794）之后。1799 年，孔德尚且年幼，那时担任军队指挥官的拿破仑·波拿巴（Napoleon Bonaparte）接过了革命的接力棒，建立了法兰西第一帝国，并于 1804 年成为帝国的皇帝。随后，拿破仑在欧洲发动了一系列军事行动，但最终都以失败而告终。1814 年，波旁王朝复辟，当时孔德已近成年。在波旁王朝的统治下，法国人民怨声载道，于是分别于 1830 年和 1848 年发动了类似 1789 年的革命，但均以失败而告终。法国和其他欧洲国家的基础发生了动摇。孔德的社会学旨在解释正在发生的变革，找寻这些变革的推动因素，并总结出管理这些变革的方法。

孔德希望能够将社会学与其所称的“社会物理学”（即现在的社会统计学）

区分开来。社会物理学主要用于收集工厂、矿山和城市中有关生育率、结婚率、死亡率、住房、健康和其他状况的数据。孔德坚持认为社会学应该关注社会的宏观层面，这使该学科在欧洲长达一个世纪并未得到发展。研究工业城镇和工厂的情况，测算贫困、犯罪和其他社会问题产生的频率并探寻其原因，这些成为社会学的另一个研究方向，与社会政治改革运动密切相关。该方向后来成为"社会行政"学科的基础，后来该学科更名为"社会政策"。

从 19 世纪 70 年代开始，美国社会学便呈现出与欧洲社会学不同的发展趋势。它开始研究美国的社会变革。这门学科成为热门专业，并从 19 世纪 90 年代开始迅速在美国各大学传播开来。第二次世界大战后，欧美社会学融合，欧洲社会学接纳了孔德的社会物理学，而此前社会学在欧洲一直是一个弱势领域。在欧美社会学融合之前，欧洲社会学理论主要研究历史进程和第二次现代化时期社会的一般特征。直到 1895 年，埃米尔·涂尔干（Emile Durkheim，1858—1917）在法国波尔多大学成为欧洲第一位社会学教授，这门学科才有了学术根基。随后，这门学科开始向其他欧洲国家的大学传播，但传播力度微乎其微。自 1905 年起，伦敦经济学院开始教授社会学，但直到 20 世纪 30 年代末，英国的其他学校都未开设社会学专业。之后，社会学经历了重构。在欧洲，社会学与孔德的社会物理学相结合，迅速普及，并很快成为大学的正式专业。随着社会学的发展，学者们开始专门从事家庭、教育、犯罪等方面的研究。在这一过程中，体育与休闲研究成为社会学"众多专业领域"中的一个分支学科，但直到 20 世纪 90 年代，它都是非常次要的分支学科。20 世纪 40 年代至 60 年代是这门学科飞速发展的时期。那时的社会学家们面临着一项艰难的决策，即应向学生们讲述 19 世纪和 20 世纪早期的哪些理论。结果，孔德的理论被排除在外。埃米尔·涂尔干、卡尔·马克思（全名为卡尔·海因里希·马克思，Karl Heinrich Marx，1818—1883）和马克斯·韦伯（Max Weber，1864—1920）被认为是社会学的"奠基人"或"古典理论家"。这些学者与美国社会学家塔尔科特·帕森斯（Talcott Parsons，1902—

1979）（欧洲各社会理论的集大成者）均为本书第一部分介绍的古典理论家。

涂尔干和帕森斯担任过社会学领域相关学术职务。马克斯·韦伯是一名大学教师，但他就职于经济学系。卡尔·马克思和孔德都没有正式的学术生涯。孔德是一位法国贵族的秘书，这位贵族实际上是孔德的赞助人。那时，欧洲的知识分子不一定都在大学任教。他们既可能是牧师，也可能是大学教师、有独立谋生手段或受富人赞助的人。孔德意识到，他自己的职业生涯所处的时代即将结束。卡尔·马克思也认同这一观点。马克思的主要赞助人是弗里德里希·恩格斯（Friedrich Engels，1820—1895）。恩格斯来自一个以纺织品制造和贸易起家的德国家庭。18 世纪和 19 世纪的某些社会理论家虽然担任过学术职务，但都不属于社会学领域。在 18 世纪，他们更有可能被称为道德或政治哲学家。到了 19 世纪，这一学科又加入了政治经济学。在 20 世纪，这些理论家被称为社会学家，但无论是他们自身还是同时代的人，都并不一定认为他们所从事的是社会学研究。直到 19 世纪 90 年代，政治学、经济学、社会学、法律和历史才开始逐渐分离开来，分别成为独立的现代学科，这一过程一直持续到 20 世纪 30 年代。如前文所述，19 世纪的知识分子有些在大学任教，而有些则是拥有独立的谋生手段、有赞助人或未从事学术职业的人。托马斯·马尔萨斯（Thomas Malthus，1766—1834）是一位牧师，他关于人口的文章在整个 19 世纪都受到了广泛关注。他认为，人口会呈现几何级数增长（在翻倍的基础上再翻倍）的趋势，而食物供应却只以算术级数增长（在连续的时间段内以相同的单位增长）。马尔萨斯认为，这意味着必须通过饥荒、瘟疫或战争来控制人口增长。人类只有积极节育才能避免这种情况的发生，而马尔萨斯认为节育是不可能的。马尔萨斯的思想在整个 19 世纪都具有很高的可信度，当时欧洲经济处于扩张阶段，但贫困依然存在。从 19 世纪晚期开始，欧洲人开始实行计划生育，马尔萨斯的理论便被遗忘了，马尔萨斯本人也未能成为社会学的奠基人之一。除了其理论被证明是错误的以外，其学术志向也过于狭隘。

社会学历史上的所有理论都解释了整个人类历史的社会变革。一些人认为人类的思想是历史变革的驱动力。孔德和与他同时代的德国著名哲学家格奥尔格·黑格尔（Georg Hegel，1770—1831）均这么认为。孔德认为人类思想的发展经历了三个阶段（即“三阶段法则”）。第一个阶段是神学阶段，用火神、风神等神灵来解释事件；第二个阶段是形而上学阶段，用自然法则或上帝的意志等抽象力量来解释事件；第三个阶段是科学阶段，用因果定律来解释事件。孔德认为，科学时代始于自然科学，并将随着社会学的发展而终结。孔德对未来充满希望。他期望社会学能够成为一种新的宗教。在 15、16 和 17 世纪教会人士和科学家关于天文学的争论，以及在 19 世纪关于进化论的争论中，科学都占了上风，这促使 19 世纪的知识分子普遍期望科学最终能够取代宗教。伦纳德·霍布豪斯（Leonard Hobhouse，1864—1929）是伦敦经济学院的第一位社会学教授，他认为历史变革的驱动力是道德进化。从最早期的社会开始，人们就已经开始遵循特定的道德规则，这些道德规则支配着特定群体中的人（如家庭成员）的行为。霍布豪斯认为，道德进化的最终结果是产生适用于全人类的普遍伦理原则。随着社会学在 20 世纪中期的重构，霍布豪斯的思想逐渐被人遗忘。但是在今天，联合国设立了拥有全球管辖权的国际法庭，从这方面来看，霍布豪斯似乎正确地解读了历史。但就像孔德的三阶段法则一样，霍布豪斯的观点最终被证明是错误的。马克斯·韦伯对思想在历史中的作用作出了更为复杂的解释。他的思想也因此被纳入 1945 年后经过重构的社会学中。

在 19 世纪，进化论成为自然科学的重大进展之一，同时也是主要的争论点之一。在这场争论中，查理·罗伯特·达尔文（Charles Robert Darwin，1809—1882）的理论最终获胜，进化是不同植物之间、不同动物之间为生存而斗争的结果，而那些生来就有先天优势的物种是最有可能生存下来的物种，并最终成为优势物种。19 世纪的许多社会理论家认为，社会也在以类似的方式进化。19 世纪，科学家们把人类分为不同种族，各大帝国也纷纷崛起。大多数欧洲人都坚定地认为他们天生就比其他种族优越，这就是社会人类学（随着帝国的扩张而不断传播，研究原始人及他们的简单社会）最终与人类学（研究人类不同族群的生理差异）结合而未与社会学结合的原因。居住在克拉科夫（现属波兰，但当时属于奥地利）的路德维希·龚普洛维奇（Ludwig Gumplowicz，1838—1909）认为，社会进化的驱动力是不同种族之间争夺霸权的斗争。法国贵族亚瑟·德戈比诺（Arthur de Gobineau，1816—1882）赞同此观点，雅利安种族就是他提出（或编造）的。这些贡献虽然已经被人为地从社会学历史中抹去，但它们与孔德和霍布豪斯的理论一样，在1939年以前都曾是欧洲大学预科课程的一部分。

赫伯特·斯宾塞（Herbert Spencer，1820—1903）提出了社会进化的另一种解释。斯宾塞是英国德比郡一位牧师的儿子，起初在一家铁路公司工作，后来成为一名独立的学者，靠著书立说、为报刊撰写文章和演讲为生。他认为所有物种都是从简单型进化到复杂型的，因为复杂的生物体总是更强壮，生存能力也更强。“适者生存”（the survival of the fittest）这一说法首先是由斯宾塞提出的，而不是达尔文。他也是第一个将社会比作生物有机体（如动物的身体）的人。斯宾塞学识渊博，样样精通，像他这样的知识分子现在已经找不到了。他成为国际知名的知识分子，曾应邀到美国演讲，日本政府在19世纪晚期寻求现代化时还曾询问过他的建议。英国经济学家亚当·斯密（Adam Smith，1723—1790）注意到，在企业内部实行劳动分工有很多益处（例如，可以使工人专注于最适合自己的工作），市场这只看不见的手拥有一股进步的力量，个人对自身利益的追求会推动更广泛的全面繁荣。斯宾塞认为，随着社会各个部分劳动分工的日益广泛，人们生存的机会也在增加。但遗憾的是，斯宾塞的这一思想遗产被埃米尔·涂尔干纳入了其关于不断深化的社会分工的论述中，涂尔干的这一论述更加全面，而他也成为公认的社会学奠基人之一。涂尔干还有另外一个优势：他是一位专职的社会学家，而不是一位博学者。他不仅是社会学家，而且在1895年成为欧洲第一位社会学教授。斯宾塞的资历就相形见绌了。

黑格尔认为，思想之间的斗争才是历史变革的驱动力。虽然黑格尔的主张与龚普洛维奇和德戈比诺（认为变革的驱动力是种族间的斗争）的一样具有影响力，但黑格尔很少在社会学思想史中被提及。而其他人则认为，斗争发生在简单的社会有机体和复杂的社会有机体之间。对此，马克思与他的合作者、赞助人恩格斯提出了他们自己的观点：变革的驱动力是社会内部群体之间的冲突。马克思和恩格斯认为，历史变革的参与者是各个阶级，而这些阶级是根据他们与生产资料的关系进行划分的。这一观点打破了他们之前关于社会因内部冲突而削弱的假设。而马克斯·韦伯则提出，除了生产资料所有者和劳动者之外，还存在其他阶级。他还提出，这种冲突也可能与地位有关，也可能纯粹是为了追求权力而产生的。马克思和韦伯正是因为这些思想而被誉为古典社会理论家。

与马克斯·韦伯同时代的很多德国学者也对社会学思想做出了持久的贡献。其中一位是费迪南德·滕尼斯（Ferdinand Toennies，1855—1936）。他对比了传统的“礼俗社会”和“法理社会”。在“礼俗社会”，生活由表达本能、习惯和信念的“自然意志”所支配，社会关系是情感性、协同性的；“法理社会”受“理性意志”所支配，社会关系是契约性、客观性的，崇尚利己主义，而且生活中充满了竞争（Toennies，1887）。另一位是格奥尔格·齐美尔（Georg Simmel，1858—1918）。他起初因其关于大都市和精神生活的论文而成为国际知名的学者（Simmel，1903），但在 21 世纪，他又凭借关于商品、服务和社会关系金融化的论述而重新吸引了人们的目光（Simmel，1900）。滕尼斯和齐美尔之所以未被列为主要的古典社会理论家，并不是因为他们的思想未被世人所接纳，而是因为他们的理论与涂尔干、马克思和韦伯的理论相比，范围更为狭窄。

本书的第二部分介绍了古典理论家的继承学派。第二部分的收录标准与第一部分不同。涂尔干、马克思和韦伯都是在去世后很长时间才被公认为古典理论家和社会学奠基人的，人们认为他们的思想应该被保存下来。他们的理论继承者有的还健在，有的刚刚去世，因此无法应用统一的筛选标准。他们之所以能够成为主要的社会理论家，是因为他们的思想一直被社会学的大多数分支学科所采用，有时也被其他学科所采用。但诺伯特·埃利亚斯（Norbert Elias，1897—1990）是个例外，他的思想很少在其他领域被采用。本书介绍他的思想是因为他在当代体育学者的研究中占有重要地位。

第二部分介绍的大部分继承学派都延续了古典社会学的发展进程，对历史进行了重新解读。但不同的是，马克斯·韦伯之后的社会理论家不再试图解释人类的整个历史，而是将研究范围限定在欧洲中世纪以来的变革上。这些重新解读历史的社会理论家包括诺伯特·埃利亚斯、第七章介绍的一些批判理论家，以及米歇尔·福柯（Michel Foucault，1926—1984）。除此之外，第二部分还介绍了其他理论家，他们为社会学提供了不同“分析”类型的理论。这些理论都以塔尔科特·帕森斯的思想为基础。本书将塔尔科特·帕森斯放在第一部分，是因为他既是1939年前欧洲社会学和美国社会学之间的桥梁，也是古典理论家和继承学派之间的衔接者。帕森斯赞同斯宾塞和涂尔干的观点，认为历史的中心趋势是不断深化的社会分工，其原因是复杂的社会比简单的社会更为强大。帕森斯还提出了一套分析理论，即一套相互关联的概念，可用于研究任何时间、任何地点的任何社会。符号互动论和皮埃尔·布迪厄（Pierre Bourdieu，1930—2002）的研究也属于分析理论。

第三部分讨论了目前仍在发展的理论。这些理论在历史进程方面仍然延续古典社会学的发展进程，但这里所说的历史是指20世纪晚期之后的时期。这些理论主要探讨第二次现代化时期的特征，在这个时期，新信息通信技术的发展使生活的方方面面都发生了变化。“后工业时代”“新自由主义”“知识经济”和“信息时代”是这个新时期的代名词。

第十一章介绍的是现代化理论在1989年以后的发展。这一时期，一种观点得以复苏，即全世界所有的社会都处在同一个“现代化”轨道上。之所以用“复苏”这个词，是因为“同一轨道”这个概念是19世纪经典社会进化论和发展理论（其他国家追赶经济最发达的国家）的观点。

本书并不贬低书中介绍的任何一种理论。每一章都尽可能为相应的理论或理论家提供最强有力的论据。

二、体育与休闲研究

虽然单纯从学术基础方面来看，社会学自然而然地成为体育与休闲研究的母学科，但体育与休闲起初的学术根基并不是社会学。

有关日新月异的现代化时期的社会理论主要源于欧洲。孔德及其之后的继承学派为我们留下了丰富的思想遗产，供我们借鉴和发展。欧洲大陆是孕育文艺复兴和宗教改革的土壤，同时也是启蒙运动的发源地。托马斯·霍布斯（Thomas Hobbes，1588—1679）、约翰·洛克（John Locke，1632—1704）、让-雅克·卢梭（Jean-Jacques Rousseau，1712—1778）和伊曼努尔·康德（Immanuel Kant，1724—1804）等政治家和道德哲学家正是诞生于启蒙运动时期。美国社会学产生了理解当代美国所必需的理论。我们既没有必要也没有机会去探索这些理论漫长的历史轨迹，但在把体育与休闲作为独立的学科来发展这一方面，美国比欧洲领先了几十年。

体育之所以会成为一门独立的学科，是因为它在美国大学中扮演着独特的重要角色。大多数现代体育运动是由世界上第一个工业国家——英国发明的，然后被传播到全世界，但这其中并不包括美国。英国的中学（当时均为私立中学）和大学是英国现代体育运动的发源地。美国的情况与之类似：大学是美国现代体育运动的主要场所。但与英国不同的是，美国的大学体育从一开始便主要为竞技体育，且被媒体报道。随后，为了通过体育方面的成就提高自身声誉，一些美国大学会提供体育奖学金来吸引有天赋的年轻运动员。这些大学是进入职业体育领域的敲门砖，也是美国奥运会代表团成员的选拔基地。体育研究是在大学的体育院系内开展的，这些院系是学校的“摇钱树”。举办竞技体育赛事产生的收入是体育奖学金、其他费用和成本的很多倍。对于体育研究者来说，最开始、最主要的问题是如何选择、指导和训练有天赋的年轻运动员，以及如何让他们在田径场、滑冰场或球场上获胜。

休闲研究也诞生于美国。到 20 世纪 30 年代末，美国大约有 1000 所大学开设了为公共部门和志愿部门的休闲服务培养领导者的课程（Pangburn，1940）。到 20 世纪中叶，美国已经拥有了一个庞大而多样化的高等教育体系。与欧洲数量较少、更精英化、更传统的高等教育体系相比，这样的教育体系更容易为体育与休闲等新学科创造发展的空间。通过合并和吸收已有的体育教育、休闲领导能力和户外休闲课程，美国于 20 世纪 50 年代创办了休闲研究课程和院系（Samdahl，2010）。在美国，休闲学者与国家的休闲服务之间的联系比与其他学科的联系更为密切。到目前为止，美国的休闲学者们还未形成一个学术协会，但从 1978 年开始，他们就在美国国家游憩与公园协会的年度会议上陆续举行主要研讨会——休闲研究研讨会（Henderson，2011）。

现代体育运动最初是在英国的中学和大学里兴起的，但其目的是娱乐和教育（保持健康、健身和性格塑造），而不是举办竞技体育赛事或为学生成为职业运动员做准备。在英国的高等教育体系中，体育首次成为一门学科是以成为大学师资培育专业的形式实现的。该专业的学生是在为毕业后的教学工作做准备，而不是为成为体育专业人士或奥运会选手做准备。然而，这些为体育教育制订的师资培育计划却成为 20 世纪 70 年代以后引入更广泛的体育与休闲研究课程的基础。之后，休闲研究从美国传播到英国，但不同的是，体育研究在美国有独立的学术基础，而在英国，它往往是休闲研究课程的核心。这些学科被纳入英国高等教育体系之时正值学生人数激增之际，从而为新的学科创造了发展空间。也正是在那个时期（虽然已经接近那个时代的末期），体育和其他休闲服务成了福利制度的一部分，也为体育和其他休闲服务领域的志愿部门和公共部门创造了许多新岗位。休闲研究随后传播到了澳大利亚和新西兰，两国在高等教育和休闲产业就业增长方面有着相同的背景。然而，休闲研究在世界其他地方传播得较少。自20世纪70年代以来，休闲产业的增长主要集中在商业领域，大多数支出增长是由私人消费者带来的，而非公共部门。即便如此，在20世纪末，体育与休闲课程（两者已趋于分裂，参见下文）的数量和学习这些课程的学生人数仍在继续增加。然而，在这个阶段，无论是在北美还是在世界其他地方，研究和教授体育与休闲发展的专业，既不是基于社会学，也不是基于其他任何已确立的社会科学。

媒体学成为继体育运动和体育教育之后的下一个“休闲”学科专业。之所以开设该专业，是因为媒体在人们生活中的重要性日益增加，同时，媒体也成为一项重要的就业来源。自20世纪中叶以来，旅游业一直是世界上增长最快的产业之一，现在已成为世界上规模最大的产业之一。为了顺应这一潮流，学术界创立了旅游学，体育与休闲课程出现分裂的趋势，现在更是开设了许多微型专业，其中包括体育旅游、休闲治疗、青少年体育和黑色旅游（如到第二次世界大战的灭绝营等类似的地方参观）。“赛事”是最新的微型休闲专业之一，有时会与其他休闲活动相融合。虽然这些课程关注的总是那些所有国家都竞相参与的大规模体育盛事——奥运会和国际足联世界杯，但其实每一场戏剧表演、每一项体育赛事、每一个节日都可以被视为需要营销和组织的活动。

在这些发展成果中，社会学一直是课程的理论贡献者，但课程开设院系通常会选择其中最有用的方面，尤其是“社会分化”，用来解释为什么不同社会阶级、年龄、性别、宗教、种族之间的参与程度不同，以及如何提高少数群体的参与程度。旅游学需要引入与目的地形象、营销，以及与特定细分市场（如那些日消费能力最高的游客的来源国）有关的理论。虽然社会学是主要的理论贡献者，但有些课程往往偏离社会学，而涉及管理学、商学或健康卫生相关学科。

体育与休闲研究有选择地从社会学和心理学中提取了其所需的理论。20世纪50至70年代，它们吸收了亚伯拉罕·马斯洛（Abraham Maslow）的需求层次理论。

马斯洛（1943，1954）认为人们的基本生存需求（生理需求和安全需求）一旦得到满足，就会优先考虑更高层次的需求（归属与爱的需求和自尊需求），并最终寻求自我实现。体育与休闲学者喜欢把休闲描述为让每个人都能得到自我实现的活动。后来，休闲研究采纳了米哈里·契克森米哈赖（Mihaly Csikszentmihalyi，1990）关于最佳体验的理论，他称之为“心流”。当一个人将其技能发挥到极致，并将注意力完全投入到完成某一项任务时，他就会体会到心流。因此，休闲还是使每个人都能进入心流状态的活动。最近，休闲学者还热衷于证明休闲活动能够提高“幸福感”，该幸福感可以包括生理健康和心理健康，也可以指经济和社会维度的幸福感（Haworth and Hart，2007；Haworth et al.，1997）。目前，人们正在评估是否可以用这些综合衡量方法代替经济指标（特别是国内生产总值）作为衡量社会进步的办法。

休闲学者也提出了自己的理论。在 20 世纪 70 年代，斯坦利·帕克（Stanley Parker，1971）提出了一个关于工作—休闲关系的理论，该理论认为休闲的意义取决于人们在工作中的体验。加拿大社会学家罗伯特·斯特宾斯（Robert Stebbins，1992，2001，2005）提出了一种分析理论，将随性休闲、主题计划休闲和深度休闲区分开来。休闲在当前或即将到来的社会中将发挥比以往任何时候都要强大的作用。休闲学者针对这些社会的特征展开研究，并不断提出新的理论。法国社会学家若弗尔·杜马泽迪耶（Joffre Dumazedier）从 20 世纪 60 年代便开始在这方面不断努力（Dumazedier，1967，1974）。但到目前为止，体育与休闲研究得出的理论尚未成为任何社会科学的主流观点。

也许这些理论并没有问题，只是体育与休闲学者把自己隐藏了起来。如果他们生产和传授的知识能够在各种休闲产业中得到实际应用，他们就可以以此来推销自己。然而，这又必须涉及社会学家，在他们看来，任何社会的各个部分只有在整体背景下才能得到正确的理解。知识划分的不断细化导致即使是受过高等教育的人也无法清楚地知道他们所了解和所做的事情有何意义。

三、关于本书

本书并非批评体育与休闲学者缺乏远见，而是指出社会学需要扩展延伸。这也是下文所有章节共同的目标。自社会学在20世纪40年代至60年代得到重构和扩展以来，社会学本身也出现了分裂。出现分裂的原因在于，社会学丰硕的成果使学者们不得不将自己的研究限定在某个专业领域内，任何社会学家都不可能跟得上整个学科的研究进度。目前，社会学家的专业研究领域包括体育、旅游、休闲、消费、日常生活、媒体、健康、家庭、犯罪、教育、世界各地的社会，以及学科主题的许多其他方面。许多社会学家在一些致力于青少年研究和管理的多学科单位担任教师和研究员，而这些学科中便包括体育与休闲。社会理论本身已经成为一个专业领域，只有专门研究社会理论的社会学家才会关注。这是一个危险的趋势，因为只有理论才能把社会学联系在一起。如果社会学的创立前提（即任何社会的各个部分只有在整体背景下才能得到正确的理解，而过去也是现在的一部分）是正确的，这种联系便是必不可少的。研究方法并不会把社会学联系在一起，因为这门学科既没有其自身特有的研究方法，也没有可以供所有社会学家共同使用的研究方法。

因此，本书的目标读者是社会学家和体育与休闲专业的学习者，而不是学习社会学课程的学习者，因为本书介绍的理论家及理论对于社会学课程的学习者来说可能过于浅显。每一章都重点介绍了各章节所涉理论的要点，然后阐述了该理论在体育与休闲研究中的应用，但没有提供详尽的解释。本书的另一个特点是，每一章都会简要介绍理论家的生平及其所处的历史背景。了解了这些理论产生的时代和社会背景，就可以更好地理解这些理论。

古典理论产生于19世纪和20世纪初，当时的欧洲国家正处于工业化和城市化阶段，同时，人们也提出了民主化的要求。这些古典理论家的继承者以更长远的眼光，将 19 世纪和 20 世纪早期欧洲的变革视为从 16 世纪开始的现代化进程的一部分。先前的理论不会被有关当前社会的新理论取代，新自由主义、信息通信技术，以及就业从制造业向服务业转移的趋势并没有将历史抹去。先前的理论反映了它们诞生时的社会特征，而其中有些特征一直延续到现在。这些理论或许可以回答体育与休闲学者们已经着手解决的问题，也可能会为他们提出新的问题。

第一部分

古典理论

第二章

埃米尔·涂尔干（1858—1917）：社会分工、社会事实和社会学方法

一、引言

在19世纪80年代和90年代，法国人埃米尔·涂尔干还很年轻，他肩负着一项使命，即让社会学得到认可并成为一门与其他学科具有同等地位的独立学科，从而改变法国及其他国家对社会学的认知（Durkheim，1895）。这些都是涂尔干的宏伟抱负。在他40岁时，这些抱负都实现了。

虽然涂尔干没有写过关于体育或其他休闲活动的文章，但他的社会理论仍然值得所有体育与休闲学者关注。如果有人认为休闲活动会使每个人受益——每个人的幸福感得到提升，整个社区或国家会更加紧密地联系在一起，团体的声望也会得以提高——那么他们得出此观点的隐含假设就是涂尔干的社会理论是正确的。因此，体育与休闲学者需要理解这一理论及其引起的众多批判性观点。如果批判者的观点是正确的，我们就不得不对任何休闲项目（无论是成功申办奥运会、资助高雅文化活动，还是在全民范围内推广更积极的休闲活动）都会使每个

人受益的说法产生怀疑。

涂尔干是一名专业的社会学家，1895 年被任命为法国波尔多大学的社会学教授，成为欧洲第一位社会学教授。他的社会学志向与他的法国前辈奥古斯特·孔德相似：建立一门可以解释整个人类历史进程的社会学科。但涂尔干也对孔德的思想提出了异议，认为孔德的方法不是真正科学的方法，其关于历史发展驱动力（即人类思想的发展）的理论是错误的。涂尔干认为历史发展的驱动力是社会分工。社会分工会使更加专业化的社会机构和角色产生，这些机构和角色使人们更加相互依赖，从而将他们联系在一起。他认为，社会分工一旦运转起来，就会成为一个自我延续的过程（Durkheim，1893）。

涂尔干完成了别人未竟的事业。他开创了一套完整的社会学理论——一种解释历史变化的主要方向以及早期和现代社会主要特征的理论，并发展了一套探讨这些内容的研究方法。这些理论和方法至今仍然适用，那么它们的发明者到底是怎样一个人呢？

二、职业生涯

涂尔干出生于 1858 年，在法国洛林长大。洛林与德国接壤，在 1870—1871 年的普法战争中被德国吞并，当时涂尔干只有 13 岁。他生活在动荡的时代，这种动荡贯穿了他的一生。由于德国在 20 世纪的两次世界大战中战败，洛林及其邻近的阿尔萨斯地区现在均已归属于法国。

涂尔干的家族成员是犹太人，他的父亲、祖父和曾祖父都信奉犹太教。涂尔干是无信仰者，但他并没有与他的家人或犹太社区决裂。实际上，在涂尔干的整个职业生涯中，他的大部分学术合作者都是犹太人。涂尔干一定对自己的犹太血统和关系网很敏感。19 世纪末的欧洲，反犹太主义盛行，1894—1906 年发生的德雷福斯（Dreyfus）案使整个法国为之震惊。德雷福斯是一个犹太人，也是一名法国军官。有人指控德雷福斯向德国泄露军事机密，他因此被定罪，并被流放到魔鬼岛，在那里服刑两年，之后有人对他的定罪产生怀疑，他才得以回到法国，但直到 1906 年他才彻底洗刷冤屈。调查证实，军方领导层其实已经知道德雷福斯是无辜的，但故意隐瞒了真正的罪犯（非犹太人）。当时的法国处于分裂状态。军方领导层这么做是为了维护法兰西民族的声誉，还是这本就是一种令人无法容忍的歧视和不公？涂尔干肯定受到了这些事件的影响，因为他的妻子来自德雷福斯家族。但并没有证据表明涂尔干本人曾因其犹太血统及研究工作中的犹太合作者而遭受歧视。

虽然涂尔干是犹太教教士的儿子，但他接受的是传统的法国学术教育。从国立高等学校毕业后，涂尔干于 1879 年进入巴黎高等师范学校学习，在那里，他对社会学产生了浓厚的兴趣。他还因为当时法国的高等教育没有教授社会学而感到沮丧。在整个 19 世纪及以后，学者们对人类行为能否被科学地研究和解释一直存有争议。涂尔干在德国度过了两年的研究生时光，他在那里攻读社会学专业。他精通德语、意大利语和英语，熟悉赫伯特·斯宾塞的作品。回到法国后，涂尔干在国立高等学校任教，同时努力撰写论著。该论著是涂尔干撰写的第一本书《社会分工论》（*The Division of Labour in Society*），于 1893 年出版。该书获得了广泛好评，涂尔干也因此于 1895 年被任命为欧洲第一个社会学系——波尔多大学社会学系的教授，成为欧洲第一位社会学教授。那时，涂尔干正准备出版他的第二本书《社会学方法的准则》（*The Rules of Sociological Method*），该书论述了如何在现代社会中开展社会学调查，成为该领域的教科书（Durkheim，1895）。接着，涂尔干出版了《自杀论》（*Suicide*），该书的目的是阐述和展示使用涂尔干的方法所取得的显著研究成果（Durkheim，1897）。那时，涂尔干已经吸引了一批追随者，社会学在法国也不断发展。1898 年，涂尔干的这些追随者创办了欧洲第一本社会学学术期刊《社会学年鉴》（*L'Année Sociologique*）。社会学很快传播到欧洲其他国家的各所大学，尤其是社会学根基已经稳固建立的德国。1905 年，伦敦经济学院开设了社会学专业。那位肩负使命的年轻人成功了。涂尔干自己的事业也蒸蒸日上，于 1902 年执教于巴黎索邦大学。第二次世界大战后，涂尔干被公认为社会学的奠基人之一。涂尔干最后一本重要著作与宗教有关，出版于 1912 年。

如果我们能够理解涂尔干生前对法国国情的关注，将有助于我们理解他的社会学理论。自 1789 年法国大革命以来，法国一直处于宪政体制不稳定的状态，而 19 世纪的英国则截然不同。英国的宪政体制不稳定时期在 17 世纪。英国内战结束之后，查理一世于 1649 年被处决，英国建立了共和国（1649—1660）；1660 年英国又恢复君主制；1688 年，詹姆士二世的统治被推翻；次年，来自奥兰治王朝的威廉和玛丽继承王位，君主立宪制确立，从此君主处于“统而不治”的地位；1714 年，来自汉诺威王朝的安妮女王（奥兰治王朝玛丽的妹妹）去世，未能留下任何子嗣，英国宪政进入新的发展时期。随后，在 19 世纪，英国开始分阶段扩大选举权，首先从拥有财产的城市中产阶级开始，然后逐步扩大到工人阶级。英国也出现过动荡的改革运动，主要是宪章运动（1836—1848）和其他暴力事件，诸如 1819 年发生在曼彻斯特圣彼得广场的彼得卢惨案。当时，骑兵冲向 6 万多人的示威人群，造成 11 人死亡，400 多人受伤。但与欧洲其他地区相比，19 世纪英国的变革属于改良性的，而非革命性的。另外一个在 19 世纪末期开始工业化和城市化的国家是美国，不过，美国没有需要推翻的封建传统。

19 世纪的法国则有着与美国完全不同的历史。1799 年，军队总司令拿破仑·波拿巴掌控了革命，并于 1804 年称帝，带领法国发动了一系列军事行动，但行动最终均以失败而告终。随后，波旁王朝复辟，但 1830 年巴黎和其他城市爆发革命，并于 1848 年再次爆发革命，法国在共和制和君主制之间徘徊。与其他西北欧国家一样，法国开始了工业化和城市化，并建立了一个海外帝国，但这一过程也伴随着法国内部共和主义者和君主主义者之间的持续斗争，以及世俗主义者和政教合一体制维护者之间相互交叉的斗争。同时，法国与普鲁士的边界争端仍在持续（或者至少是处于即将激化的状态）。

整个 19 世纪，英国成为欧洲君主、贵族和革命者的避风港，他们担心自己在国内的生命安全时，就可以逃到英国。在 1870—1871 年的普法战争中，法国人战败并失去了领土，建立了法兰西第三共和国。这场战争结束后，法国内战爆发，政府军队从地方公社手中抢夺巴黎和其他城市的控制权。涂尔干的所有著作要解决的核心问题都是如何在一个复杂的现代社会中实现并保持团结。

三、社会分工

涂尔干同意斯宾塞的观点，认为社会分工是一场由简单社会向复杂社会进化的运动，是历史的主要趋势。他还认同，社会分工会使社会变得更具生产力，更加强大，而且这种趋势并不纯粹是经济上的，而是一种普遍的历史运动。例如，社会分工还可以使经济生产独立于家庭之外，使政府不再参与制定有关经济生活的详细规则，并将司法系统与政府分离。但涂尔干不同意斯宾塞关于适者生存（即除非弱者做出改变，否则竞争会导致弱者被强者淘汰或吸收）是历史发展主要推动力的观点。他认为种族、民族或国家之间对于主导地位的竞争不是历史发展的主要驱动力。涂尔干的观点是，通过相互依赖的纽带，社会分工最终将促成人类的统一。

涂尔干认为，随着社会分工的不断深化，维持社会团结的方式也会发生变化。在简单的社会里，人们过着非常相似的生活，由强大的“集体意识”团结在一起，对行为规则有着一致的意见。如果规则被打破，整个社会都会感到愤怒，打破规则的人会根据人们愤怒的程度受到相应程度的惩罚，一种机械的团结得以强制执行。随着社会分工的不断深化，虽然集体意识的力量没有完全消失，但已经受到了严重削弱。根据涂尔干的观点，社会分工本身是有机团结的来源。人们会尽其所能地扮演各自的专业角色，因为他们知道他人依赖自己。反过来，他们也意识到自己也会依赖他人，期望他人能够胜任且可靠地扮演自己的角色。与亚当·斯密不同的是，涂尔干并不认为仅靠自我利益就足以维持社会的强大和健康运行。自我利益必须由一种道德维度上的相互依赖感来补充。当规则被打破时，对有罪一方的惩罚是为了恢复被打破的规则，有罪一方必须弥补已造成的损害。

涂尔干认为，社会分工一旦运转起来，就会成为一种自我延续的过程。社会分工的每一步都是对机械团结的削弱，这就需要更进一步的社会分工来促进有机团结。是什么启动了社会分工的进程？对此，我们无法提供一个基于历史证据的答案，因为它既可能是干旱或饥荒，也可能是来自外部敌人的威胁。但涂尔干认为，最可能和最常见的首要原因是人口增长。为了维持人口增长，需要通过社会分工来生产足够的产品；反过来，人口的增长会削弱机械团结，从而开启历史发展的进程。

如果一种团结可以顺利地被另一种所取代，那么涂尔干如何解释 19 世纪法国的长期不稳定局势呢？他又如何解释犯罪和工业冲突随着欧洲国家的城市化、资本主义化和工业化而变得愈加普遍呢？涂尔干的回答是，社会分工会有反常的、病态的形式，即强制的分工、失范的分工和利己的分工。

1）当人们被安排了不适合他们的角色时，就会出现强制的分工。涂尔干认为，正常情况下，人们都能够选择或被分配与自己的能力和爱好相匹配的角色。这就是亚当·斯密（1776）对社会分工会促进生产力的设想，即人们能够专注于最适合他们的任务。否则，人们会变得不满，动机不足，冲突、抗议和叛乱发生的风险就会随之上升。

2）在迅速而重大的社会变革发生的时期，人们的义务和权利会变得不明确，社会规范会陷入崩溃，此时就很可能出现失范的分工。失范是一种无规范、缺乏明确规则的状态。涂尔干认为，失范的分工一般会在经济危机或战争时期传播，但在生活水平提高或人们从农村转移到工业城镇和城市时，也有可能传播。

3）虽然用来规范大多数人行为的秩序已经确定，但有些人却不知道如何融入其中，利己主义就会出现。此时，人们不了解自己对他人的义务，也不清楚自己能从他人那里获得什么。

涂尔干对于不稳定和社会崩溃的解释遭到了他人的反对，他的思想也随之遭遇了反对浪潮。批判者认为，涂尔干所称的不正常和病态现象实际上是资本主义城市社会的正常特征。而涂尔干的社会模式则认为整合、凝聚力、共识和稳定才是正常现象。他的批判者更加认同这样一种社会模式，即不同的群体有不同或相互冲突的利益，一个团体为获得利益会以牺牲其他团体为代价；很多人被迫扮演一些角色，而且在扮演这些角色的过程中，他们遇到的挫折多于获得的满足；邻里之间既没有共同的准则，也不会相互依赖，人们普遍认为报酬分配明显不公，利己行为（私人利益最大化）会比利他主义得到更好的回报。涂尔干的支持者则反驳说，涂尔干的社会模型并不是事物真实情况的反映，而是一种基准，研究者可以根据这个基准确定偏差，并对这些偏差作出解释。涂尔干非常清楚地认识到，他所生活的法国并不是一个完全整合且有凝聚力的社会。

四、社会事实和社会学方法

涂尔干的使命是将社会学确立为一门与其他学科地位平等的独立学科。为此，他认为，社会学要有一个独特的主题，而且只有社会学家能够成为这方面的专家。在这一点上，涂尔干可能是错的。生物学家和心理学家都在研究人类的感知和记忆，但这并没有削弱这两个学科的可信度。但涂尔干的社会学在对社会事实的研究方面有别于其他学科。社会事实是指一个群体的行为模式，这个行为模式可能发生变化，但往往会随着时间的推移而持续存在，并能够通过出生和死亡之间的相互制衡而维持稳定。出生率、死亡率、结婚率和犯罪率都是涂尔干所称的社会事实。涂尔干认为，这些社会事实很显然并不是成千上万人的独立意志和决定的结果。相反，涂尔干主张，社会事实有力量将其自身强加于某个群体的成员，这种力量产生于由机械团结和/或有机团结创造的道德力量。在涂尔干看来，解释出生率、犯罪率等与解释哪个个体生育、犯罪截然不同。他认为，解释这些数据不需要深入研究个体的心理。毕竟，研究个体的心理属于心理学的范畴。解释某些社会事实时，要基于它们与其他社会事实的关系来进行。因此，社会学旨在成为一门独立的、自给自足的学科。我们应该注意到，涂尔干并没有打算把社会学从经济学和政治学研究中分离出来。社会学的目标是成为一门社会学科。在涂尔干生活的时代，这些学科之间并没有一个清晰的界限（法律和历史也一样），在 20 世纪两次世界大战的战间期仍是如此。在此之前，社会学的实践者都没有想过这门学科会去除经济、政治和法律部分，而仅保留社会部分。

涂尔干之所以选择研究自杀行为，是因为他相信自杀行为被普遍认为是所有行为中最具个体动机的行为之一。他相信，若社会治疗方法可以预防自杀，就可以证明他使用的方法是有效的。在这项研究中，涂尔干使用的是官方关于死亡原因的记录，结果显示不同人群的自杀率不同。涂尔干认为，根据不同的自杀原因，自杀可以分为不同的类型，这些自杀类型与社会分工的病态形式相对应。

1）利己型自杀常发生于个人脱离社会纽带时（如因离婚或近亲死亡而与家庭分离）。

2）失范型自杀常发生于社会关系薄弱时。

3）利他型自杀常发生于社会连带关系过于强大，使个人愿意为了群体利益而牺牲自己的生命时。这些人会被称赞为英雄或烈士。军事行动中通常会产生一些英雄，他们因为一种责任感而甘愿冒生命危险或牺牲自己。

自杀类型中并没有与强制分工相对应的类型。

批判者质疑涂尔干使用的自杀统计数据的准确性。自杀者的家人（如果在场）很可能会劝说医生将自杀归咎于其他原因。尽管如此，涂尔干通过对自杀的研究成功地阐述了他提出的社会学调查研究方法。这种方法后来成为该学科研究技术的标准组成部分。如今，涂尔干的社会事实被称为变量，而且研究者能够使用比涂尔干所使用的更加敏感的统计技术来计算变量之间关系的强度。由于大数据集的数量倍增，并且这些数据集可以通过远程在线工作站访问，涂尔干提出的方法已经被越来越广泛地应用于探索社会事实（或变量）之间的关系。而且与以往不同的是，社会学家不再忽略心理过程发挥的作用。涂尔干在社会学研究中很激进，其实他也许没有必要如此激进。他认为，某一学科的被接受程度取决于它是否是一门独立的学科。因此，涂尔干主张将社会学与心理学分离开来，但涂尔干所处时代的心理学与今天的心理学并不相同。19 世纪末和 20 世纪初的心理学专注于先天的心理倾向，比如智力水平和犯罪倾向等。

如前文所述，涂尔干认为社会学应该与经济生活研究和政治研究相结合。亚当 • 斯密（1776）认为，"市场这只隐形的手"可以调和对自身利益和共同利益的追求。涂尔干并不赞成这一观点，他认为经济生活需要植根于更广泛的社会秩序并由其在道德上加以调控。同样，他认为政治制度只有在确保社会秩序的情况下才能发挥作用。社会的凝聚力取决于社会成员是否感到每个人都得到了公平的对待和回报。社会事实之所以能够将自身强加于人，只是因为这些事实具有道德尺度和道德力量。欧盟在 21 世纪遇到的一些困境充分展现了政治、经济、人们的道德责任感和权利意识失衡时会产生哪些问题。某个国家的公民可能愿意为来自本国不同地区的职工支付福利费用，却不太愿意为来自另一个欧盟国家的职工支付此类费用。虽然欧盟国家使用的是共同货币（欧元），但实际上，欧盟成员国可能既不愿意共同承担债务，也不愿意放弃民选政府对国家税收和公共支出的管理权。

五、体育与休闲研究中的应用

下面一些内容会在以后的章节中重复出现，唯一的变化之处是理论家的名字。涂尔干没有写过关于体育或其他休闲活动的文章。他本可以写一些这方面的文章，因为大多数现代体育运动都是在他所生活的那个时代发明的，而且 1896 年在雅典举行的第一届现代奥运会是由法国人顾拜旦组织的，现代的劳动节也是在涂尔干所生活的时代发起的。20 世纪末，休闲活动在国民经济、贸易差额和就业方面也变得越来越重要。但在这之前，很少有社会学家关注过休闲活动。在此之前，严肃的知识分子从不关心那些“无关紧要”的消遣活动，他们认为，这样做会降低他们的学术可信度。但是，总会有例外情况，这些例外应该是所有社会理论家都感兴趣的。在涂尔干所处的时代（以及之前的时代），绘画和古典音乐等“艺术”是富人和权势群体的特权。但涂尔干既没有以社会理论家的身份参与到他那个时代日益流行的现代休闲活动中，也没有参与到那些古典艺术中。

尽管如此，我们仍然可以探究涂尔干的理论是否可以应用于体育与休闲研究，而且我们马上就会发现，涂尔干的理论在很多方面都适用于探讨体育与休闲从 19 世纪一直延续至今的一些趋势和特点。总之，涂尔干的理论比本书中的其他任何理论都能更容易地应用到有关体育和其他休闲活动的研究中。涂尔干的理论是体育与休闲学者最容易接受的理论，但鉴于以下原因，在使用这些理论时仍然需要谨慎。涂尔干的理论中最容易应用的部分如下。

1）大多数休闲活动的参与率都是涂尔干社会事实理论的绝佳案例：无论这些参与率在较长的一段时期内是稳定的还是缓慢变化的。

2）19 世纪出现的新型体育运动、体育俱乐部和团体、业余爱好和艺术俱乐部，以及青年运动都可以作为社会分工不断深化的例子。

3）集体项目中运动员各司其职，可以用来阐述社会分工专业化的优势。对一个运动队而言，最有效的方式不是让每个队员都去做所有的事情，而是把他们分配到各自擅长的岗位上，让他们各司其职。此外，集体项目还可以用来分析强制分工（队员被安排在错误的位置）、失范分工（没有比赛计划就上场）和利己分工（每个队员都是为了个人荣誉，而非团队利益）所产生的消极后果。我们可以看到，一个运动队或休闲俱乐部的失败可能并不在于成员个人能力不足，而在于组织不善。

4）运动队、戏剧俱乐部和其他休闲协会可以用来阐述如何通过伴随社会分工产生的相互依赖来培养道德责任感。例如，队员不会错过训练，并会尽力发挥自己的能力。团体运动的参与者可以获得其他任何项目的参与者都无法单独获得的特殊满足感，这样可以使那种要求所有人为了群体利益发挥各自优势的道德秩序得到强化。

5）无论是与体育、艺术、工艺和爱好有关的志愿团体，还是那些志愿于为值得帮助或需要帮助的群体服务的志愿团体，都会建立相互依赖的网络和社会纽带，使社会成员在道德上对彼此负有责任。

6）相同的休闲活动可以创造强大的“机械”纽带。球迷对球队的热爱具有一种宗教色彩，赛场和球衣便是图腾。酒宴和游艇聚会的吸引力通常与活动本身无关，而更多地与群体团结有关，即参与者能从中体验到一种集体性（Bancroft，2012；Guillen et al.，2012；Lusby et al.，2012）。球队需要竞争对手来对战。格拉斯哥流浪者和格拉斯哥凯尔特人这两个“老牌”球队非常认同这一点，这一对劲敌都从对方的存在中获得了力量。这种相互依赖应该用有机的相互依赖来平衡俱乐部内部的机械团结，尽管这种有机的相互依赖有时可能会被球迷之间的对抗所破坏。

7）有的游客在画廊、博物馆、建筑物或景区里参观和瞻仰他人的“圣物”，而有的游客会将可以使他们重新唤起游览时情感的照片和纪念品带回家，这些行为都可以将人类联结成一个道德共同体（MacCannell，1976）。

涂尔干理论的上述几个方面都可以应用到体育与休闲研究中，但在应用的过程中还要注意一个限定条件。这个限定条件是，相同的休闲活动可能会把人群联系在一起，但几十个因不同休闲活动而紧密联系在一起的群体是否会把一个社会分割开来呢？有人可能会说，只有互补的生产者角色才能创造出相互依存的关系，从而产生有机团结，而不同的消费者/休闲活动的利益是无法实现这一点的。大量的体育与休闲活动并没有从家庭中分离出来，而是依旧在家庭内部进行（例如家庭成员一起运动，一起玩游戏，一起看电视等）。大多数学校都会为学生提供一些休闲活动，一些企业也会在体育馆、健身房和社交俱乐部等方面迎合一些员工的业余兴趣。这些例子都可以用来解释休闲如何将人们团结在一起，同时也可以用来阐述休闲如何将人们分割开来。

体育与休闲学者可以利用涂尔干的理论证实体育和其他休闲活动确实存在通常所说的益处，并解释这些益处是如何产生的。有人可能会说，涂尔干提供的社会理论证实的都是体育与休闲团体的成员已经知道或愿意相信的事情。在微观层面，涂尔干的理论解释了社会分工在运动队和其他休闲团体中的优势，但前提是成员能够发挥各自的长处，欣赏彼此对达成他们的共同目标所做出的贡献，并认为每个人的贡献都是不可或缺的，从而形成道德约束和道德责任感。同样，涂尔干的理论还可以用来证明具有代表性的运动队和文化团体能够提升学校、企业、社区、城市或国家的声誉，并促进其团结。

涂尔干的理论很容易与体育和其他休闲活动相契合，但在社会学领域这个现代社会理论的发源地，涂尔干遭到的批判远远大于得到的认可。涂尔干是一位倡导共识与整合的理论家，他认为秩序和团结是一个社会的正常现象，它们有的机械地产生于共同信念，有的有机地产生于相互依赖。而其他理论则认为，秩序和稳定的维持是一个群体征服其他群体的结果。体育与休闲，以及通常所说的体育与休闲的益处，都是对其所处社会的阴暗面的粉饰。涂尔干的理论吸引了许多体育与休闲学者，这些学者对他们所研究的活动非常热爱，所以他们也愿意做这些活动的代言人。但涂尔干理论的吸引力能经受住其他理论的反对性批判吗？

在 19 世纪和 20 世纪早期，各种体育运动的专业人员及业余爱好者的代表们在志愿团体的组织下发起了一场“理性娱乐运动”，旨在游说政府提供设施、财政和政治—道德方面的支持。迎合不同品味和兴趣并服务于不同客户群体的多种休闲形式通过团结一致，认识到了它们之间的共同之处，从而获得了优势。但今天的休闲不同，它主要是商业性的。休闲企业会在音乐和电视节目等不同形式的休闲活动中迎合人们更广泛的喜好。体育运动的目标是争夺市场份额。每个人都可以通过牺牲（最好是彻底淘汰）其主要竞争对手来获得荣誉。涂尔干的著作并不涉及这些问题，直到今天提到涂尔干时，我们才提出这些问题。他和我们大家一样，只是所处时代的一个人，一位理论家而已。涂尔干的社会分工和亚当·斯密（而不是赫伯特·斯宾塞）的一样，都主要涉及经济领域。对涂尔干来说，缺乏社会团结会使犯罪率和自杀率攀升，产生战争失败的风险，并导致政府和法国宪法软弱无力。在 21 世纪，我们发现社会分工仍在继续，其结果之一是工作场所之外的品位和生活方式发生分裂。如果宏观团结因这些趋势而减弱，其结果可能包括犯罪率和自杀率上升，但不会导致军事失败和政府垮台。团结还可以通过其他方式来维持，但其中一个结果可能是，国家更不愿意用税收来资助医疗保健、教育、公路、铁路、养老、能源安全，以及体育和其他休闲服务等全民性的社会服务。此外，还有一个结果，即志愿者短缺。此处所说的志愿者不是像奥运会这样备受瞩目且令人终生难忘的活动的志愿者，而是指愿意日复一日、年复一年地从事不起眼的志愿工作的志愿者。2010 年，即将上任的英国首相戴维·卡梅伦承诺要创建一个“大社会”，但这个想法最终以失败而告终。休闲趋势因此受到牵连了吗？虽然涂尔干的著作没有给出答案，但体育与休闲学者需要运用涂尔干的理论来提出这些问题。

六、结论

涂尔干将社会学引入法国的各所大学，并于 1895 年在波尔多大学建立了欧洲第一个社会学系，现代社会学理论的学科和研究从此传遍了整个欧洲。基于这些贡献，涂尔干将永远被视为一位重要的社会学家。涂尔干给社会学带来的影响是巨大的、直接的。他借鉴了早期关于劳动分工优势的观点，特别是亚当·斯密和赫伯特·斯宾塞的观点，并进一步提出，为了提高生产力并让社会变得更强大，社会分工用新的“有机”团结取代了旧的“机械”团结。第三章将阐述涂尔干的社会分工理论是如何被纳入塔尔科特·帕森斯的“结构功能主义”理论的（帕森斯的理论是20世纪中期世界上最具影响力的社会理论）。

虽然帕森斯和涂尔干的理论后来不再流行，学者更倾向于应用认为秩序是一个群体征服其他群体的结果的理论。然而，涂尔干的社会学理论仍然为体育和其他休闲活动的支持者提供了依据，这些支持者主张体育与休闲活动对所有人都同样有益。体育与休闲专业的学习者需要了解涂尔干的理论，他们必须认为自己有能力捍卫这一理论，若非如此，他们就会成为休闲具有双赢益处这一观点的批判者。

第三章

塔尔科特·帕森斯（1902—1979）与结构功能主义

一、引言

塔尔科特·帕森斯在现代社会理论史上占有重要地位。这不仅因为他是20世纪30年代至70年代世界上最著名的在世的社会学家，更因为他承前启后，是连接1939年前欧洲古典社会理论（以涂尔干为代表）和1945年后社会学的一座桥梁。他还对当时欧洲社会学和北美社会学众多学派的融合做出了关键贡献。

20世纪70年代以后，塔尔科特·帕森斯就逐渐被淡忘了（其理论也经常被人曲解）。总是与帕森斯联系在一起的结构功能主义理论，在每年秋季学期开学时都会被新生学习，但很快就会被习惯性遗忘。涂尔干也可能和帕森斯一起被遗忘。其实帕森斯并不喜欢被看作功能主义者，他更愿意被称为行动理论家。这其中的原因是什么，以及功能主义为什么会成为他挥之不去的标签？随着我们的深入了解，答案将会浮出水面。帕森斯认为，所有社会学都必然是数学意义上的功能主义，即研究一个系统某个部分的变化如何引起其他部分的变化（此处所说的“系统”是指一个社会系统）。但遗憾的是，帕森斯虽然表达清晰、文笔流畅，但这并没有为他赢得更多的认可。他著述丰硕，现在却很少有人去深入阅读他的作品。但是，他的理论仍然富有生命力，因为它们可以被应用到体育与休闲研究中，而且经实践证明非常有用。实际上，帕森斯的理论是本书所有理论中对体育与休闲研究最有用的理论。涂尔干的理论虽然更容易应用，但从结果上来看，帕森斯则更胜一筹。帕森斯的理论可以应用于所有体育与休闲活动的研究中，而并不止于分析体育和其他休闲活动所发挥的功能。只有他的理论可以解释为什么休闲必然无处不在，以及为什么不能将休闲简单地视为一个独立的休闲时段或场所。休闲存在于家庭、学校、工作场所、政治机构、体育俱乐部、戏剧社团等各种场所。帕森斯的理论让我们思考这样一个问题：不同场所的休闲会产生不同效果吗？帕森斯的理论还可以解释为什么有些人的休闲活动还包含类似工作性质的任务和义务。不过，了解这一切之前，我们必须先理解帕森斯为何能够在20世纪中期的社会学界拥有如此高的知名度和影响力。

二、职业生涯

与前辈赫伯特·斯宾塞和埃米尔·涂尔干一样，塔尔科特·帕森斯也来自一个信教家庭，但他自己却是无信仰者。帕森斯的父亲是科罗拉多州斯普林斯的一位公理会牧师。塔尔科特·帕森斯曾在阿默斯特学院学习社会学、心理学和生物学，在那里他意识到，欧洲的社会学家提出了北美社会学中不存在的一种理论。

社会学在美国的历史可以追溯到1875年，当时耶鲁大学开设了第一门被称为“社会学”的课程。和欧洲社会学家一样，美国社会学家也对社会结构和社会变革感兴趣，但美国没有经历中世纪时期，所以他们研究的变革都是19世纪末和20世纪初发生在美国的变革。在这一时期，大量移民涌入美国，城市不断扩张。芝加哥大学在当时成为社会学的主要教学和研究中心，而芝加哥城本身也经常作为研究资料的来源。在吸引学生和宣传方面，美国社会学远比欧洲社会学成功。尽管如此，帕森斯还是对欧洲社会学产生了兴趣，所以他在研究生阶段前往伦敦政治经济学院学习，该学院是英国当时唯一一所教授社会学的学校。从伦敦政治经济学院毕业后，他去了德国，在那里熟读了马克斯・韦伯的著作（参见第五章），也学习了其他欧洲社会理论家的著作。虽然马克斯・韦伯的大部分作品直到他 1920 年去世前都未能在德国出版，但帕森斯开始自己翻译马克斯・韦伯的作品，并引起了美国和其他英语国家学者的注意。帕森斯回到美国后，于 1927 年进入哈佛大学经济系任教，后在 1931 年社会学系成立时转到社会学系。他在退休前一直担任哈佛社会学系主任，培养了无数优秀的研究生，后来他的学生有很多成了美国杰出的社会学家，其中包括罗伯特・金・默顿（Robert K. Merton，1910—2003），他可能是帕森斯之后同时代研究者中最著名的一位美国社会学家。正是这些追随者使帕森斯成为 20 世纪中期最著名、最有影响力的在世的社会学家。

塔尔科特・帕森斯的第一本书《社会行动的结构》（*The Structure of Social Action*）出版于 1937 年，该书是对欧洲社会学理论的综述。帕森斯在 20 世纪 40 年代至 70 年代出版的书籍和论文都基于这本初步的综述（例如，Parsons，1951，1966；Parsons，Smelsner，1956）。帕森斯的研究范围很广，他的社会学与其他领域也有很多交叉。他曾与经济学和控制论的学者合作，也曾与弗洛伊德派的心理学家合作。虽然帕森斯一般被视为重要的功能主义社会学家，但他不仅仅是一个功能主义者。帕森斯认为自己是“行动理论”的倡导者，他主要借鉴了马克斯・韦伯的理论，但又将行动的社会维度和历史维度与精神分析相结合。然而，在 20 世纪五六十年代，符号互动论者（参见第八章）才被视为社会学的行动理论家。因此，帕森斯只能被称为功能主义者。然而，他不仅仅是一个功能主义者，他认为自己已经解决了社会学分析中结构和能动性相结合的问题。“结构”由社会事实构成（援引涂尔干的观点），个人则被赋予这些社会事实，或者用后来的术语说，行为是依据行动者所处情境的结构来解释的。“能动性”认为行动者可以做出有目的的行为，可以进行选择。帕森斯声称他已经将这两种解释融合在他的“唯意志论”行动理论中。

三、帕森斯的理论

（一）社会系统

帕森斯的社会理论吸收了涂尔干（以及斯宾塞）的观点，即主要的历史趋势是社会分工的不断深化，而这种社会分工会使社会更具生产效率、更强大、更平衡。为此，帕森斯还提出，社会分工是按功能划分的，从而会产生子系统，每个子系统都注重一项功能，如图 3.1 所示。

适应	目标达成
整合	潜在模式维持（维模）

图 3.1　帕森斯的社会系统

帕森斯的理论提供了一种分析方法，确定了社会的基本功能，任何社会要想持久存在就必须具备这四个功能。首先，任何社会系统都必须适应它所在的环境，系统必须拥有可以从外部环境中获取所需资源并能产生相应的回报的手段。其次，一个社会系统必须具有目标导向，拥有实现目标所应遵守的规则和程序。换言之，社会系统需要包含一个政治子系统。再次，一个社会系统必须有整合程序以执行规则，即需要一个由警察、法院、刑事监禁构成的司法系统。最后，还要有潜在模式维持功能，据帕森斯称，这一功能主要由家庭执行。潜在是指释放其他子系统生成或抑制的情绪、冲动和挫败感等，模式维持是指人格在其他子系统中发挥作用所必需的社会化功能。

这一观点并非只能用来判断应该把体育运动、旅游或其他任何休闲活动放在哪个分类“盒子”里。这是对帕森斯的误解。功能分析可能涉及这样的问题：“犯罪、不平等、体育、宗教等的功能是什么？”涂尔干就是这样“解决”宗教问题的，但这些不是帕森斯所关注的问题。帕森斯的社会模型是由系统和子系统（群体和组织）构成的。任何子系统内都可能存在体育、犯罪以及其他社会过程和各种事件。体育运动可以由社会适应子系统（经济系统）中的商业来管理，运动队也可以由学校、教堂或专门的会员制非营利俱乐部来管理。社会分工在不断深化。如上所述，帕森斯认为，将经济与政治子系统独立开来比二者合并更有效。因此，一个经济系统很可能会分成不同商业领域的多个不同企业，每个企业都是一个必须适应外部环境的社会子系统（从环境中获取资源，并以产出作为回报）。企业需要具备管理机构（如董事会）、奖惩制度，以及实现潜在模式维持功能的某些手段，包括为员工提供充分的休息时间，让他们回归家庭释放压力，或组织员工参与他们爱好的休闲活动。企业也可以创建自己的社交俱乐部，或为员工提供接触企业外部的类似活动的机会。如果企业本身规模较大，它会下设许多部门，每一个部门又可以分为若干个工作组。每个子系统都需要一个经济结构、政治领导以及规则（正式或非正式）执行办法，而为了实现潜在模式维持功能，员工可以在下班后偶尔（或经常）去电影院、参加运动或喝上几杯。体育俱乐部也需要上述的经济结构等，在严肃紧张的比赛结束后，运动员们可以去酒吧享受休闲时光。而在体育俱乐部“工作”的一些员工则承担着“政治”和“行政”的角色。一个家庭也可能会有分工，一个人主要负责“挣钱养家”，而另一个人负责管家，安排家庭休闲活动。体育和休闲可谓无处不在。它们可以存在于经济子系统中，也可以是政治子系统和司法子系统的一部分。这些子系统的参与者都有可能组成一支运动队，一起去喝一杯，甚至一起去度假。然而，在潜在模式维持子系统中，也并非所有人都能享受到生活中的乐趣。

（二）文化系统

帕森斯的理论还包括一个由信仰、知识和价值观构成的文化系统。这个文化系统也是无处不在的，它遍及所有的社会子系统，并由特定的机构（宗教、教育和文化机构）负责维护。文化系统基于以下共识：每个人都说同样的语言，拥有共同的目标，并且认可达成目标所采用的恰当方法。帕森斯提出了一系列相对的“模式变量”。其中四种如下。

1）特殊性与普遍性——前者将对象（人或事）视为一个独特的个案，后者将其视为一般情况。

2）情感性与中立性——前者指有情感介入，后者指保持冷静理智。

3）先赋性与自获性——前者着眼于某事物（人或行动）本身的品质，后者着眼于某事物的有用性。

4）扩散性与专一性——前者涉及某个对象（人或事）的全部，后者只涉及其中一方面。

这些模式变量可以用来描述任何文化的特征。它们描述了同一文化中的所有子系统所设定的目标和各种方法倾向，从而使子系统能够和谐运转。

帕森斯认为，随着社会的发展，社会分工日益复杂，文化会从上述成对变量中的第一种向第二种转变。然而，帕森斯提出的这些模式变量应用很少，因此相比之下，帕森斯的社会系统理论更为知名。文化研究者在比较不同文化和亚文化时，通常会把单个社会或族群的特定信仰、知识和理念作为独特的个案来研究。按照帕森斯的模式变量来看，这些研究者的方法具有特殊性，而非普遍性。此外，他们还使用更简单的二分法，如马克斯·韦伯对传统行动和理性行动的区分（参见第五章），或尤尔根·哈贝马斯（Jürgen Habermas，1929—）对工具性思想、言语和行为与交往性思想、言语和行为的区分（参见第七章）。

（三）人格系统

帕森斯的理论还包括人格系统。一个社会的文化（包括从模式变量中预先设定的选择）必须成为其社会成员人格的一部分，帕森斯认为，这一过程主要是通过家庭内部的社会化来实现的。被社会化的行动者会“唯意志”地遵守规则，虽然偶尔会违反规则，但无论他们在社会的其他子系统中扮演什么角色，他们都能够保持一种规则意识。凝聚力不是像涂尔干认为的那样通过个人被赋予社会事实来实现，也不是通过每个人都意识到自己与他人之间的相互依赖（有机团结）而实现，而是通过共同文化的实践和社会成员的合理社会化来实现。帕森斯能够借鉴心理学理论，这是自涂尔干以来取得的巨大进步。帕森斯尤其对西格蒙得・弗洛伊德（Sigmund Freud，1856—1939）的精神分析情有独钟。

不过，帕森斯所提出的社会成员最初主要在家庭中通过社会化来学习必要的行为方法，这一观点并不是他的独创。帕森斯只不过是将当时心理学和社会学的正统理论与他自己的其余理论杂糅在一起。因此在人们看来，他最著名的理论还是结构功能主义理论或社会系统理论。

（四）批评和回应

帕森斯在世的时候就以其作品招致大量和大规模的批评而著称。

1）有人批评他的理论过于抽象，与通常人们所经历和认知的社会没有任何相似之处。对此，帕森斯反驳，他创建的是一种分析理论，他提出的概念都会得到充分证明。

2）也有人批评他的理论（像涂尔干的理论一样）认为达成价值共识和整合才被视为正常。对此，帕森斯辩称，他的理论采用的是启发式方法，对共识和异议，以及功能、反功能和功能中立均进行了辨析。他还指出，实际上，任何一个持续存在的社会都必须解决适应、目标达成、整合、潜在模式维持问题，而如何解决这些问题，以及怎么才算成功地解决了这些问题，正是社会学需要研究的话题。

3）还有人批评帕森斯的作品在意识形态上过于保守。对此，帕森斯作出了反驳。他自己的政治主张不属于右翼（他一般会给民主党投票）。帕森斯声称他的理论可以用来批判或维护任何现有的社会制度。

4）最后一种批评的声音认为，功能分析混淆了结果和原因。对此，帕森斯总是回应说，功能（结果）可能是反馈环节的一部分，而反馈则是导致行为模式化的原因。

批评人士总是把因果性不足视为功能主义的致命弱点。实际上，功能主义给出了充分的原因，但涂尔干和帕森斯的功能主义的角度有所不同。在涂尔干看来，因果能动性存在于集体意识中，或者随着这种意识的弱化，存在于行动者对道德互信和道德义务的观念中。帕森斯的结构功能主义则认为，因果能动性来自社会化的个体，个体在社会化的过程中已将社会的文化内化。涂尔干是一位欧洲理论家，他意识到有时整个社会都因共同的信仰团结在一起。宗教改革后社会变得日益世俗化，涂尔干试图寻找可以替代宗教作用的另一种凝聚社会的基础。帕森斯是一位美国理论家。帕森斯理论的核心是唯意志的个体行动者。功能整合由规则维持，由政治系统设定，并由司法系统执行。这两种不同的功能主义是跨大西洋两岸理论分歧的代表之一（Martinelli，2007）。

从原则上来看，帕森斯对其理论的辩护似乎是合理的，但除了美国，帕森斯的理论很少被用在社会学研究中，而且在美国也仅限于20世纪四五十年代的一个短暂时期。帕森斯的理论比较适合用来解释为什么社会分层和不平等有必要存在，因为这种社会结构能够激励能力突出的个人承担社会中最重要的工作（Davis，Moore，1945）。该理论也常用来解释为什么当一个社会（如美国）鼓励每个人追求成功，但没有（因为不可能）提供可能的途径确保所有人都能获得成功时，会导致偏离行为的产生（Merton，1938）。帕森斯还用他的理论分析家庭生活，并有预见性地指出了丈夫和妻子各司其职的优势（Parsons，Bales，1955）。然而，帕森斯理论最常见且最有影响力的应用可能是作为社会学教科书的框架（主要是在美国），因为很多章节会讨论经济、政治、家庭、美国价值观等的作用。虽然帕森斯一开始是欧洲社会理论的综述者，但他的著作在北美的应用似乎缺少社会学原本的历史性和比较性。

功能主义不太可能从社会学中消失，因为它源于常识。人们往往基于结果对行为进行解释、论证或批判。例如，有种说法是体育运动能使参与者身体健康、遵纪守法，那么研究者就会探究哪些体育运动有这样的效果，以及达到这种效果需要进行多久的锻炼。其实我们经常会从功能主义的角度解释行为，但帕森斯的名字却很少被提及，更不用说被当今的体育与休闲研究者所使用了。偶尔也有少数研究者引用帕森斯的理论（Gross，1961；Pronovost，1998），但多用于设置研究议程，而不是用于开展新研究或分析研究结果。研究者更倾向于基于体育与休闲领域的特定理论进行研究，或者使用本书后文介绍的那些理论。但帕森斯提出了一些问题，并给这些问题的答案提供了一个框架，这是其他理论所没有的。

帕森斯可以说是（几乎是）最后一位古典理论家，也可以说是继承学派中的第一位理论家。在这本书中，他被列为古典理论家之一，因为他最著名的功能主义理论建立在埃米尔·涂尔干的思想（参见第二章）的基础之上。本书将帕森斯放在涂尔干之后，可能对帕森斯有些不公平，因为他更希望人们记住他继承了韦伯的“行动”理论。从这一点来看，帕森斯更愿意被放在马克斯·韦伯（参见第五章）之后。

四、如何应用于体育与休闲研究

帕森斯学派的有些问题可能不值得探究，例如帕森斯有关文化系统和人格系统的论述。帕森斯曾提出一些问题：当体育和其他休闲活动用来促进儿童和青少年的社会化时，这些活动中包含了哪些价值观、知识和倾向？儿童和青少年可以从中获得哪些价值观、知识和倾向？虽然帕森斯并不是唯一提出这些问题的人，但他的独特之处在于他曾邀请研究者应用他的模式变量。不过，他大概率被拒绝了，因为这些变量难以操作，几乎无人问津。帕森斯的另一个不同之处在于，他预测在一个特定的社会中，所有的体育与休闲活动都共有一个相同的基本文化（共识假设），而其他社会理论都认为这是不可能的。

帕森斯的社会系统理论为体育与休闲学者提出了一些独特、有趣且富有挑战性的问题。其中一些问题已有研究者展开研究，但相关的研究并没有受到帕森斯理论的启发，而且大多数研究也不是由体育或休闲学者所做。这意味着研究结果缺乏一个系统汇总休闲论据的整体理论框架，而帕森斯正好提供了这样一个框架。帕森斯关注的不是参与了“什么”体育运动或其他休闲活动，而是“在哪里”以及“和谁一起”参与的这些活动。我们将在后面的章节中看到，其他主要理论家在他们的研究中都表明，研究“在哪里”及“和谁一起”参与休闲活动可能比研究参与了“什么”活动及“参与程度怎样”更具社会意义。帕森斯的系统理论提出的问题包括：

1）在一个特定的休闲场所（如独立的体育俱乐部或健身房）内进行休闲活动，与在其他地方（如大学或工作场所）相比，休闲体验有什么不同吗？

2）适应、目标达成和整合等子系统内形成的组织在是否为成员提供内部休闲活动方面有什么不同？

3）与只作为运动员或参与者体验休闲活动相比，从事无报酬的休闲工作（如体育和其他休闲俱乐部的行政工作）是否更令人满意？

4）工作（行政、组织工作等）是由受薪员工还是由志愿者完成，对运动员或参与者休闲体验的影响有什么不同吗？

5）体育与休闲管理部门的有偿工作与其他类型的有偿工作有什么不同吗？

6）运动员、演员或歌手作为业余爱好者参与体育等休闲活动，与作为专业人员从事娱乐相关工作，在体验上有什么不同吗？

体育与休闲学者可能没有意识到，我们可以回答上述大多数问题。然而，在几乎所有的案例中，证据并非来自体育与休闲研究，而是来自有关工作与就业的研究。研究表明，对上述问题的回答一直都是肯定的，即的确“存在不同”。但是，对于体育与休闲问题从未有人整理过相关的证据。帕森斯的社会系统理论恰好可以作为一个理想的整理工具。

在休闲商品和服务的生产和销售中，有偿工作的显著特征（如果有）是什么？我们知道，工作往往是乐趣的对立面，因为工作的要求通常是非常苛刻的。美发并不是一个真正有魅力的职业（Lindsay，2004）。一线员工的仪容举止属于休闲服务的一部分。酒店和餐厅的员工在工作中要注意保持美感，有时还需要隐藏自己对所从事工作的真实情绪（Warhurst，Nickson，2007）。生产休闲用品（包括运动服装）的员工可能被要求在他们自己的休闲时间使用该产品，并为该产品做广告（Land，Taylor，2010）。在所谓的创意产业（包括电影、电视、戏剧和新媒体）中，工作竞争异常激烈。应聘者参加面试时需要表现得非常得体，入职后又面临工作时间长、工作压力大的问题。失业成为一种常态，而且在失业期间，个人还要保持自己的竞争力并维系人脉（McKinlay，Smith，2009）。

随着休闲成为一个经济产业并快速扩张，越来越多的人在休闲商品生产和服务行业工作。原本纯粹娱乐性质的业余活动催生出了新的有偿职业甚至全新的行业，电脑游戏就是一个典型的例子。有研究者（Yu-Hao Lee，Holin Lin，2011）采访了16位大型多人在线游戏的亚洲现实货币交易员，其中8位专业人士向他人销售产品（通常是虚拟角色），其他人可以将这些产品用在涉及人类大战、人怪大战或虚拟第二人生的游戏中。这些专业人士面临所有自由职业者都面临的困扰，比如自己的工作时间没有限制，因为他们一旦下线，就可能错过业务。他们也难以让家人和朋友相信他们有真正的职业。其实体育与休闲学者也会面临同样的问题！根据研究，这些专业人士不用去特定的工作单位上班，也不受雇于某家企业。然而，这些专业人士发现自己很难向其他人解释他们也在从事正式的工作，有合法的收入来源，也因此有享受自己休闲时间的权利。他们会明确区分是为了工作而玩游戏，还是纯粹为了娱乐而玩游戏，尽管这在他们的家人和朋友看来没什么区别。

帕森斯的社会系统和子系统理论已经清楚地表明，非商业性业余休闲组织（如音乐团体和体育俱乐部）也需要实现适应、目标达成和整合的功能。这就需要大量的志愿者。志愿活动与其他休闲活动有何不同？拉普阿诺（Rapuano，2009）认为，志愿者在公众面前的存在可以掩盖利润的分配（例如，场馆供应商和设备制造商获取的利润）。但斯特宾斯（Stebbins，1992）认为，这种类型（和其他类型）的深度休闲可以产生一种特殊的满足感。

薪水肯定会改变一个人的休闲体验。但是薪水是会让这种体验变得更好，还是更差？接受薪水就代表要履行义务。职业运动员需要按照教练的要求进行训练和比赛，虽然他们仍然会从中获得快乐，但不是纯粹为了娱乐了（Roadburg，1978）。我们在上文已经看到，职业电子游戏玩家通常在自己休闲娱乐玩游戏时会更加放松，也会将这段时间与为了工作玩游戏的时间区分开来（Yu-Hao Lee，Holin Lin，2011）。

从20世纪60年代到80年代，工作与休闲的关系一直是休闲社会学的一个重要研究课题。核心问题是，人们的工作特点及工作体验是否会产生休闲溢出或休闲补偿的情况，还是两者都不会产生。斯坦利・帕克（Stanley Parker，1971）对休闲社会学做出了重大贡献，他提出了工作与休闲延伸、对立和中立的关系，成为休闲社会学的奠基人。他发现，当人们享受并认同自己的职业和同事时，延伸关系最有可能出现，即工作中的感受延伸到休闲中。对工作不满意时就会出现对立关系，即利用休闲时间做与工作完全不同的事情。当人们对自己的工作持中立态度时，就会出现中立关系，即以不同的方式对待工作和休闲。人们一直认为帕克的研究结果表明有偿工作会（或不会）影响休闲活动，但因果关系往往是双向的。在休闲时间阅读与工作相关的文献，或者与同事待在一起，也会对工作上的表现和态度产生影响。在第二次世界大战之前，大公司普遍都会设立自己的体育和社交俱乐部。但随着电视和汽车改变了人们的生活方式，这种俱乐部大多都关闭了，工人俱乐部的情况也是如此。如今，工作对休闲的溢出作用最有可能体现在同事下班后自发在一些商业场所（如酒吧和餐馆）内组织的活动中。这说明，溢出现象可能比过去要少，这一点对研究人们工作或休闲时的体验十分重要。

对于体育与休闲学者而言，帕森斯的理论可能是唯一可用的整合框架，它能够将所有看似毫不相干的证据整合到统一的理论中。

五、功能主义怎么了?

塔尔科特·帕森斯无疑是 20 世纪中叶一位不容忽视的社会理论家。在社会学领域中，人们要么是他的支持者，要么是他的反对者。到了 20 世纪 80 年代，功能主义在被遗忘的边缘苦苦挣扎。究竟发生了什么事，使功能主义陷入如此境地？这是因为冲突理论（参见第四章和第五章）越来越有影响力，功能主义则相形见绌，不过它并没有消失。其实功能主义理论在其流行时期就衍生出了一些分支理论，例如新功能主义，它相比原功能主义更为缓和、中立。基于新功能主义的研究现在依旧很常见，但很少被贴上“功能主义”的标签，可能也因此而免受功能主义容易招致的批判和质疑。功能主义还产生了一些分支，它们后来发展成为社会学的专业理论，如交换理论和系统理论。但它们（尤其是交换理论）缺乏分析的广度，也不具备帕森斯结构功能主义那么强的解释力。

（一）新功能主义

新功能主义的主要倡导者包括美国社会学家杰弗里·亚历山大（Jeffrey Alexander，1947—）和希腊社会学家（常居伦敦）尼科斯·穆泽利斯（Nicos

Mouzelis，1939—）。两人都认为，功能主义具有其他理论所不具备的特色，值得继承保留。然而，他们所谓的新功能主义基本上已经失去了原有的解释力，不过仍可以用来研究特定实践的系统影响（分析出这些实践有功能性、反功能性或功能中立性），也可以用来确定如何实现一个持续存在的社会系统中必不可少的那些功能（Alexander，1985；Mouzelis，1995）。

体育与休闲学者承认新功能主义的价值，因为它提供了体育与休闲领域中许多研究的标准范式。新功能主义可以用来确定并衡量从特定实践中获得的益处（如个人身心健康，以及社会和文化益处）。理解这些研究中的新功能主义特性非常有用。新功能主义认为，应该确定所有类型的结果，包括运动损伤、运动对健康的益处，以及其他反功能性和功能中立性的结果。此外，新功能主义认为还要考虑可实现功能性结果的其他方式。然而也许最重要的是，分析者不得不承认，新功能主义是一种中立化的功能主义，而且已经失去了原有的解释力。

（二）交换理论

交换理论是在功能主义的鼎盛时期发展起来的。其主要支持者包括乔治·霍曼斯（George Homans，1910—1989）和彼得·布劳（Peter Blau，1918—2002），他们都是美国著名的社会学家。与帕森斯的唯意志行动理论相比，交换理论为能动性提供了更大的空间。交换理论通过自下而上的构建来实现这一点，这与帕森斯的宏大理论形成了鲜明对比。帕森斯的理论认为，社会的各个部分是由它们在整体中的位置所控制的，而交换理论则着眼于最小的社会单元——对偶组，即两个人在假定的普遍互惠规范下相互给予和接受（Blau，1964；Homans，1961）。这种基本的交换是构建更大群体、组织和社会的基石。交换之所以发生，是因为它们对各方都有作用，不论是个人之间的交换还是更大群体之间的交换都是如此。每一方都参与其中，因为这样做符合该方的利益。行动者寻求满足感的最大化，用经济学家的话说是效用最大化。短期收益最少的一方会获得权力，另一方则成为负债者，债权人可以选择如何以及何时请求。权力正是由此自下而上产生的，并不是自上而下强加的。更大的分层体系则建立在不平等的交换关系之上。

如果说帕森斯功能主义的一个弱点是因果性不足（这一点存在争议，见上文），交换理论的问题则与之相反。批评家们认为交换理论夸大了行动者能动性的作用。实际上，大多数人对于他们所生活的宏观体系的构建起不到任何作用。社会是高于每个行动者的，我们无法重建我们所处的社会。现实更接近于每个人都必须面对涂尔干所说的社会事实。交换理论家声称，人们可以根据自己认为最满意的情况，选择默认或重新协商并改变他们所牵涉的关系，但实际上，大多数人都没有选择的余地。他们必须遵守法律，行为得体，做一个合格的社会成员。交换理论的优势在于它对微观层面的探索，但在宏观层面，其局限性也暴露无遗。

特别是在讨论体育和其他休闲活动的具体案例时，交换理论的优势与局限性显得尤为明显。为什么人们喜欢参加晚上的社交活动？为什么人们在假日旅游团中很容易交到朋友，虽然这种友谊通常是短暂的？在运动队里，队员之间需要彼此合作，同时也需要对手进行对抗。交换理论认为，我们可以用各方获得的满足感来解释这些行为。而人们为什么会通过互赠圣诞贺卡、生日贺卡，打电话，以及现在的电子邮件和社交网站来维系各种关系？交换理论认为这可以用对未来满足感的期待来解释。建立起来的关系可以让各方互通信息，给予或者请求帮助。人们可以通过参加休闲活动建立广泛的社交网络。基于互惠原则，短期内向他人给予最多的人容易积累社会资本。但是交换理论的局限性在于，它不能很好地解释人们获取交换资本时所处的大系统。不过这并不会削弱交换理论的价值，它适用于探索个人、小团体和较大的社交网络群体在特定宏观环境中的行为表现。

（三）系统理论

如果说交换理论使功能主义深入到了最微观的层次，那么德国社会学家尼克拉斯·卢曼（Niklas Luhmann，1927—1998）提出的系统理论则将功能主义提升到了比帕森斯更高的抽象层次。卢曼批评帕森斯的社会系统理论过于强调社会性，而没有关注社会作为一种系统时所产生的特征（Luhmann，1997）。卢曼认为，社会系统不是机械地联系在一起的，而是通过信息流连接起来的。由于信息在全球范围内流动，社会系统是全球性的，但其中也包含国家和组织等子系统。他认为，所有的系统都具有自生能力（autopoiesis），即系统自身能够自我修正和再生。自生不同于内稳态（homeostasis），后者是指生物体恢复到之前的状态，而前者会产生一个新的自我修正后的再生系统，它不同于原来的系统。社会系统会从环境（其他社会系统和自然环境）中选择性地提取和过滤信息，这么做是为了满足系统的需求。其实塔尔科特·帕森斯本人对控制论和计算机建模也很感兴趣，不过没有开展这方面的研究。

系统理论在当今的社会学中仍在使用，但已经脱离了功能主义，并加入了社会实体的内容。系统思想被应用于当前信息时代的“网络社会”理论，我们会在第十一章进行详细讨论。系统思想也被纳入世界系统理论，即现代化理论的源头，具体内容参见第十二章。

六、结论

塔尔科特·帕森斯在20世纪社会理论的发展中发挥了重要作用，他为欧洲与美国社会学的融合做出了他人无法企及的贡献。虽然说二者的融合是大势所趋，但事实上，这在很大程度上要归功于帕森斯。

帕森斯理应在社会理论家中占有重要位置。他的功能主义也理应向每一届新生介绍，而不是仅被作为批判的对象。继涂尔干之后，帕森斯是唯一一个认为社会秩序、整合和共识才是正常现象（至少可以实现）的现代社会理论家。只有帕森斯和涂尔干的理论认为实践活动（体育或其他休闲活动）“有益于社会”。认同这一观点的人必须为涂尔干或帕森斯的功能主义辩护。帕森斯的理论还关注了在体育和其他休闲活动中，休闲场所和活动伙伴的重要性。

如果体育与休闲研究从 20 世纪 50 年代开始就建立在帕森斯理论的基础上，那么今天的体育与休闲研究就是另一番景象了。但事实并非如此。同 20 世纪 50 年代一样，今天的体育与休闲学者也发现帕森斯的理论太过抽象，而且现在有很多其他可供选择的理论。但是帕森斯仍然是一个“幽灵”般的存在，因为现在的人们还是普遍认为，某些休闲活动可以“有益于社会”，有益于每个人。重新探讨帕森斯的理论可以让一些隐含的假设显现出来，供人们批判性地审视。

第四章

卡尔·马克思（1818—1883）与马克思主义

一、引言

在未来的社会主义社会里，“公民可以上午狩猎，下午捕鱼，傍晚从事畜牧业，晚饭后开展批判……，但我并不因此成为一名猎人、渔夫、牧人或批判者”。这个片段来自年轻的卡尔·马克思和弗里德里希·恩格斯在1845年和1846年创作的手稿集。这部手稿集于1932年以《德意志意识形态》（*The German Ideology*）（原版德语）为名首次出版（Marx and Engels，1845—1846）。这一片段就是马克思和恩格斯关于休闲及革命后社会状态的描述。在他们的支持者看来，这段简短的描述甚至都算不上是一种有用的行动指南，更不用说是一种休闲理论了。

但后来的马克思主义者却对体育与休闲看法颇多。他们的基本主张是，所有的休闲都被资本主义腐蚀了。体育与休闲学者需要接受这样一种主张，即他们教授和研究的学科，他们中许多人推动的活动，以及他们的学生准备从事的职业，从根本上来看都存在缺陷。马克思主义引起了所有学者的关注，因为它是20世纪上半叶世界上最成功的变革意识形态。马克思主义政党在欧洲、亚洲、拉丁美洲和非洲都建立了自己的政府。马克思认为，资本主义必然是一个不断扩张的体系，近几十年来，资本主义已经蔓延到竞技体育和参与性体育项目、传媒，以及许多其他领域。现在，我们可将资本主义社会的体育与休闲与 20 世纪社会主义社会的进行对比。我们也有资本主义国家公共部门和志愿部门提供休闲服务的证据，尽管马克思主义者会声称这些休闲服务的质量不可避免地受到了资本主义环境的影响。马克思还有另一个目前看来是正确的预言，即资本主义社会出现两极分化，财富会日益集中到一小部分极其富有的精英手中（Piketty，2014）。到目前为止，马克思主义理论仍然未对革命的工人阶级作出预测。但我们无法否认马克思的这一主张，即资本主义包含着内在矛盾，这些矛盾最终会导致资本主义的灭亡。

最初的马克思主义理论是马克思和恩格斯共同研究的成果。因此，下面我们将介绍这两位思想家。他们的思想被称为“主义”，不仅是学术理论，而且是一种动员了数百万人参加的政治运动的精神动力。我们从马克思和恩格斯最初的马克思主义理论出发，继而阐述后来的马克思主义者在最初理论的基础上作出的发展，最后介绍如何将该理论应用于体育与休闲研究。

二、职业生涯

卡尔·马克思出生并成长于德国莱茵兰的一个城市——特里尔。特里尔临近今天的德国—卢森堡边境，但当时属于普鲁士（其首都是柏林）。从文理中学毕业后，马克思从 1835 年开始先后在波恩大学、柏林大学和耶拿大学学习法律和哲学，并于 1841 年获得耶拿大学的博士学位，成为一名博士。

在马克思的学生时代发生了两件重要的事情。第一件是 1836 年马克思与比他大 4 岁的儿时好友燕妮·冯·威斯特华伦（Jenny Von Westphalen，1814—1881）

订婚。这在当时还招来了一阵流言蜚语。威斯特华伦家族是普鲁士的贵族（尽管阶层较低），所以燕妮与马克思订婚就意味着她是“下嫁”。他们的婚姻是爱情的结合。他们于 1843 年结婚，婚后育有 7 个孩子，但只有 3 个活到了成年。1881 年，燕妮先于马克思去世。马克思所处的社会背景和他成年后的生活都与无产阶级无关。

第二件是马克思在学生时代就成了一名革命者。他在成为马克思主义者之前就已经是一名革命者了。虽然在学生时代就成为革命者并不常见，但在当时的欧洲也不是什么特别罕见的事。如果说埃米尔·涂尔干担心法国不稳定的局势，那么普鲁士的问题正好与之相反。普鲁士仍然实行严格的封建制度，国家由君主和贵族统治，没有选举产生的议会。19 世纪 30 年代，整个欧洲的情况都很相似。那时，波旁王朝又在法国复辟，复辟后的波旁王朝有一个选举产生的议会，但数百万成年人中只有大约 10 万人是选民。奥匈帝国在其君主的统治下向南扩张至地中海（当时它吞并了今天的斯洛文尼亚和克罗地亚），向东延伸至今天的乌克兰西部，还占领了波兰的一部分。这个帝国的南部和东部边界与当时已经摇摇欲坠的奥斯曼帝国相连。普鲁士的东部邻国是俄国，由沙皇统治。当时，波兰被普鲁士、俄国和奥地利瓜分。欧洲的大学成为革命者的摇篮，他们想推翻这些政权，把权力交给人民。当时，英国属于相对先进的国家，成为受到威胁的革命者和君主的避难所。整个 19 世纪，英国一直在逐步扩大公民选举权。欧洲的革命者希望他们的国家能够追赶上英国。

马克思对支持普鲁士政权并为其辩护的格奥尔格·黑格尔等普鲁士知识分子进行了十分严厉的批评。马克思在他的学生时代甚至一生中，都将黑格尔视为整个欧洲的思想巨人。黑格尔是一位哲学家（当时的哲学比今天的哲学涉及的范围更广），认为历史的驱动因素是人类思想的发展（奥古斯特·孔德也如此认为）。但与孔德不同的是，黑格尔认为思想是以辩证的方式发展的，而并非只有三个阶段。黑格尔认为，主流思想遇到对立观点（正题催生了反题）后，会产生一个合题，这个合题又会成为一个新的正题。这个过程不断重复，直到人类达到绝对真理。黑格尔说服自己相信人类即将达到真理，而相应的政治制度已经就位，就是他那个时代普鲁士的政治制度。这些观点使黑格尔备受柏林政府的推崇，他当时在柏林教书。很多青年学生都与同时代的青年黑格尔派有着深刻分歧，马克思就是其中之一。年轻的马克思认为，当时的人类状况具有异化的特征：人们无法表达真实的自我，无法发挥自己的潜力。马克思认为，思想和历史至少还需要再经历一个完整的循环。这就是他成为一名革命家的意义所在。

马克思在 19 世纪 40 年代创作的作品中，有些属于严肃哲学，有些则完全是政治宣传。大学毕业后，他成为一名专业的革命者，撰写革命宣传册，并为报纸和期刊撰写文章。在学生时代，马克思就已经引起了普鲁士警察的注意，他因此不得不搬迁到巴黎，然后又移居到了布鲁塞尔，但他在这两个城市都遇到了与在普鲁士时一样的问题。到 19 世纪 40 年代中期，马克思已成为欧洲年轻革命家组织网的一分子。英格兰最终成为他永久的避风港。

正是通过欧洲的组织网，马克思在 1844 年认识了另一位年轻的德国革命家恩格斯。恩格斯的父亲是一位富有的棉布制造商。1842 年，恩格斯被送到曼彻斯特，名义上是为家族企业工作，实际上是为了防止他落入普鲁士警察的手中。在曼彻斯特，恩格斯与玛丽 • 伯恩斯（Mary Burns，1823—1863）建立了感情。玛丽 • 伯恩斯来自当地一个工人阶级家庭，他们一直没有结婚，因为两人都认为婚姻是对妇女的压迫。两人的关系一直持续到 1863 年玛丽去世。恩格斯到达曼彻斯特后不久，玛丽 • 伯恩斯就带他考察了曼彻斯特和索尔福德的工人阶级聚居区。恩格斯对在考察中看到的工人阶级的悲惨生活感到震惊，撰写了一本关于英国工人阶级状况的著作（Engels，1845）。很可能是恩格斯说服了马克思，使后者相信工人阶级会是两人一直追寻的革命的发动者。

从此，马克思和恩格斯成为终生的合作者，共同发展了马克思主义。1848 年，在经历了几年的经济萧条之后，整个欧洲大陆都出现了革命的征兆。马克思和恩格斯所在的组织邀请他们撰写了一份宣言，即《共产党宣言》（*The Communist Manifesto*）（Marx and Engels，1848）。《共产党宣言》一定是世界上阅读量最大的社会主义文学作品，而且至今仍在以多种语言出版。撰写这份宣言时马克思30岁，恩格斯28岁。

美国社会理论家塔尔科特·帕森斯（参见第三章）的学术生涯在我们今天看来再正常不过了：学生时代成绩出类拔萃，毕业后在大学里从事学术研究。本书介绍的所有其他美国理论家都拥有与之相同的学术生涯。但本书介绍的欧洲理论家却有着各不相同的职业生涯：他们的生活是19世纪和20世纪欧洲大陆那段动荡历史的真实写照。

从1849年起，马克思和燕妮带着他们的孩子们定居在伦敦。据说，他们生活拮据（上流社会式的），靠马克思不时获得的稿费和燕妮家族的馈赠生活，但主要受到恩格斯的扶持，恩格斯后来成为马克思的主要赞助人。恩格斯从来没有学过任何一门大学课程，而且似乎总是赞同马克思的思想。

此后，马克思对欧洲的政治事件发表了不少评论，其中最引人注目的是他对1848年巴黎革命结果的评论（路易·波拿巴，即拿破仑·波拿巴的侄子，于1848年被选为法兰西第二共和国的总统，并于1852年称帝），以及对法国在1870—1871年普法战争失败后建立的巴黎公社命运的评论。但马克思长期把主要精力用于撰写巨著《资本论》（*Capital*）。大英博物馆是他的主要工作场所和研究档案馆。《资本论》最初在德国出版，共三卷，第一卷出版于1867年（Marx，1867）。但直到马克思1883年去世，后两卷还未完成。恩格斯整理完成了后两卷，并以马克思为唯一署名作者出版。恩格斯本人对马克思主义做出了巨大贡献，他是第一个使用马克思主义术语“历史唯物主义”和“辩证唯物主义”的人；他将马克思主义扩展为一种社会历史理论，并首次采用马克思主义观点对家庭和性别关系进行了论述（Engels，1902）。

马克思本人留下了一份令人费解的手稿，这份手稿似乎在1858年就被搁置了，后来于1939年首次出版，书名为*Grundrisse*，翻译成英文为*Foundations of the Critique of Political Economy*，即《政治经济学批判大纲》。该“书”最初是以德语原版在莫斯科出版的。第一个英文版本直到1973年才出版（Marx，1858/1993）。马克思主义学者一直在争论这本“书”的重要性。它是被丢弃的《资本论》初稿吗？它阐述的是马克思的观点吗？这些问题很重要，因为马克思关于资本主义以前的社会组织形式和社会主义革命取得胜利的前提条件的思想主要来自《政治经济学批判大纲》。在本章，我们通过《政治经济学批判大纲》为原始的马克思主义理论构建一个连贯的大纲。与《政治经济学批判大纲》完全不同的是，《资本论》关注的是资本主义生产方式的运作。

马克思去世时，没有人相信他会作为主要社会理论家和社会学奠基人而被载入史册。马克思从未称自己是社会学家，同时代的人也从未把他视为社会学家。他的主要学术著作是《资本论》，它在19世纪被视为政治经济学领域的著作。如果说马克思是某一门学科的奠基人，那么首推的就是经济学，但现代主流经济学还有其他奠基人。

马克思在涂尔干的学术生涯开始之前就已经去世了，但他的理论进入社会学领域的时间却比涂尔干的晚。在20世纪40年代之前，马克思主义在社会学中一直被视为一种政治理论和运动，即一直被视为社会学的一个主题。这种情况在20世纪50年代发生了转变，到了70年代，马克思主义成为社会学最具影响力的理论之一。

三、马克思和恩格斯的马克思主义

马克思的主要著作《资本论》详细地分析了资本主义的运作。该著作提出了一个关键的概念——剩余价值。工资的增长永远不会超过劳动力再生产的成本，因此，生活质量会被限制在维持生存的水平。这一水平与市场价格之间的差额就是剩余价值，被雇主所占有。马克思主义认为这是一种剥削，但资本主义制度有一个根本的弱点或矛盾，即工人买不起他们所生产的所有东西。因此，资本主义必须不断扩张，它必须找到新市场，投资开发新产品。即便如此，有人认为，企业被迫关闭或解雇已陷入极度贫困的工人时，资本主义制度依然容易出现生产过剩的危机，勉强维持生计的工人阶级也会随之变得穷困潦倒。马克思期望工人阶级能够联合起来，利用他和其他人创造的理论及开展的宣传发动革命，进而推动社会主义时代的到来。马克思预计这场革命随时可能发生，而且可能发生在英国这个 19 世纪最先进的资本主义国家。但直到他去世，他的期望也没有实现。

随着马克思和恩格斯的日渐成熟（Marx，1979，1989），他们认识到工作是最基本的人类活动，而非思想。因此，黑格尔的观点是错误的。人类具有独特的思维能力，但为了生存，他们首先需要将自己的思维运用到工作中。为了尽可能卓有成效地做到这一点，人们之间建立了社会关系（即生产关系）。一旦人们能够生产出超出基本生存所需的剩余产品，在生产者和占有剩余价值的人之间就有可能产生“阶级”分化。这些占有剩余价值的人可能是奴隶主、地主、矿主、船主或工厂主。马克思主义认为，生产者和剥削阶级之间必然存在对立关系。知识分子、牧师和记者只有在将剥削行为正当化和合法化的情况下，才会得到直接榨取剩余价值的阶级的支持。因此，统治阶级的思想往往会成为各个时代的统治思想。这就是马克思与黑格尔的对立之处。思想是上层建筑的一部分，推动历史前进的是根植于物质条件的利益。

马克思（和恩格斯）认为，任何时代占主导地位的生产关系永远是那些能够最好地利用生产力（自然资源和生产工具）的生产关系。他们认为，在每个历史时期，生产力都是在占主导地位的生产关系中得到最大程度的发展，但当占主导地位的生产关系无法充分利用生产力时，就到了历史进步的关键点。一种潜在的革命形势开始酝酿，此时便是先前的被统治阶级或其部分力量夺取生产力的控制权、重新设定生产关系，并推动历史前进的最佳时机。原始社会就是这样被古代文明所取代，古代文明也是这样被迫为封建主义让位，而封建主义也进而被资本主义所取代。在资本主义取代封建主义的过程中，封建领主和农奴或农民之间的关系也被雇佣劳动（根据工作时间或生产单位支付工资）所取代。

马克思惊叹于资本主义的生产力。他相信这些生产力可以满足人类所有的需求。但根据马克思对资本主义的分析，资本主义下的雇佣劳动生产关系导致生产者（无产阶级或工人阶级）无法摆脱贫困。此外，异化在资本主义下也呈现加剧的趋势。工人既不占有生产工具，也不拥有自己的劳动成果。他们甚至不能自由支配自己的劳动力——在工作时，他们必须服从雇主的指示。马克思希望他所宣传的思想能够有助于掀起一场革命运动，从而使无产阶级掌握生产力。无产阶级夺取生产力后，工人们会获得劳动工具、劳动产品的集体所有权，而且可以自由支配自己的劳动力。同时，每个人的需求都会得到满足。“面包和自由”是激励了数百万人的两大承诺，马克思主义保证，无产阶级终会取得胜利。

四、马克思之后的马克思主义

马克思主义是在马克思去世后被纳入社会学领域的，这期间经历了一个漫长的历程。马克思主义也自此成为一种严肃的（科学的）社会理论，而不再被视为政治宣传。马克思和恩格斯分别于 1883 年和 1895 年去世。此后，马克思主义不仅得以延续，而且还得到了发展。塔尔科特 • 帕森斯等学者参考了涂尔干的思想，但功能主义是作为一种学术理论发展起来的，而马克思主义则是在以马克思命名的政治运动中发展起来的（Gouldner，1971）。马克思去世时，欧洲已经有马克思主义者的政党了。检验理论的标准不在于是否有学术研究提供论据支持。用马克思自己的话说，他们的目标不仅仅是理解世界，而是改变世界。对马克思主义的关键考验是实践，即理论指导下的行动。马克思主义后来成为 20 世纪最成功的意识形态，在动员民众发动和参与改变国家命运的运动方面发挥了巨大作用。

（一）马克思列宁主义

1917 年，马克思主义政党——布尔什维克党——在俄国夺取政权。该政党并不是通过投票选举获得的政权。沙皇俄国在第一次世界大战中战败，沙皇统治随之垮台。布尔什维克党是一个联合集团，它控制了杜马（由选举产生的议会），把权力移交给了苏维埃，继而在前沙皇帝国领土的基础上创建了苏维埃社会主义共和国联盟（简称“苏联”）。“赤俄”与“白俄”的斗争一直持续到 20 世纪 20 年代，最后以布尔什维克党的胜利而告终。

谁也没有想到，俄国会成为率先运用马克思主义理论成功发动社会主义革命的国家。这场革命本应首先发生在一个先进的资本主义国家，而最有可能的是英国。俄国在当时是一个落后国家。然而，布尔什维克党发展了他们自己的马克思主义，这就是众所周知的马克思列宁主义。弗拉基米尔·列宁（Vladimir Lenin，1870—1924）是 1917 年俄国十月革命时期的领袖。马克思列宁主义在布尔什维克党后继领袖的领导下继续发展，其中主要包括约瑟夫·斯大林（Joseph Stalin，1879—1953）、尼基塔·赫鲁晓夫（Nikita Khrushchev，1894—1971）和列昂尼德·勃列日涅夫（Leonid Brezhnev，1906—1982）。马克思列宁主义解释了在俄国这样的国家，共产党如何夺取政权并代表无产阶级实行专政，然后引导整个社会渡过社会主义阶段，最终走向共产主义的黄金时代。

如前文所述，马克思和恩格斯几乎没有描述过革命成功后的状况。20 世纪初，世界上产生了几个“模式”的社会主义，其中包括工人合作社（工团）、消费者合作社和市政企业。然而，到 20 世纪 30 年代，国家所有制和控制权（国有化）成为整个欧洲社会主义政党最青睐的模式。苏联以一党专政的形式实施了这一模式：推行国有制和计划经济，由一个政党按照“民主集中制”的原则运作。这意味着政党高层一旦做出决策，该决策会对各级产生约束力。这一模式更大程度上是受俄国历史和文化的影响。

在20世纪20年代和30年代，俄国布尔什维克党就资产阶级家庭及资产阶级的体育和艺术是否能够存在于社会主义社会展开了激烈的辩论。1952年以前，苏联并未参加过任何一届奥运会，而是组织了自己的斯巴达克运动会。但在第二次世界大战爆发之前，布尔什维克党就已经决定要恢复和巩固国家力量，并要在艺术和体育方面超越资本主义。为了实现这一目标，国家在全国范围内招贤纳士——不考虑他们的社会背景，艺术家和运动员们也因为知道其代表的是真正属于他们自己的社会而充满了激情（Riordan，1980，1982）。我们虽然很难对艺术成就作出客观判断，但体育方面的成功与否可以用国际比赛中的成绩来衡量。下文中，我们就一些相关资料展开研究。

（二）马克思之后的资本主义

对于马克思主义思想的发展，当代体育与休闲学者最感兴趣的是那些关于马克思去世之后资本主义社会变化的研究。到20世纪20年代，西方的马克思主义者需要解决的问题是，为什么最先进的资本主义国家的工人阶级仍未表现出马克思所设想的革命意识。这一直是困扰着马克思主义者的一个重大问题。资本主义为什么会有如此强大的自我修复能力？它是如何做到的？休闲是其原因之一。

第一个答案是列宁给出的。他认为，帝国主义和对殖民地的剥削使核心资本主义国家能够将自己国家的工人阶级从极端贫困中解救出来（马克思认为极端贫困是工人阶级不可避免的命运）（Lenin，1939）。后来的马克思主义在解释发展中国家为何在全球市场经济中沦为欠发达国家时也支持了这一观点（Frank，

1969）。

第二个答案认为原因是资本主义国家中产阶级的增长。马克思认为资本主义社会必定会出现两极分化：富有的资产阶级和贫穷的无产阶级。小公司、独立商人和专业人士要么发展为更大的雇主，要么成为雇佣劳动者。传统的农民要么成为农业雇佣劳动者，要么被迫离开土地成为工业劳动力。但是，从 19 世纪后期开始，资本主义国家的中产阶级不断壮大，两极分化并没有出现。大多数马克思主义社会学家（例如 Wright，1979，2000）认为管理者和专业技术人员所处的阶级地位相互矛盾。他们属于获取薪金的工人阶级，却被要求履行资本家的职能，包括对下属的管理。为了确保这一“高管阶层”的忠诚，同时也为了激励其下属渴望晋升，而非团结起来去改变制度，资产阶级会给他们丰厚的奖励，即剩余价值的一部分。

马克思主义者给出的第三个答案是“霸权”。这一概念的提出者是安东尼奥·葛兰西（Antonio Gramsci，1891—1937）。他是意大利共产党的领袖，在墨索里尼统治意大利时期曾被关押，在监禁期间撰写了《狱中札记》（*Prison Notebooks*）一书（Gramsci，1971）。霸权印证了马克思的一个观点，即统治阶级的思想往往会成为一个时代的统治思想。资本主义的制度、市场和私人制及其结果——广泛的不平等和繁荣之后的萧条——都成为像天气和地理地形一样的正常现象。如果有人要寻求替代方案，那么他就是企图凌驾于自然之上。各个政党、教育部门、教会，以及至关重要的资本主义大众媒体会联合起来维护这一霸权。1918 年，英国工党通过的新党章第四条规定，工党将“生产、分配和交换手段的社会化”列为自己的目标。人们可能会认为，既然在资本主义制度下，占世界人口不到 0.1%的人控制着最具生产力的资本，那么应该很容易说服工人相信生产、分配和交换手段的社会化的益处。然而，1995 年，工党用一项与资本主义如出一辙的声明取代了第四条的规定，并在 1997 年、2001 年和 2005 年连续赢得大选。这就是马克思主义者所说的霸权。

针对资本主义制度下工人阶级的屈从性，马克思主义者给出的第四个答案是，资本主义利用其文化产业来娱乐和哄骗大众，使之默认现状。这个观点最初是由 1923 年成立的法兰克福社会研究所的成员提出的。该研究所的成员主要是马克思主义者和犹太人，1933 年希特勒在德国夺取政权后，该研究所及其成员都迁往了纽约。他们发现，来自好莱坞和纽约锡盘巷（唱片业的中心）、通过广播和电视传播的流行文化同样具有压迫性，就像法西斯主义在德国的压迫统治一样，尽管两者的方式不同（Adorno and Horkheimer，1977）。在 20 世纪后期，这些论点被应用到当时更为盛行的资本主义消费行业和文化产业（Baudrillard，1988，1998）。

当然，还有其他一些论点，不过现在已被人们所淡忘。这些论点认为，专制型家庭、父权制家庭和资产阶级家庭中童年时期的社会化，以及（尤其是青少年时期的）性压抑是导致资本主义劳动力成年后甘愿服从的原因（Marcuse，1955）。

1945 年以后，这些论点经过演变，开始质疑经济增长、所谓的富裕和福利国家究竟在多大程度上改善了资本主义制度下工人阶级的生活。大多数社会学家得出的结论是，对工人阶级生活的改善还远远不够。正是在这种背景下，许多人选择将自己的研究定位在马克思主义范围内。也正是在这个时期，马克思被公认为古典社会理论家和社会学的奠基人之一。

20 世纪 70 年代，马克思主义理论在社会学及其他领域均步入低潮。1989 年，东欧和中欧的马克思主义政权瓦解。西方的主要左翼政党也开始转向中间派立场。

自社会主义在东欧和苏联终结以后，一个新的资产阶级正在形成（Robinson and Harris，2000；Sklair，2001）。与此同时，资本主义出现金融化趋势。国际机构取代民主选举产生的国家政府，成为资本主义的监管者。这些监管机构包括世界银行、国际货币基金组织、世界贸易组织、欧盟，以及七国集团、八国集团、二十国集团（由世界各大经济体的政府组成）。各个资本主义国家内部的不平等现象扩大，其政府别无选择，只能通过提高本国经济竞争力，加入全球经济体系。这意味着要为投资者制定优惠政策，并提供受过适当教育、拥有熟练技能、灵活且乐观的廉价劳动力。

在资本主义发展的这一最新阶段，马克思主义思想得以复兴。马克思主义认为已经找到了最终将导致资本主义灭亡的资本主义“断层线”。

五、如何应用于体育与休闲研究

虽然马克思和恩格斯几乎没有描述过革命之后的情况，也没有写过关于体育或其他休闲活动的文章，但后来的马克思主义者却对这些话题颇有研究。马克思列宁主义称要培育一种优于西方资本主义高雅文化和通俗文化的社会主义生活方式（Vitanyi，1981）。西方马克思主义者指责资本主义的休闲产业压制了工人对激进变革的欲望。工人阶级如果未被压制，应该会利用空闲时间强化阶级团结。因此，他们认为，资本主义统治阶级需要将“造恶”的休闲时间缩至最短（Clarke and Critcher，1985）。马克思主义者认为工人阶级青年文化中的“反抗”迹象是阶级反叛的早期形式（Hall and Jefferson，1976；Willis，1977）。20 世纪后半叶，随着休闲时间和休闲消费的增长，阶级斗争会从生产场所和生产问题转移到消费场所和消费问题上来，工人们会组织起来保卫他们的公共住房、公园、图书馆和体育设施（Castells，1977）。

其中有两点需要说明。第一，资本主义社会中的休闲必然会实现帕森斯学派所主张的功能：与社会系统的其他部分之间相互影响，从而在社会系统内发挥作用。任何一种社会主义社会的休闲都是如此。休闲的功能性是不可避免的，是普遍存在的，不是资本主义或任何其他类型社会的休闲所特有的。第二，社会主义者认为工人阶级国家提供的休闲活动更好，而资本主义的支持者也同样可以宣称资本主义制度能够提供更优越的休闲活动。这场争论无法通过证据来证明。但我们可以论证苏联社会主义下的休闲活动与资本主义下休闲活动的不同之处，以及两者的差异程度如何。我们也可以将资本主义企业推出的各种体育和运动与公共部门和志愿部门提供的体育和运动进行比较。

社会主义提供的休闲或生活方式与资本主义提供的必然不同（Roberts，2009）。但从赢得的奥运会奖牌数量来看，一些社会主义国家的体育制度还是非常成功的。1988 年汉城奥运会是苏联解体前参加的最后一届奥运会。苏联在奖牌榜上名列榜首，其次是德意志民主共和国。苏联的体制涉及儿童青少年选拔和精英队伍训练，并只专注于有限数量的运动项目。后来，该体制被一些西方国家采纳，其中包括澳大利亚、法国和英国（但不包括美国）（Green and Oakley，2001）。中国也采纳了这种体制，这使中国在奥运会奖牌榜上的排名连续上升。尽管用奥运会奖牌榜排名来衡量一个国家在体育运动方面的表现显得有些片面，但体育与休闲学者可以用这个例子来研究资本主义和社会主义制度下体育与休闲活动的不同之处及其原因。

马克思和恩格斯提出的马克思主义基本上论述的都是资本主义社会的运作和发展。他们认为，资本主义会将人们分为对立的阶级——资产阶级和无产阶级。后来马克思主义的阶级理论还增加了小资产阶级，即有雇员或无雇员的个体经营者（该阶级大约占最先进的资本主义国家中工人阶级的 15%），以及所处阶级地位相互矛盾的职业群体（管理者和专业技术人员）。根据马克思主义理论，休闲差异会与这些阶级划分相对应。马克思列宁主义设想，随着共产主义时代的到来，休闲中的阶级差异会逐渐模糊并缩小。马克思主义对国家资本主义的批判则认为共产主义制度下的休闲差异与西方资本主义下的休闲差异并无不同。两者孰是孰非，都可以根据证据来评判。

六、结论

只有在驱散了所有后马克思主义的迷雾后，马克思主义对社会思想的一些主要贡献才能充分显现出来。马克思的很多思想都打破了当时的共识，但发展到现在，这些突破性的思想都已成为社会学领域的常识。马克思和恩格斯抛开思想或政治，将经济作为其社会理论的核心。这一做法与早期和当代（19 世纪早期）道德哲学、政治哲学和政治经济学的假设相悖。马克思把经济看作社会的基础。马克思和恩格斯（而非当代的马克思主义者）不断提醒我们，如果社会理论允许经济成为经济学家的私人领地，那么社会理论便无法顺利发展。马克思和恩格斯提出了迄今为止最合理的社会冲突理论之一，这些理论取代了功能主义理论。功能主义理论认为主要的历史趋势是不断改善人们生活的社会分工，而且现代化是科学思想逐渐传播的结果，会再一次使所有人群受益。而马克思和恩格斯认为，推动历史前进的是冲突。他们的冲突理论认为，社会阶级之间的冲突始终是主要冲突，而这一冲突的根源在于各阶级在当前经济体系中的不同利益。马克思和恩格斯主张的历史驱动力既不是黑格尔学派的思想之争（正题与反题），也不是民族国家之间的种族之争。马克思和恩格斯在这些辩论中取得了彻底的胜利，经济普遍成为社会学解释的关键要素，而不再是马克思主义独有的特征。如今，马克思主义的许多观点已被广泛接受，尽管这些观点尚未被承认源于马克思主义。体育与休闲研究者认识到，他们在研究中始终要考虑阶级差异。此外，他们还应该认识到，任何政策和规定都不可能对每个人同样有益，这种情况下始终要分清这些政策和规定真正“对谁起作用”。

马克思主义最初的主张是，资本主义会被其内部矛盾所困扰，最终走向灭亡。这一主张目前尚未（也永远不会）被证明是错误的。苏联成员国对社会主义的排斥，以及 20 世纪晚期资本主义的传播（在较小程度上），都不能被视为历史的终结（Fukuyama，1992）。虽然资本主义的持续时间远远超过了马克思和恩格斯的预期，但资本主义的发展在20世纪中期的社会民主时期停滞不前，从这方面来看，马克思关于资本主义发展趋势的预测似乎越来越准确。此外，马克思还曾预测，资本主义必然是一种不断扩张、不断强化剥削的制度。这一预测也同样越来越准确。现在，资本主义甚至进入了西欧国家曾经属于公共事业的经济部门（如天然气、电力、电信、广播、公共交通和水资源等），以及曾经由政府资助的教育和医疗、社会保健、部分刑罚服务、治安、军事和主流公共行政领域。与此同时，工资收入占国民生产总值的比例下降，加剧了收入和财富的不平等现象（Piketty，2014；Roberts，2012）。在20世纪90年代之前，资本主义制度下的工人还有另外一条道路可选，即苏联社会主义。苏联社会主义对资本主义来说是一种威胁，但也迫使资本主义企业提高了工人工资和生活水平。这种威胁现在已成为历史。但在当今世界，西方国家的工人不仅需要与低薪的东欧人竞争，还需要与金砖国家（巴西、俄罗斯、印度、中国、南非）和其他新兴市场经济体的劳动力竞争。因此，在这种“逐底竞争”中，他们的实际工资和生活水平是停滞不前的（这还是最好的情况）。

体育和其他休闲活动已经成为资本主义扩张的一部分。在19世纪和20世纪早期，大多数体育与休闲的出现都与资本主义制度无关，体育运动由志愿团体管理。1896年第一届现代奥运会的参赛者和组织者都是业余爱好者。当时，运动场、游泳池、图书馆、博物馆和画廊由公共机构提供，而非资本主义企业。直到20世纪晚期，各国进入财政紧缩时代，这些曾经的公共休闲服务才开始私有化。

与此同时，商业性的健身房和体育俱乐部纷纷开业。因为媒体可以吸引全球观众，资本主义开始介入大型竞技体育项目和赛事中。20世纪中期之前，欧洲几乎所有的广播和电视都属于公共服务，但现在它们绝大多数都是商业性的，观众只要花钱就可以获得这些服务。自2008年金融危机以来，这些行业的发展都已成为经济发展的新动力。

马克思未对革命的工人阶级进行预测，而且 2008 年的金融危机和随后的经济萧条并没有导致全球向左翼倾斜。马克思主义者继续批判资本主义对体育运动的扭曲（Collins，2013；Gruneau，1983；Hargreaves，1986）。一些人设想，异化的运动员和观众会联合起来夺取俱乐部和体育设施的控制权（Carrington and McDonald，2009）。但这种设想是不可能实现的。如果真的要进行一场革命，也不太可能从休闲领域开始，因为运动员、现场观众和电视观众都可以选择退出。马克思年轻时曾指出，工作是生存所必需的，而休闲并不是一种工作。

第五章

马克斯·韦伯（1864—1920）与社会分层理论

一、引言

这是本书最难介绍的章节。当今的社会学家可能会认为马克斯·韦伯是最伟大的古典社会理论家。个中缘由无法用短短几段文字解释清楚。韦伯有很多小的贡献，但并没有形成一个大的理论。涂尔干是秩序理论家，帕森斯是欧洲社会学和美国社会学的集大成者，马克思提出了阶级、冲突和迫在眉睫的革命等观点，而韦伯呢？本书介绍的所有其他理论家都是积极主动型的思想家，他们都提出了原创性的新思想。韦伯则不同：他只是对其他人的观点作出了响应，其中主要是他的前辈马克思，以及当时正在争论是否可以建立独立的社会学科的德国学者。韦伯生前担任教师时并没有为自己赢得名誉，他的著作没有吸引到追随者，在这方面，他与涂尔干和马克思不同，但是所有认识韦伯的人都认为他拥有惊人的智慧。他受到人们的尊敬，甚至是崇拜，但即使是他的崇拜者也可能对“韦伯在 20 世纪下半叶对社会思想的影响超越了其他所有人”这一说法产生过怀疑。从思想方面来看，体育与休闲学者在思想上是典型的韦伯主义者，他们可能并没有意识到这一点，因为韦伯的一些观点已经成为整个社会学界的正统“默认”观点。简要概况如下。

1）作为一名古典理论家，韦伯坚持认为所有解释必须将人们的思想、信仰和意图作为主要部分，这些解释也包括人们如何度过休闲时间。

2）韦伯认为身份地位是除了阶级外的另一种社会分层形式。这意味着身份地位不一定是人们谋生的方式，也可能是人们利用休闲时间和金钱建立重要社会联系的一种方式。

3）韦伯认为，现代历史的主要推动力不是日益复杂的社会分工，而是社会的日益理性化，而且无论是在资本主义社会还是社会主义社会，这种趋势都会继续下去。他认为资本主义的崛起不是理性化的原始推动力，而是其结果之一。言外之意，我们应该期待体育和其他所有休闲活动都能够以一种理性的方式提供，而这意味着体育与休闲活动的提供应体现目的—手段思维。

二、职业生涯

马克思和韦伯都是德国人，而且都来自富裕的中产阶级家庭。除此之外，两人还有许多其他相似之处。例如，在他们去世时，谁也不会想到他们会成为著名的社会理论家，并为社会学未来的发展奠定基础。与马克思不同，韦伯的学术生涯比较传统，但他一直到生命的最后一年才担任了与社会学有关的职务。此外，韦伯去世前只出版过一本书，即《新教伦理与资本主义精神》（*The Protestant Ethic and the Spirit of Capitalism*，1905）。这本书被历史学家和社会学家视为重要著作，但仅这一本书肯定不足以使韦伯成为世界著名的主要社会理论家。通过下文的介绍，我们会发现，韦伯的社会理论家的声誉是在他去世后建立起来的，而且很大程度上得益于塔尔科特·帕森斯在20世纪20年代初对德国的访问。

马克思和韦伯的父亲都是律师，但韦伯的父亲在 1871 年德国统一后成为一名地位突出的公职人员。韦伯来自一个高度政治化的家庭，而马克思家族直到马克思成为革命家后才开始涉足政治领域。马克思和韦伯都是从文理中学升入大学的（韦伯是一名才能非常出众的学生）。除了上述几点外，二人再无其他相似之处。韦伯没有成为革命者。

韦伯出生于德国中部图林根州的首府埃尔福特。在他的童年时期，他的家庭不仅高度政治化，而且与德国的政治精英关系密切。政界和政府高层人士经常拜访韦伯的父母。除了担任公职外，韦伯的父亲还是民族自由党的积极分子，该党是宰相俾斯麦在国会最强有力的盟友。德国议会由 25 岁以上成年男性选举产生，但政治权力集中在德皇、宰相和其他贵族（俾斯麦是德国的一名王子）手中。各种社会主义政党都受到了法律的限制。在当时的德国，担任公职与参与政党政治并不矛盾，但前提是该政党必须支持政府的政权。在第一次世界大战之前，韦伯曾试图建立一个新的中左翼政党，但未能成功。韦伯没有追随父亲的政治脚步，他的关注点在于如何将政府和国家官僚主义置于有效的民主控制之下。韦伯和他的父亲不仅政见不同，在其他方面也是毫无投合之处。

从 1882 年开始，韦伯先是就读于海德堡大学，而后转至柏林大学，学习法律、哲学、历史和经济学。他在德国取得了相当于英国大律师的资格，但没有执业。1894 年，他就职于弗赖堡大学，后又在 1896 年前往海德堡大学担任经济学教授。这就是韦伯整个职业生涯中的两项主要工作，但在生前他一直积极地参与德国政治，尤其是在第一次世界大战之前、期间和之后。与其他社会理论家相比，他是最接近掌握实权的一位社会理论家。如今，韦伯的政治观点会被视为中左翼。第一次世界大战期间，他被选为公职人员，这样，达到服兵役年龄的男子就可以不用再去参军。战后，韦伯作为德国代表团的一员参与了 1919 年《凡尔赛条约》的谈判，后于 1920 年因西班牙流感而去世，享年 56 岁。

从法律转到经济学对韦伯来说并不是一件难事。他专门研究商法，在经济学领域也做出了对经济史具有重大影响的贡献。经济学、法学、历史学和社会学后来才成为独立学科，但在当时它们之间还未形成清晰的界限。如前文所述，韦伯最著名的作品《新教伦理与资本主义精神》于 1905 年出版，这是他生前出版的唯一一本书。1898 年，韦伯精神崩溃，致使他在与抑郁症的抗争中度过了余生。自 1903 年起，他停止了所有教学工作，直到 1919 年才开始在慕尼黑大学担任社会学教授。在与抑郁症抗争的岁月里，韦伯继续从事学术研究工作，留下了许多未出版的手稿，但由于其去世过早，还有些手稿尚未完成。

韦伯的不朽声誉大部分要归功于他的妻子玛丽安娜·韦伯（Marianne Weber，1870—1954）。他们是表兄妹，于 1893 年结婚。玛丽安娜是一名作家、女性主义者和公众人物，但在韦伯去世后，她便退出了公共活动，以便集中精力发表和出版丈夫的遗作。这些遗作便包括韦伯关于中国和印度宗教的主要著作，以及于 1916 至 1918 年完成的关于古犹太教的著作。

韦伯之所以能够成为国际知名的社会学家，还主要得益于塔尔科特·帕森斯。帕森斯在 20 世纪 20 年代早期访问德国时，遇到了玛丽安娜·韦伯。她把丈夫的手稿交给了帕森斯。帕森斯被韦伯的思想所折服，并首次将《新教伦理与资本主义精神》译成英文。这本书精彩的内容，再加上帕森斯的个人推荐，使其他美国社会学家对韦伯产生了兴趣，其中不乏一些与德国有渊源、懂德语的人。他们陆续将韦伯的著作翻译成英文，这些著作的英译版在 20 世纪 60 年代得以首次出版（Gerth and Mills，1946）。其中有关于宗教的书籍，关于社会科学方法论的论文，也有关于如何将政治和科学作为职业的文章，还有一篇关于阶级、身份地位和政党的有趣文章（Weber，1922）。1945 年后的许多社会学家都赞同韦伯关于社会科学方法论和实质性问题的观点，这也是他被誉为该学科的古典理论家和奠基人之一的原因。社会学需要韦伯型的理论家，否则马克思主义就是功能主义的唯一对手了。虽然帕森斯认为他已将韦伯的理论融入自己的理论，但韦伯还是一位非马克思主义的冲突理论家，这使韦伯的理论成为帕森斯功能主义的另一个对手。

马克斯·韦伯有一个弟弟叫阿尔弗雷德·韦伯（Alfred Weber，1868—1958），他也一直在从事学术研究工作。与马克斯·韦伯一样，阿尔弗雷德·韦伯的早期研究跨越经济学、社会学和地理学等多个领域。在社会科学分裂成不同的独立学科后，阿尔弗雷德·韦伯选择了经济学。我们不知道如果马克斯·韦伯再活 20 年，他会选择什么学科，可能是社会学，也可能是政治学。他被同时代担任社会学职务的德国人视为社会学家，同时也被视为政治、法律和历史等现代学科的创始人。

古典欧洲社会学的各种理论注重对整个历史的解释，具有宏大、包罗万象的特征，而马克斯·韦伯就是这种古典欧洲社会学的终结者，因为整个社会学界都普遍接受了他的观点。与马克思和涂尔干不同，韦伯并不认为所有的社会都是沿着同一条进化道路发展的。此外，韦伯还认为社会学解释不能采取与自然科学解释相同的形式。他认为社会学无法形成有关结构和变革的一般规律。因此，韦伯并未提出适用于所有时间和地点的理论和社会模型。这使韦伯的理论比马克思、涂尔干，甚至帕森斯的理论更缺乏连贯性，更难理解。如前文所述，韦伯之所以被视为奠基人，是因为他的许多观点已被整个社会学界普遍接受。

三、马克斯·韦伯的辩论

韦伯的很多作品都被视为与马克思主义的辩论，或者更准确地说，是与韦伯那个时代的马克思主义的辩论。马克思主义虽然一直被德国政界边缘化，但仍产生了巨大的影响。要知道，韦伯是一名参政型学者，他寻求的是中左立场，不同于当时德国的马克思主义社会民主党。虽然我们可以将韦伯的理论解读为马克思主义的对立面，但它们实际上更多的是对马克思主义观点的限定。

在20世纪下半叶，马克思主义者和韦伯学派的社会学家在一系列问题上持相反的观点，这些问题都是社会学领域非常重要的问题，对体育与休闲研究也有影响。这些问题包括唯物主义和唯心主义、现代社会中的阶级分化和社会分层，以及现代社会的历史轨迹。

（一）唯物主义和唯心主义

在哲学领域，唯心主义者认为思想支配行动，而唯物主义者认为行动和思想受环境支配。我们可以将唯心主义和唯物主义视为一个连续体，如图5.1所示。马克思位于唯物主义一侧；韦伯位于中点偏唯心主义一侧；唯心主义的终点上是孔德和黑格尔。

唯物主义……………………………………………………………………………………唯心主义

马克思　　　　　　　　　　　　韦伯　　　　　　　　　　　　孔德

黑格尔

图5.1　唯物主义—唯心主义连续体

孔德认为，历史在人类思想发展的推动下经历了三个阶段。黑格尔认为，人类与其他动物的区别在于人类的思维能力。这就是人类有超自然历史，而其他生物只有自然历史的原因。我们在第四章已了解到，黑格尔认为历史是由人类对绝对真理的追求所推动的，人类希望可以用绝对真理征服自然。他认为，思想是以辩证的方式不断向前发展的。具体而言，既有的知识受到争议（正题遇到反题），从而产生一个合题，合题又变成一个新的正题。就这样周而复始，直到所有问题都得到解答，人类实现其潜力（Singer，1983）。马克思不同意该观点。他认为人类有独特的思考能力，但也有独特的需求去思考如何利用自然来维持生计。人类不能只靠本能生存。思想必须由物质需求来驱动。韦伯提出了一个不同的观点（按照今天的说法，可以说是一个循证观点）。

考古学家和人类学家一致认为，最早的人类社会是狩猎者和采集者的社会。那时，人口必须广泛地分散在各地，因为一个群体——很可能是一个家族，需要足够的土地来狩猎和聚居以满足其生存需求。但是，邻近的家族群体（部落或宗族）之间会形成关系，因为无论是出于对近亲通婚的本能排斥，还是出于经验，一个群体要想保持强大的生存能力，就必须避免与家族成员通婚。人们还一致认为，人类文明的第一次飞跃是农业和畜牧业的发展。耕作农业和畜牧业使更多的人能够生活在既定的土地上，进而产生劳动分工的需求，而劳动分工正是涂尔干理论时代的开端。农民也可能生产出剩余价值，从而让社会能够建立起国家——统治者。统治者们负责管理灌溉和其他重大项目，在社会内部执行规则，采取保护措施，抵御外来者。功能主义社会学家涂尔干和帕森斯曾想象这些发展可以在双方同意的情况下发生，社会分工服务于每个人的利益，因此，人群会将权力赋予其统治者。韦伯学派和马克思学派一致认为，更有可能的情况是，一部分人声称自己拥有生产力的所有权，从被征服者那里榨取剩余价值，并用所榨取剩余价值的一部分来强化这种征服。这种阶级分化可能发生在一个部落内，也可能发生在部落之间。大多数已知的早期社会实行的都是奴隶制，战争的目标之一就是获得奴隶。马克思本人认为，由此产生的阶级分化是冲突的基础，而冲突则是历史发展的驱动力。这就是马克思与黑格尔观点的对立之处。辩证指的不是思想之间的辩证，而是物质利益对立的阶级之间的辩证。

我们将历史快进到中世纪的欧洲。我们不知道第一个农业社会和农业国家是如何形成的。鉴于我们的知识有限，面对众多解释，我们只能从中选出最具说服力的一种。相对于此，我们对现代社会的了解要多得多。在中世纪，土地为贵族所有，但通常由农民耕种。此外，还有在城镇工作或来自城镇的制造商和商人，他们通常住在城镇里。他们是市民，属于资产阶级。君主和贵族鼓励贸易，因为他们可以征收贸易税。15 世纪和 16 世纪，造船技术和航海技术的改进极大地拓展了海上交通范围。欧洲商人不仅可以往返美洲，绕过非洲海岸，也可以向东方进发。随之而来的是贸易的迅速扩张。不久之后，新能源（煤和蒸汽动力）的开发，以及金属和纺织品制造及加工方面的发明，孕育了一场工业革命。马克思主义者认为，商人和制造者积累的财富使他们成为新的统治阶级——资产阶级。资产阶级将雇佣劳动作为首选的雇佣方式。马克思认为，资产阶级创造了工人阶级，实际上是在培育自己的掘墓人，就像之前鼓励贸易和制造业的旧贵族统治阶级一样。马克思相信，工人最终会为自己的物质利益而行动起来，就像资本家扩大贸易和发展制造业那样。资本家们为什么要亲手培育自己的掘墓人呢？马克思主义者认为，物质利益是根本原因。

韦伯认为这种解释并不充分。追逐利润并不是什么新鲜事，而为什么会在 18、19 世纪出现如此突飞猛进的发展呢？为什么其他文明没有出现工业革命呢？韦伯认为，在其他有利条件（贸易扩张和技术进步）的推动下，新教伦理成为资本主义扩张及其之后一切发展的导火索。韦伯列举了一些论据来论证资本主义在新教国家（而非天主教国家）发展得最早、最繁荣，且这些国家中最成功的早期资本家往往都来自加尔文宗。新教的职业伦理观一确立，很快就成为惯例，并在有信仰的人之间迅速传播。这是韦伯在《新教伦理与资本主义精神》（1905）中的论述。

帕森斯的系统理论引入"行动"一词就是源于韦伯，并让后来的社会学家们相信，任何解释都必须考虑行动者的思想。韦伯在世时，德国的学者们曾对能否将科学方法应用于社会研究展开了激烈的辩论。威廉·狄尔泰（Wilhelm Dilthey，1976）提出了一种观点，即人类行为不能用一般规律来解释，而需要通过把握时代精神来"理解"和解释。这一观点得到了大多数历史学家的认同。换句话说，历史学家必须了解当时人们的思想。这一直是历史学界的正统观点。韦伯曾试图说明如何将行动者的取向与注重因果关系的社会学解释结合起来。韦伯认为“理解”和因果解释之间可以相互调和。

韦伯关于“理解”的必要性的论述已成为社会学的主流观点。与涂尔干的观点不同，人们不再相信行动者会默默地屈服于社会事实的力量，而是会根据自己的判断做出反应。虽然马克思主义者承认了思想（和政治）具备一定的自主性，但他们很可能依然认为，人们最终还是会根据自己的物质利益行事。韦伯学派则称，工人阶级需要有一整套具有催化剂作用的信仰（如新教伦理）才会向社会主义转变。韦伯学派认为马克思主义是 20 世纪世界上最令人印象深刻的变革文化观念。

如果承认思想在社会生活中的独立作用，人们对历史或其他事物普遍规律的探索就会受到阻碍。人的思想多种多样，变化莫测，我们无法预测会产生哪些引起未来变化的新想法和新发明。因此，社会学的研究范围应从历史角度对在思想和环境综合作用下产生的结果进行解释。我们无法计算思想和环境所发挥作用的固定的比例，因为这一比例永远取决于思想和环境本身。这些才是体育与休闲学者以及其他所有社会研究者应该寻求的解释类型。

（二）现代社会中的阶级分化和社会分层

在继续探讨马克思和韦伯之间的差异之前，我们需要了解一些所有社会学家（包括马克思主义者、韦伯学派和功能主义者）都赞成的观点。

1）阶级不平等源于经济。某一阶级通常由在经济生产和分配制度中占同等地位的个体和家庭组成。

2）阶级不平等是现代社会中最突出的不平等现象——马克思主义者则认为是“所有社会中”最突出的不平等现象。

3）阶级的客观方面和主观方面是有区别的。理论家可能会将某一群体划分为某个阶级，但这个阶级的人可能并不知道他们属于这个阶级。对于存在哪些阶级、自己和他人属于哪个阶级，外行人可能不同意某位理论家或者他人的观点。但这并不妨碍理论家将人群划分到客观存在的某个阶级中。

4）社会学家们一致认为，阶级可能（但不一定）会从经济集群发展成具有社会、文化和政治特征的结构。各个阶级的成员更有可能与其工作、居住环境和家庭关系中的成员相互交流，而很少与其他阶级的成员交流。这样，阶级很可能就会发展成社会实体。这可能成为特定阶级文化发展的背景，而这些文化则包括体育和其他休闲活动，以及人们的利益观和普遍的人生观。在这种背景下，一个阶级可能会成为政治行动者。

马克思有句名言：阶级是根据他们与生产资料的关系来划分的。这意味着资本主义社会只有两个主要阶级：①所有者，属于资本家或资产阶级；②工人，属于无产阶级。马克思自己也意识到，19 世纪的欧洲实际上还存在其他阶级。有些是“封建制度的遗留”——由个体经营者和农民（有些国家还有农奴）组成的小资产阶级。马克思预计这些封建制度遗留下来的阶级会随着资本主义的发展而逐渐消失。小资产阶级要么发展成为大资产阶级，要么被迫成为工人阶级。农民和农奴要么发展成为自雇农、农业雇佣劳动者，要么被迫从事其他行业。马克思和后来的马克思主义者需要解决中产阶级的“问题”。这些人出售自己的劳动力，但所从事的职业属于中产阶级，而非工人阶级。马克思主义最初的观点是，这些中产阶级标签是错误的，随着时间的推移，人们可能会逐渐认识到对他们的认定方法也是错误的。但是，如第四章所述，到了 20 世纪，马克思主义内部也常常有这种矛盾或模棱两可的阶级认定状况。这些人拿着工资，却履行着资产阶级的职能，他们代表雇主行事，却像经营自己的企业一样。专业技术人员和管理人员是这种矛盾阶级状况下的主要职业群体。如果革命爆发，那么革命的结果会在一定程度上取决于这些职业群体与哪一方结盟。马克思主义者把经济和阶级结构视为其他制度和不平等的基础。所以，不同政治团体、性别和种族的差异是由其在资本主义社会中所处的位置决定的。这是马克思主义的一个明显特征。

马克思主义和韦伯的阶级观有许多共同之处。所有的马克思主义阶级分化和过程都被韦伯的思想吸收，后者非但没有将之排除，反而还融合了其他观点。韦伯认为，阶级是在市场中形成的，因此阶级的重要性只有在市场发挥重要作用的社会（即现代社会）中才会凸显出来。马克思认为劳动力市场上最主要的阶级分化是雇佣者和劳动者之间的划分。韦伯对此表示赞同，但韦伯进一步提出，工人阶级内部也可能存在阶级分化，这取决于他们所出售的劳动力类型（资格、技能和经验）。韦伯认为，所有工人联合起来捍卫共同利益的状况并非不可避免，甚至他们都不太可能会联合起来捍卫共同利益。那些有如此能力的人更有可能会强调自己的卓越能力，对自己所处行业进行限制，使只有相应资格的人才能进入，并控制整个资格评定过程。韦伯应该知道，第一个工人联合组织（在英国）被称为工会。工会是技术行业工人的联合组织，他们会尽可能与雇主达成对他们最有利的交易，但同时也努力展现自己的与众不同，并认为自己应该比技能水平较低的工人获得更加丰厚的福利。

韦伯认为并不是所有的社会都是阶级社会。中世纪欧洲的“阶层”（贵族、教会、平民）是在政治进程而非市场进程中形成的。他认为，印度的种姓更确切地来说代表的是地位群体，而非阶级。后来的社会学家对韦伯所论述的阶级和地位之间的区别很感兴趣。在韦伯看来，地位群体是由他们的生活方式受尊敬的程度决定的。乡村群体和城市绅士群体是现代地位群体的典型代表。高雅文化和体育都是地位群体形成的潜在基础。根据地位划分标准，人们可以被划分为“粗鲁”和“受人尊敬”的工人阶级，“值得救助”和“不值得救助”的穷人，以及房主和社会保障房的租户。马克思主义者认为地位是上层建筑的一个方面，建立在底层的阶级分化之上。韦伯使地位差异成为社会组织和政治行动的另一种基础。

我们回到马克思和韦伯的共同之处上来。两人都是冲突理论家。他们所采用的社会分析方法假定，任何社会都存在自定义利益不同的群体，这些利益差异容易使他们彼此产生冲突。马克思主义者和韦伯学派都认为阶级具有关系性。阶级是由彼此之间的关系形成和决定的，例如雇佣和被雇佣的关系、管理和被管理的关系、计划和执行的关系。所有这些观点都可以将马克思主义者和韦伯学派与功能主义者区分开来，因为功能主义者认为不平等只是反映了不同职位具有不同的社会重要性。功能主义者认为不平等是一种共识性的社会整合，而非将社会分层。无论是经济方面还是社会心理方面较高的回报，都是广大民众表达感激之情的方式。分层体系具有等级性，我们可以将其比作一架梯子，人们在梯子上的位置会根据自己的功绩高低变化。韦伯和马克思的不同之处在于，韦伯认为工人阶级内部也存在阶级分化，地位可以作为社会分层的替代基础或平行基础，与阶级分化交叉存在，但不能被简单地视为阶级分化的反映。

体育与休闲研究者意识到，几乎每一种休闲活动的参与都会涉及社会“阶级”。除了这一发现外，他们需要研究的问题还有更多。休闲活动之间的差异是否与阶级分化（即人们在经济生产和分配制度中的不同地位）相一致？如果我们承认阶级内部存在地位划分，或承认地位划分的界限与阶级划分的界限重合，会不会获得更有力的解释呢？如果功能主义者是正确的，体育与休闲活动中应该会存在不平等现象，不同阶层的人在同一件事情上花费的时间和金钱也应该不尽相同。如果冲突理论家是正确的，虽然也会存在不同阶层的人花费时间和金钱不同的情况，但他们所做的事情不同，做事的地点和共同参与者也不同。

（三）现代社会的历史轨迹

到 20 世纪末，韦伯似乎比马克思更接近历史的潮流，但历史总是会发生意想不到的变化。任何一个古典社会理论家都不会预测到 20 世纪的世界大战，法西斯主义的兴起和灭亡，以及马克思主义政党会首先在俄国夺取政权。我们不断地重新解释过去，以便更好地理解不断变化的现在。韦伯认为根本不可能存在什么历史法则，这一观点似乎是正确的，因为如果有了历史法则，人们就可以预测未来了。

在 20 世纪 70 年代以前，更接近历史趋势的一直是马克思，而非韦伯。社会主义从俄国扩散到沙皇帝国的其他地区，在 1945 年后又扩散到东欧、东南欧和中欧，并在中国、朝鲜、越南、老挝和柬埔寨等亚洲国家传播。后殖民时代的非洲国家也开始发展具有非洲特色的社会主义。在美洲，1959 年，社会主义在古巴取得政权，1970 年又在智利取得政权，但 1973 年萨尔瓦多·阿连德（Salvador Allende）总统在政变中殉职，社会主义在智利的统治也随之结束。西欧和北美国家也开始发展社会民主，实行公私合营，由政府对经济进行宏观调控。这些国家选择的是一条走向社会主义的渐进式民主道路。

但在 20 世纪 70 年代之后，历史的潮流似乎转向了韦伯。韦伯学派可能会说历史一直都符合韦伯的理论，只不过中间出现了一段短暂的小插曲。韦伯认为，自中世纪以来，现代化的主要驱动力一直都具有理性化。理性化是对行动和结果的一种导向，是对新教伦理所培育的“资本主义精神”的常规化和一般化。理性行动是一种经过测算后采取的行动。我们选择某些手段是因为它们是实现既定目标的最佳途径。

韦伯将行动取向和相应的行为分为三大类。

1）传统行动：人们倾向于遵循习俗和惯例；无论是行动者还是其他人，以遵循传统为自己行为的合适理由；人们服从君主和贵族等权威是因为由君主和贵族掌握统治权是一种传统。

2）理性行动：人们采取某些行动方针和规则是因为它们会带来人们所预想的结果；人们服从权威是因为这些权威者是经过资质、经验和成就方面的评定后被任命的，或根据法定和强制程序投票后被任命的。

3）情感行动：行为是对情绪的反应；魅力型领袖就是凭借自己的非凡品质

来激励追随者的；在韦伯看来，加尔文等历史人物所展现的非凡魅力是人类历史上具有颠覆性的、不可预测的潜在力量。

韦伯认为，东方社会不会出现与新教伦理相同的催化剂，它们只可能出现在西方宗教（犹太教、基督教和伊斯兰教）所培育的世界观中，尤其是上帝和世人之间的关系方面。实际上，这种催化剂式的信仰和伦理只在西方基督教（罗马天主教）出现过。但这并不会阻止其他社会采用西方的工作方式，也不会阻止帝国主义国家将这种方式强加于其他社会。

韦伯指出，理性化的结果包括：资本主义持续发展，科学兴起，技术不断进步，专门法庭采用成文法规定的公正规则，科层组织广泛建立。韦伯认为，科层组织是有史以来最有效的社会组织形式，可以使数千名官员和下属为同一目标而努力。韦伯对历史变革主要方向的判断具有强烈的悲观主义色彩，不希望他的预测在短期内发生。他认为，社会主义不会彻底转变，但会逐渐理性化。韦伯认为科层制可能会脱离人类的控制。没有人知道一家大型机构的每间办公室里都发生了什么，甚至连那些名义上的领导都不知道。在机构工作的很多人都不理解他们"为什么"要那么做，也不知道他们所有的努力是为了达到什么目的。即使是那些身居高位的人在应用一些规则时也不一定理解"为什么"。这是韦伯担心德国政府无法得到有效的民主控制的基本原因。同样，韦伯对理性化所带来的"生活质量"（用现在的话来说）也持有一种不乐观的态度。他认为理性化扼杀了兴奋感和不可预测性，甚至何种特质可产生非凡魅力也变得常规化了，考试成为检验特殊天赋和才能的新形式。

我们应该注意到，无论是功能主义者提出的社会分工将不断深化的趋势，还是马克思主义对资本主义会在革命前持续扩张和强化剥削的预测，抑或是韦伯主义对持续理性化的预测，都不是非此即彼的对立，而是可以并存的。上述所有预测可能都是正确的，但在体育、休闲和其他社会领域，却可能只有其中一个或两个是正确的。

四、如何应用于体育与休闲研究

（一）思想很重要

与马克思主义相比，韦伯的所有观点都对体育与休闲学者的研究具有重大意义，并为他们提出了可研究的问题。在韦伯看来，社会学家已经接受了这样一个观点，即行动者对既定情境的解释和回应总是有所不同。因此，始终要考虑行动者对情境的定义。这对休闲（及其他一切社会现象）研究具有启示意义。韦伯学派的解释必须考虑人们根据自己对情境的理解会采取什么行动。这一点适用于所有的社会学解释，但鉴于休闲是相对自由的，行动者的品位、目标、偏好和选择对于该领域而言应该更为重要。韦伯传递的一个关键信息是，解释行动者的行为时必须考虑行动者的主观状态。只探究社会事实之间的关系是不够的。我们不能想当然地认为人们一定会根据自身的阶级利益或研究者发现的任何其他利益行事。

各种休闲活动的提倡者往往认为，如果人们知道这些活动的存在并了解参与这些活动所能带来的好处，他们在有机会时就一定会参加。但事情从来不会这么简单。我们可能认为，既然锻炼身体是一件对自身有利的事，那么一旦有机会，人们就一定会进行充分的锻炼来强身健体。然而，大多数人都做不到这一点。这是因为他们没有意识到锻炼的益处吗？不，大多数人都一致认为锻炼有益于身体健康。有些人可能受到时间、金钱或地理位置（与体育设施的距离）等因素的限制，或者缺乏相关技能；也有些人觉得他们现有的健康水平足以应付自己的日常生活，而且如果他们在身体健康上花费更多的时间和金钱，那么他们的职业和家庭生活就会产生无法接受的机会成本。除此之外，还有其他原因。人与人之间的想法差别很大，不可能存在普遍正确的答案。于是，韦伯停止了对这种普遍性的探索。每一个社会群体和历史上的特定情境都为体育与休闲研究者提出了独特的问题。

（二）不平等

韦伯对阶级的定义以及对阶级和地位的区分为体育与休闲学者的研究打开了一个新世界，学者们在这方面的研究发现一定能够引起更广泛的兴趣。如果只使用一种阶级方案来判断答案的正确与否，就会错过很多机会。韦伯的阶级方案吸收了马克思主义者对阶级的划分，并在此基础上增加了“工人阶级内部也会出现阶级分化”的论点。该阶级方案经证明也与功能主义者的预测一致。如果功能主义者是正确的，休闲活动的差异应该是分阶层的，更高阶层的人会比其他阶层的人参加的休闲活动更多，花费的时间和金钱也更多。如果冲突理论家是正确的，不同阶级的成员则会参与不同的休闲活动。因此，相关研究兴趣将不再局限于人们对体育运动或艺术活动的参与频率和花费金额，还会扩展到人们参与了哪种体育运动、哪种艺术活动，在哪里以及和谁一起参与或观看。如果马克思主义者是正确的，这种差异会与马克思主义理论所确定的阶级一致。如果韦伯学派是正确的，那么工人阶级内部之间也可能存在差异，而且还有另外一种有趣的可能性，即在阶级界限内（或超越阶级界限）会形成（根据典型的休闲活动参与情况确定的）地位群体。

（三）理性化

韦伯主张的历史主导趋势——理性化——是否也适用于休闲领域呢？到了20世纪末，美国社会学家乔治·瑞泽尔（George Ritzer）对韦伯的理性化观点表示赞同并进行了显著调整。韦伯认为理性化是一个可追溯至16、17世纪的主导性、长期性的现代化趋势。瑞泽尔对此表示赞同，但他同时又认为不应该将大型科层组织作为这一趋势的最终结果。瑞泽尔研究了理性化在20世纪后期的表现，并将快餐连锁集团麦当劳作为一个典型案例（Ritzer，1993）。麦当劳餐厅看起来是无害的：其威胁性远比科层机构小得多。瑞泽尔认为理性化起始于制造业和政府，然后传播到商业服务领域，并在20世纪末开始进入消费者服务领域。他将这种趋势称为“麦当劳化”。各个城市和国家都采用标准化的服务模式。之所以选择麦当劳作为案例，是因为它已经成为其他消费者服务领域的典范——不仅仅是快餐领域，还有品牌酒店、度假套餐、医疗保健、游轮、健身房、体育场馆，甚至是高等教育。在高等教育领域，“麦当劳化”的标准化教学模式被世界各地的教师采用，学生现在也可以通过注册慕课（大规模在线开放课程）获得这些标准化的教学课程。瑞泽尔认为我们会进入一个“麦当劳化”深入生活方方面面的时代，并且想要抵制这样的一个时代。同韦伯一样，瑞泽尔对现代化趋势的看法掺杂了一种悲观主义，缺乏激情。他认为，这一趋势在被证明不可抗拒的同时也致使人们的希望幻灭（Ritzer，1999）。

五、结论

与功能主义和马克思主义不同，韦伯的社会学并没有提供关于所有社会特征的一套完整连贯的主张。韦伯的理论并未包括体育与休闲相关理论。韦伯认为社会行为无法用这种方式来解释。韦伯的作品结构松散，而如果这种松散性是其故意而为之，那么这一特点就会从劣势变成优势，从而也解释了他所有的独特观点都能够成为社会学主流观点的原因。韦伯在世时出版的作品很少，但他产生的影响却是举世瞩目的。韦伯几乎对本章之后几个章节介绍的所有理论家都产生了显著影响，涂尔干、马克思或帕森斯却未对他们产生这样的影响。

第二部分

继承学派

第六章

诺伯特·埃利亚斯（1897—1990）与文明进程理论

一、引言

作为一位关注体育与休闲的古典理论家，诺伯特·埃利亚斯可以（如果可以的话）算作社会学的奠基人之一，也的确有支持者提出将埃利亚斯纳入社会学奠基人的行列。埃利亚斯是一位欧洲社会学家，他的学术生涯始于两次世界大战的战间期，当时古典学派已经式微（虽然当时人们还未意识到）。从风格上看，埃利亚斯的社会学理论属于古典学派，其理论充满了历史色彩。本书之所以将他列在继承学派部分，而非古典理论部分，是因为他的著作直到 20 世纪 70 年代才为世人所知。

埃利亚斯曾是从纳粹德国逃离的难民，他的职业生涯遭遇了很长时间的中断。如果埃利亚斯出生得更早一些，或者他在 20 世纪 20 年代的早期学术生涯发展得更快一些，又或者 1933 年德国没有被纳粹统治，他可能早已成为一名广为人知的古典社会理论家。这毕竟是一种假设，其结果会怎样，我们不得而知。但有一个明显的事实，大多数关于现代社会理论的书籍和课程都没有提及埃利亚斯。他要么是一个被忽视的天才，要么被狂热的追随者过分抬高，有人认为他至少可以和马克思、涂尔干和韦伯平起平坐。埃利亚斯的许多支持者都是体育社会学家，他们将埃利亚斯视为这一分支学科的重要社会理论家，但他在其他领域很少被英语国家的学者提及。本章将举例介绍埃利亚斯的社会学理论，至于应该如何评价他的社会学理论，读者可以自行判断。不过必须指出的是，我们在为理论家提供例证时难免会有失偏颇，其他章节也是如此。

笔者将在下文介绍埃利亚斯不同寻常的学术生涯。直到 1962 年，65 岁的埃利亚斯从莱斯特大学退休后，他的大部分作品才首次出版，他的声誉才由此开始建立。而在此之前，除了他在莱斯特大学关系密切的同事之外，外界对埃利亚斯知之甚少。20 世纪 60 年代，埃利亚斯凭借《圈内人与圈外人》（*The Established and the Outsiders*）一书（Elias and Scotson，1965）打开了其在英国学界的知名度。该书是对莱斯特（Leicester）市郊的一个小社区开展的研究，该社区在书中化名为“温斯顿·帕尔瓦（Winston Parva）”。该社区由于 20 年前新建的两个定居点得以扩大，然而新来的居民却不受本地居民的欢迎。不过这本书当时只是被当作英国社会学家进行的众多社区研究之一，直到许多年后，埃利亚斯思想的研究者才发掘出该书所蕴含的埃利亚斯的特质。该书最初是埃利亚斯的学生斯科特森（Scotson）的硕士论文，斯科特森是所调研社区的一名教师和青年领袖。在这本与埃利亚斯的合著中，“圈外人”就相当于“不文明者”，从而与埃利亚斯的主要理论联系起来。埃利亚斯还因他未完成的“青年工人项目”而闻名（虽然是负面影响）。该项目在 1962 至 1964 年对莱斯特市的 900 名年轻人进行了定性访谈，但是访谈的分析一直被搁浅，直到莱斯特大学的后继研究者重新使用了其中的一些材料，这些访谈内容才得到进一步分析，其中最近使用这些材料的学者是古德温和奥康纳（Goodwin and O’Connor，2006）。

直到 1969 年，埃利亚斯的代表作《文明的进程》（*The Civilizing Process*）

（Elias，1939/2000）才首次以英语出版，后以德语再版，成为埃利亚斯的成名作。如前文所述，许多埃利亚斯学派的学者（尽管不是所有）都是体育社会学家。埃利亚斯是为数不多的写过体育与休闲方面论著的主要社会理论家之一（如果他可以被视为知名理论家的话），但他也只是在正式退休后（1962—1990 年）才开始写这方面的文章。1982 年，他的追随者创立了诺伯特·埃利亚斯基金会（www.norberteliasfoundation.nl），该基金会定期召开会议，发布内部通讯简报和网络期刊《人类构型》（*Human Figurations*），但其主要工作是出版或再版埃利亚斯的所有作品（现已完成），主要出版商是都柏林大学出版社。

埃利亚斯理论的关键词是文明进程，以及构型社会学或过程社会学。

二、职业生涯

诺伯特·埃利亚斯 1897 年出生于布雷斯劳（Breslau），该地区在第一次世界大战之前属于普鲁士（德国），1945 年以后改属于波兰，现称为弗罗茨瓦夫（Wroclaw）。他的父亲是一位犹太纺织富商。诺伯特从文理中学毕业，后来在第一次世界大战期间到德国军队服役，其间陷入精神崩溃，并于 1917 年因身体健康状况不佳而退役。之后，他回到布雷斯劳大学，学习哲学、心理学和医学，重新开始了他的学术生涯，并于 1924 年毕业，获得哲学博士学位。他的博士论文是哲学方向，题目是《观念与个体》（*Idea and Individual*）。之后埃利亚斯转攻社会学，但当时他的家庭财产因通货膨胀而大幅缩水，他不得不在困境中开始着手他的教授资格论文。他先是到海德堡大学，师从马克斯·韦伯的弟弟阿尔弗雷德·韦伯（Alfred Weber）。1929 年，埃利亚斯和他在海德堡大学的非正式导师卡尔·曼海姆（Karl Mannheim，1893—1947）一同前往法兰克福社会研究所（Frankfurt's Institute for Social Research，参见第七章）。埃利亚斯的教授资格论文在 1933 年很快就完成了，因为曼海姆和埃利亚斯都意识到，希特勒一旦掌权，他们就不得不搬到别处开展学术研究了。埃利亚斯的教授资格论文标题最初为“The Man of the Court”，有时也翻译为“The Court Society”，即《宫廷社会》。由于埃利亚斯的犹太血统，再加上当时的犹太复国主义运动，埃利亚斯于 1933 年离开了德国（与法兰克福学派及其研究所的其他成员一样，参见第七章），这导致该论文完成之后很久才得以出版。埃利亚斯起初住在巴黎，但从 1935 年开始定居英国。在英国，他将《文明的进程》扩充至两卷，德语版于 1939 年在瑞士出版，书名的英文翻译为 *The Civilizing Process*，但更准确的翻译应该为 *The Process of Civilisation*。1935 年，埃利亚斯在伦敦经济学院谋得一个临时职位，第二次世界大战爆发后，该学院搬迁至剑桥。在第二次世界大战期间，埃利亚斯被拘留了 8 个月（与在英国的其他德国公民一样），尽管他在战争快结束时曾为英国情报机构工作。1954 年，57 岁的埃利亚斯才终于在莱斯特大学安定下来，然而他在其他教职工和学生中并没有产生太大的影响力[埃里克·邓宁（Eric Dunning）除外]。在 20 世纪 50 年代的英国，埃利亚斯的社会学被认为是“过时的”社会学。那时，虽然学术界还在使用涂尔干、马克思和韦伯的理论，但他们的社会学观点已经不再用于指导实践了。无论是在莱斯特，还是英国的其他地方，社会学家们都在效仿美国，研究当下的社会。“历史社会学”已经成为社会学一个过时的小分支。1962 年，65 岁的埃利亚斯正式退休，然后，他在加纳工作了两年。之后，他在莱斯特以及附近的城市一直待到 1978 年。在那之后，他在阿姆斯特丹定居，并继续活跃在学术领域。埃利亚斯一生未婚，他在晚年时还一直保持着研究生时的生活方式：不断地阅读、学习和写作。埃利亚斯的理论其实不难归纳，因为他的观点始终如一，他没有受到欧洲社会学不断变化的趋势的影响。

如前文所述，埃利亚斯的主要著作《文明的进程》于 1939 年在瑞士首次以德语出版，但之后便无人问津，直到 1969 年被翻译成英文，才得以再版。此后，埃利亚斯赢得了高度关注，声名远扬。在德国和荷兰，他成为远近闻名的学者和极受欢迎的客座讲师，也获得了无数的学术和公民荣誉。在德国，埃利亚斯被誉为杰出的知识分子，虽然其学术生涯被德国的纳粹统治耽误了 40 多年，但他最终还是取得了成功。埃利亚斯于 1990 年去世，去世前他一直致力于写作，一些著作在他生前已出版，一些在他去世后才出版。在他去世前成立的诺伯特 · 埃利亚斯基金会确立了埃利亚斯的地位，也让他的声望得以进一步传播。

三、埃利亚斯的社会理论

（一）文明进程理论

《文明的进程》堪称德国社会的一部史书，涵盖了德国从公元 800 年查理（Charlemagne）大帝（742—814）时期到 19 世纪末的历史。但该书的重点是中世纪末期的德国社会变革，特别是民族英雄腓特烈大帝（Frederick the Great，统治时期 1740—1786）增强普鲁士国力的作为。但埃利亚斯的书不是政治史，它关注的是德国人民的生活，特别是上层阶级和中产阶级的生活。该书也不是关于体育运动的，除了简要提到拳击外，全书再无其他地方涉及体育运动。与韦伯一样，埃利亚斯力图描摹中世纪以来欧洲经济、政治和社会生活变化的一种趋势。埃利亚斯认为，这一趋势（即他的"中心理论"）既不是理性化，也不是社会分工或资本主义的崛起，而是他所称的"文明进程"。在这个时期，欧洲人认为，无论是与他们的祖先相比，还是与世界上其他地方的原始人相比，他们都已变得更文明、更有修养。埃利亚斯并不是说欧洲人更好，而是对其中所涉及的变革以及欧洲人认为自己"更文明"的表现和原因进行了解释。

埃利亚斯认为，人们的行为越来越受约束和控制，这可以从性行为、餐桌礼仪、身体功能的控制、如厕习惯和说话方式中看出来。人们已经可以很好地控制自己，不会公开地表达自己的厌恶之情。相应地，人格得以重塑，约束和克制也被内化，而且如果有人不小心做出了不文明行为，内心还会产生羞耻感。《文明的进程》一书中的大部分例证都来自 17 世纪和 18 世纪德国王公贵族的宫廷生活，他们建造了宏伟的宫殿与精致的花园（Fulbrook，1991）。宫廷的等级制度日益森严，对于着装风格、举止礼仪、餐桌座次和就餐礼仪等都有严格的规定，人们因而更易感到羞耻和尴尬。这一时期，受过良好教育的中产阶级（包括公职人员和宫廷官员）的规模也在扩大，与其他等级相比，他们对着装的要求更为严格，行为举止也更为得体。埃利亚斯将这些发展与普鲁士的日渐强盛联系起来，当时普鲁士为了保证国家秩序稳定垄断了武力的使用，从而使社会生活变得越来越文明。埃利亚斯认为，文明是从王子和其他贵族的上流宫廷生活开始向外传播的。上层人士认为自己比下层人士更文明，那时农民的文明程度仍然相对较低。

令 1945 年以后的读者感到困惑的是，这一文明进程（埃利亚斯主张的主要历史趋势）主要体现在 20 世纪以前的包括奥匈帝国在内的“大德意志（large Germany）”或者更广泛的欧洲范围内。在 20 世纪之前的 250 年时间里，普鲁士的统治力日益增强，可以说已经发展成了一种文明力量。但是对于 20 世纪以后的发展，埃利亚斯的观点似乎不太适用。毕竟，20 世纪经历了两次世界大战以及法西斯主义的兴起和衰落，而且在 1945 年后，西方富裕社会还出现了年轻人挑战社会规范的趋势。因此，在他后期的作品中，埃利亚斯指出文明进程是一个脆弱的过程，并且有时还会出现倒退的情况（Elias，2013）。即便如此，他还是认为自己准确把握了现代欧洲历史的主要趋势。涂尔干所说的社会分工只发生在强国，因为只有在富裕社会中人们才会相互依赖、遵守规则，以文明的方式对待彼此。马克斯·韦伯的理性化完全忽视了其中的情感控制因素，而马克思在这方面的观点则有待商榷。欧洲自中世纪以来的主要趋势是民族国家的地位逐渐稳固，公民也过上了文明的生活。革命只发生在政权垮台（如 1917 年的俄国）或被严重削弱时（如在第一次世界大战中战败的德国）。然而埃利亚斯认为这些倒退现象只是文明进程的暂时中断。不过如有必要的话，埃利亚斯应该会愿意修正他对历史主要趋势的看法，因为他更加重视的是其社会学理论中的“构型化”或

“过程化”特征。

（二）构型社会学或过程社会学

埃利亚斯本人和其他人都将其社会学称为“构型（figurational）社会学”或者“过程（processual）社会学”。虽然很多社会学家认为构型社会学与其他探讨网络和互动关系的非构型社会学并不存在本质区别，但构型社会学的关键之处在于不再试图区分原因与结果。在解释文明的进程时，埃利亚斯并没有寻求与韦伯的新教伦理或马克思的生产关系相对应的因果关系。他的论点是，一个构型的所有部分之间都会互相影响，构型在过程中获得平衡稳定或者发生改变。埃利亚斯所说的构型是彼此相互依赖的个人之间形成的网络结构。社会生活是一种动态过程，而不是静止的状态。埃利亚斯把社会生活比作舞蹈。构型是不断变化的，但也有结构可循。确定任何实践的意义不能只看实践本身，必须将其置于构型的背景中去理解。一旦脱离了背景，人们就无法对各种“变量”作出正确的解释。此外，为了更好地理解现在，首先必须了解历史。为了阐释一个构型的当前形式，我们需要追根溯源。因此，在理解休闲和所有其他实践时，必须从构型的大背景出发，将实践视为历史发展的结果。个体不能脱离社会，社会是由个体组成的。我们无法把客观存在的世界和人们眼中的世界区分开来，二者是相互联系、相互映射的。

在 20 世纪 20 年代和 30 年代，埃利亚斯一直与当时的主流学派格格不入，但后者却成为 1945 年后社会学的主导。埃利亚斯反对“变量社会学”，这种社会学旨在探索涂尔干所称的社会事实之间的关系，但埃利亚斯认为这些事实已经脱离了它们本来所属的构型背景。他还强烈反对将研究当前社会状况的社会学与历史割裂开来。然而，埃利亚斯学派在与主流学派的抗争中最终还是败下阵来，这就解释了埃利亚斯从 1954 到 1962 年在莱斯特大学社会学系里为什么始终是一个边缘人物。

埃利亚斯也反对哲学，因为他不希望研究基于预先设定的范畴（例如，生产关系、机械团结和有机团结、传统行动和理性行动）。相反，他认为这些社会学术语必须置于人们所研究的过程及构型中（如17、18世纪日益“文明”的德国宫廷社会），由构型内的行动者对过程进行解读。为此，埃利亚斯推崇一种常识性社会学，这种社会学是使用研究对象的语言书写而成的。但埃利亚斯自己的作品并没有体现这一点，其作品的目标对象是知识分子同行，而非普罗大众。社会学领域更擅长以“日常散文”风格论述观点的是符号互动论者（参见第八章），而非构型论者。

四、如何应用于体育与休闲研究

在莱斯特大学，诺伯特·埃利亚斯及其同事（最初只有埃里克·邓宁）很快发现，文明进程理论与他们所熟知的现代体育的发展近乎完美地契合。埃里克·邓宁是埃利亚斯的学生，后来成为他的同事、拥护者和合著者，邓宁被视为英国体育社会学领域的元老。最初，邓宁是受到埃利亚斯的启发，才开始对当时（20世纪50年代和60年代）社会学领域内并不流行的体育话题产生兴趣的。后来，邓宁说服埃利亚斯相信体育可以作为解释文明进程理论的一个很好的范例。正如莱斯特学派的体育社会学家所指出的，与涂尔干的社会分工和有机团结、韦伯的理性化、马克思主义的资本主义扩张和阶级（或者韦伯所称的“地位群体”）冲突理论相比，埃利亚斯的文明进程理论更适用于分析现代体育运动的发展。

20世纪70年代之前，埃利亚斯的文明进程理论和构型社会学或过程社会学尚未广为人知，只有他在莱斯特大学的同事才有所耳闻。埃利亚斯当时更有名的是其著作《圈内人与圈外人》（Elias and Scotson，1965）以及年轻学者更关心的“青年工人项目”，尽管该项目一度被搁浅。但对于埃利亚斯在莱斯特大学的同事而言，最吸引他们的还是埃利亚斯的核心理论——文明进程理论及其在体育领域的应用。因此，埃利亚斯的理论作为20世纪50年代后的主要社会理论之一，最初被应用于体育研究。本节将探讨埃利亚斯的社会理论在体育与休闲研究中的价值，以及该理论是否值得更广泛的关注和应用。这与本书中其他理论家的情况正好相反。其他理论都是首先被应用于体育之外的领域，然后正如本书所关注的，才被应用于体育与休闲研究。但是埃利亚斯的理论首先被广泛应用于体育社会学研究。20世纪90年代之前，莱斯特大学一直是体育社会学这一分支学科的研究基地，后来体育社会学逐渐成为一门受学生欢迎的学科，英国的大部分高校开始设置相关专业。莱斯特大学是体育社会学学者的发源地，他们将这一学科以及埃利亚斯的理论传播到其他大学。

在体育领域，埃利亚斯学派的核心观点是，文明的进步要求个人在公众场合加强对自身行为的控制，人们需要抑制自己的真实感受和情绪的表达。因此，人们需要一个发泄途径，以实现塔尔科特·帕森斯所称的潜在模式维持功能。体育运动则是一个绝佳的发泄出口。无论是作为运动员还是观众，人们都可以充满激情，无拘无束地释放自己。埃利亚斯学派称，19世纪晚期工业化和城市化的发展恰巧推动了现代体育的诞生。体育运动能为人们带来生活中缺失的、在其他领域不得不压抑的兴奋感（Elias and Dunning，1986）。与此同时，体育运动本身也逐渐变得更加文明。体育运动受到规则的约束，死亡或重伤的风险已经消除或至少已经大大降低。运动员和观众们都需要保持一定的克制，体育活动也要按时间表进行，而且要在适合工业生活和城市生活的空间内进行。不过这一切的前提是体育运动的兴奋感没有丧失。这些趋势被视为同一变化构型的一部分。埃利亚斯学派的研究者们创造了“体育化（sportification）”这个词，用来说明体育运动在现代文明社会中日益提高的重要性（Pfister，2007）。

埃利亚斯的文明进程理论很少被应用于其他休闲活动的研究中，但其实他的理论非常适合用来阐释各种休闲活动（Dunning and Rojek，1992），主要原因可能是体育社会学家太过习惯使用埃利亚斯的理论了（参见下文）。然而，他们往往夸大了现代人对体育运动所带来的兴奋感的依赖程度。与大多数其他休闲活动不同，体育运动的铁杆粉丝和专业运动员数量相对较少，许多人只是普通爱好者。而且很多时候，大多数体育运动都不能用令人兴奋或激动人心来形容，因为训练通常都是极其艰苦的。而人们在观看荧幕上的流行娱乐节目时，能够对剧中人物戏剧化的表演以及他们所表达的情感产生共鸣。人们在聆听美妙的音乐时，可以完全沉浸在音乐中，通过旋律和歌词来表达他们的感受。在度假时，人们到未知的地方旅行，身心完全放松，这些都会带来一种兴奋的感觉。互联网提供了多种多样的休闲方式，体育只是众多休闲活动中的一种，其他休闲活动也可以提供很多“放飞自我”的机会，当然也以约束控制为前提。

然而，文明进程理论无论是应用于体育运动，还是应用于整个现代休闲领域，都存在一个主要的问题，即与历史存在出入。正如上文指出的，埃利亚斯的文明进程理论不适用于解释20世纪欧洲爆发的战争与暴行。21世纪，世界上最先进的国家，也是所谓的“最文明的”国家，发动了“震慑”战争［美英联军2003年对伊拉克发动了一场代号为“震慑”（Shock and Awe）的大规模空袭行动，即伊拉克战争。——译者注］。他们在未经任何正当程序允许的情况下，无休止地折磨和监禁所谓的“国家敌人”。当然，面对这种发展趋势，埃利亚斯调整了自己的论点：文明进程是一个脆弱的过程，并有可能出现文明倒退的情况。他指出，国家之间以及国家内部群体之间的文明进程一直都是不平衡的。20世纪末的足球流氓行为表明，尽管现代社会高度文明，一些不文明的行为方式仍然为某些（较低）社会阶级所保留（Dunning et al.，1988）。还有研究者指出，足球流氓行为本身也受规则约束，因此不太可能造成严重伤害（Marsh et al.，1978）。所以，为了提高理论的可信度，文明进程理论必须能够证明，从长期和宏观趋势来看，人们的行为会变得更文明、更克制，对体育与其他休闲活动的情感宣泄需求也会日益增长。此外，文明进程理论必须与社会主要发展趋势相契合，以促进人们对体育与其他休闲活动的理解。

20世纪末以来，为了满足观众对全天候多频道电视节目的需求，新型体育比赛大量涌现。针对这种情况，埃利亚斯的理论又会做何解释呢？互联网已经成为一个可以满足任何需求的空间。在整个休闲领域，公众对着装形式、舞蹈形式、酒精和消遣品的使用，以及合适的餐饮方式和地点等，已经变得越来越宽容。沃特斯（Wouters，2011）认为，当今社会的放任行为（他称之为“非正式化”）实际上比以前更需要自我控制。人们会花费很多时间和金钱来打造“不刻意的”自我形象，而在饮酒时会保持节制。非正式化可以作为文明进程向前发展的另一个证据。但是，一个可以兼容一切发展的理论最终往往会失去解释力。

不管怎样，埃利亚斯的文明进程理论和现代体育发展之间的历史性契合并没有像埃利亚斯学派所声称的那样紧密。19世纪末兴起的很多体育运动都与烦琐严格的宫廷礼仪规则相悖。这些新兴的体育运动与工业化和城市化的发展相一致。当时城市社区的文化杂乱无章，而矿区、工厂和造船厂里的文化却更为规矩。城市文化并不像埃利亚斯学派宣称的那样，比其取代的乡村文化更加文明。

那些声称践行埃利亚斯构型主义的体育研究者实际上并没有真正做到这一点。他们总是将自己局限于体育构型中，再广泛一点儿也只是扩展到休闲构型中，但这并不符合埃利亚斯对社会学的规划。埃利亚斯真正所说的构型实际上遍布了行动者生活的各个领域。在这个全球发展的时代，甚至遍及全世界。在休闲领域，实现这一目标需要掌握所研究社会的所有当前特征和历史相关特征。仅在当前的体育构型内研究某一体育实践是不够的。这可能是社会学家与其他体育研究者的区别，不过这也仅限于当前的传统社会学。从狭义的角度说，所有的社会学都是将特定事件和实践置于更广阔背景的构型化研究。

五、结论

埃利亚斯的社会学理论非常宏大，属于19世纪和20世纪早期欧洲的古典理论。他与孔德、涂尔干、马克思和韦伯一样，都在寻求对历史变革方向的解释，虽然埃利亚斯的研究在地理上仅限于欧洲，在时间上局限于中世纪以后的历史。

1945年以后，社会学发生转变，社会学家开始更加关注本土社会，以及当下正在发生的变革。在20世纪20年代和30年代，埃利亚斯的思想还很符合时代潮流，但他的代表作《文明的进程》直到1969年再版后才变得广为人知，那时有些人认为埃利亚斯的观点已经落伍了。埃利亚斯一直反对学术分裂，早在他还在德国时即如此。实际上，他希望能够在自己创立的社会学类型中保留大量的历史学、经济学和政治学。遗憾的是，埃利亚斯生不逢时，他的主要著作闻名于世也姗姗来迟，他因此错过了成为现代社会学主要奠基人的时机。虽然埃利亚斯也吸引了一批对当前的主流社会理论不满的人，特别是那些抱怨现在的社会学已经偏离了古典社会学框架的人，但埃利亚斯的影响力主要还是局限于其学派内部的“死党”，这些人大多只专注于体育（Liston，2011），而不是整个社会学（Gabriel and Mennell，2011）。不过埃利亚斯的思想非常坚定，他从不愿随波逐流，这正是其追随者所钦佩的品质。

1954年，埃利亚斯获得了莱斯特大学的终身教职，而那时社会学的学者们已经不再愿意花费数年时间来研究整个社会、国家集群及宏大的历史了。他们更青睐于短期项目，例如斯科特森（与埃利亚斯）在“温斯顿·帕尔瓦”社区开展的社区研究。埃利亚斯的追随者称，该研究体现了埃利亚斯式的特质，例如探讨居民行为与情绪的关系，对比“圈内人”的文明与“圈外人”的不文明。与此项目类似的“青年工人项目”旨在探究学校毕业生在进入成年人的工作世界时所承受的情绪压力。然而，田野调查未能发现这种压力普遍存在的证据，这可能也是该项目未能完成全面分析和研究报告的原因之一。

埃利亚斯的另一个问题是，他的许多观点并没有采用社会学领域已熟知的术语来论述，而是采用了他自己创造的另外一种术语，以他独有的方式解读社会学及体育与休闲研究。西格蒙得·弗洛伊德早在埃利亚斯之前就提出文明的进步需要人们能够比过去更严格地控制本能（力比多，libido）（Freud，1930）。马克斯·韦伯的理性化概念也曾阐述，政府和大型企业的运作变得更加有序，更具可预测性，从而避免了意外情感爆发产生的兴奋感。社会系统是一个由相互依赖和相互作用的各个部分组成的网络，不断深化的社会分工会形成功能上的相互依赖。“构型”的概念在这些已有观点的基础上有何新的贡献？埃利亚斯的确提出了新的概念：文明进程、构型社会学和过程社会学。但是问题在于这些术语是否真的能够提供比社会学领域已熟知的术语更多的内容。

埃利亚斯并不是塔尔科特·帕森斯的追随者，但功能主义和构型社会学却有共同点。根据功能主义和构型的概念，权力产生于一个系统、网络或构型内，并在各方默许的情况下才可行使，一旦默许条件撤回，权力就会流失。埃利亚斯学派和功能主义理论都认为，权力并非源于对生产资料的控制或承担科层组织中的指挥角色，因此也无法解释为何某一群体会将其意志强加于他人。埃利亚斯认为，持续的文明进程依赖于国家对暴力的垄断，这使公民能够在符合个人利益的前提下，以文明、信任的方式对待彼此。这是埃利亚斯学派的另外一个问题，因为自20世纪50年代以来，随着塔尔科特·帕森斯和功能主义的衰落，人们开始倾向于认同冲突理论（强调一个群体如何剥削和征服其他群体），而不再关注有关文明行为在人与人之间传播的理论。

埃利亚斯的研究在20世纪70年代开始广为人知时，他在社会学的影响力却遭遇到了新的竞争者，其中包括皮埃尔·布迪厄（参见第十章），其主张行动者进入不同的“场域”，拥有不同数量和不同类型的经济资本、社会资本、文化资本和象征资本。此外，还有米歇尔·福柯（参见第九章），作为一位法国哲学家，他的理论在整个社会科学和人文学科的影响力一直延续到21世纪。福柯是第二次世界大战以来唯一一位通过重新解读中世纪以来的欧洲历史而广受赞誉的社会理论家，为当今世界的研究打开了新的视角。我们将在第九章看到，福柯之所以引人注目，是因为他对中世纪以来的趋势提出了惊人的新解释。埃利亚斯可能会给人留下深刻印象，但不至于使人惊叹。埃利亚斯的支持者们请少安毋躁，毕竟埃利亚斯的主要著作从出版至今已经有50多年的历史了，但为何他的理论仍然主要应用于体育社会学研究领域呢？

第七章

批判理论、法兰克福学派与尤尔根·哈贝马斯（1929— ）

一、引言

本书介绍的社会理论家主要来自德国。卡尔·马克思、马克斯·韦伯、诺伯特·埃利亚斯以及本章介绍的主要批判理论家都来自德国。路德维希·龚普洛维奇居住在克拉科夫市（Krakow）时，克拉科夫是奥地利的一部分，因此他也算和德国有渊源。第十一章介绍的乌尔里希·贝克（Ulrich Beck，1944—2015）也是德国人。法国也诞生了许多社会理论家，其数量仅次于德国，其中包括前文已介绍过的奥古斯特·孔德、亚瑟·德戈比诺和埃米尔·涂尔干，以及将于第九章和第十章介绍的米歇尔·福柯和皮埃尔·布迪厄。美国是塔尔科特·帕森斯的故乡，是符号互动论及其主要先驱的发源地（参见第八章），也引领了现代化理论的最新发展趋势（参见第十二章）。了解一位理论家生活和工作的国家的背景，将有助于我们理解该理论家的思想（不过正如前文所述，本书不包含女性社会理论家)。这些背景可以帮助我们理解为什么欧洲和美国产生了迥然不同的社会理论。德国和法国在现代欧洲历史中占据核心地位，这最能解释它们为什么会拥有如此强大的理论生产力。

第一次世界大战之后，欧洲成为一个由民族国家组成的大陆。正如联合国的名称(the United Nations)所体现的那样，民族国家是20世纪公认的正常主权政治单位。1914年以前，欧洲还是一个帝国大陆。大西洋沿岸国家(英国、荷兰、法国、西班牙和葡萄牙)主要致力于开拓海外殖民地，建立海外帝国(虽然有些时候遭遇失败)。欧洲大陆的其他部分被分为奥匈帝国、俄罗斯帝国、奥斯曼帝国和德意志帝国。奥匈帝国(the Austro-Hungarian Empire，政治中心位于维也纳，也就是真正的奥地利帝国)从西巴尔干半岛延伸到地中海沿岸，然后向东扩张至今天的乌克兰的部分地区。奥斯曼人(the Ottomans)统治着中东的大部分地区，曾经一度占领了东巴尔干半岛(保加利亚和罗马尼亚)，以及塞尔维亚和现在的马其顿、黑山、希腊和阿尔巴尼亚。俄罗斯帝国也扩张至今天的波罗的海国家，并占领乌克兰大部分地区、高加索地区和中亚。19世纪，民族主义崛起，这些帝国的统一受到威胁，海外殖民地也受到独立运动的影响而逐渐衰落。但是德国与其他欧洲国家不同。在普鲁士的领导下，通过德意志民族主义实现了民族团结，于1871年正式建立了统一的国家，当时称为“小德意志”。但德国的目标不止于此，它还致力于建立“大德意志”，即囊括所有讲德语者的居住地。这一野心直接导致了第二次世界大战的爆发。实际上，在第一次世界大战后，当时本就很小的德国因战败已经失去了大部分的领土。1914年之前，所有欧洲帝国之间都有边界争端，其中最突出的是奥地利吞并波黑领土的问题，而且那时的小国需要与大国结盟，以获得大国的庇护。1914年，德国军队进军比利时，英国和法国正式向德国宣战，确保了比利时的领土完整。德国军队继而攻打法国，计划在遭遇俄国反击之前击败法国。相比而言，法国的历史与德国不同，但也同样动荡。1789年法国大革命之后的一个多世纪，法国经历了君主主义者与共和党派的对抗，世俗主义者与罗马天主教徒的对抗，以及与日益强大的德国之间的边界争端。

19 世纪，所有西欧国家都进入工业化和城市化阶段，美国也是如此，并且这一过程还伴随着大规模的移民浪潮。第八章所述的符号互动论就是产生于这样一个“民族大熔炉”的背景之下。美国也发展成为世界上最强大的国家，无论是在经济上，还是军事上。这就是整个 20 世纪的发展，也是第十二章所述的现代化理论的历史背景。在整个 19 世纪，欧洲国家都在为实现民主而斗争，而当时的美国基本已经实现了民主（对白人男性而言）。欧洲各国政府仍然面临来自底层的压力。英国作为最早的工业化国家，也面临来自底层的压力，导致公民权之间的差距逐渐拉大。在这样的背景下，英国成为实用主义、现代保守主义和自由主义哲学等现代政治思想的主要发源地。同时，英国也处于经济思想的前沿。亚当·斯密（Adam Smith，1723—1790）出生于苏格兰，是现代经济学的先驱。剑桥大学教授阿尔弗雷德·马歇尔（Alfred Marshall，1842—1924）被公认为现代经济学的奠基人，另一位剑桥大学教授约翰·梅纳德·凯恩斯（John Maynard Keynes，1883—1946）则被公认为 20 世纪上半叶最伟大的经济学家。1789 年法国大革命爆发后，法国宪法制度陷入了 150 年的动荡期。奥古斯特·孔德和埃米尔·涂尔干的生活和工作正处于这一时期。德国 19 世纪与 20 世纪的主要学术观点存在分歧，争论的焦点在于德国中央集权制的特点。在第一次世界大战之前，中央集权制下的权力由皇帝和贵族行使，而年轻时的马克思提出把权力交给人民，后来的马克斯·韦伯倡导把国家科层机构置于真正的民主控制之下。韦伯的这一进步政治思想（在德国背景下）使他成为 1919 年凡尔赛条约德国谈判代表团的成员。

二、法兰克福学派

1923 年，法兰克福社会研究所成立，该研究所中的研究者统称为法兰克福学派，其主要成员为马克思主义者和犹太人。该研究所及其成员于 1933 年希特勒统治德国后迁至纽约。诺伯特·埃利亚斯和卡尔·曼海姆（后来成为埃利亚斯的导师）曾在法兰克福待过一段时间，但他们不是法兰克福学派的成员。法兰克福学派的初创成员包括西奥多·阿多诺（Theodor Adorno）、沃尔特·本杰明（Walter Benjamin）、埃里克·弗罗姆（Eric Fromm）、马克斯·霍克海默尔（Max Horkheimer）和赫伯特·马尔库塞（Herbert Marcuse）。1949 年，该研究所和部分初创者又迁回了法兰克福。该研究所于 1969 年正式关闭，但其思想遗产保留至今，尤其是尤尔根·哈贝马斯的研究直至今天仍有影响力。

整个 20 世纪 20 年代，德国都处于危机之中。德国战败，被迫签订凡尔赛条约，因此失去了大片领土，还要支付巨额的战争赔款。整个政治阶层都失去权威，民众失业率一直居高不下，20 世纪 20 年代初又出现了一轮恶性通货膨胀，以本国货币计价的储蓄遭遇严重贬值。诺伯特·埃利亚斯家族的财富也在这场通货膨胀中化为乌有。这一经历对德国国民的心理产生了持久的影响（他们对通货膨胀产生了恐惧心理）。正如我们所知，民族社会主义德意志工人党（即纳粹党）在 1933 年掌权后，镇压了所有异议，使这场危机被掩盖。而在此之前，德国一直是社会和政治思想活跃的温床。

法兰克福社会研究所是原马克思主义思想的主要阵地。本书第四章解释了为什么必须考察自马克思时代以来资本主义发生的变化，并探究了难以动员工人阶级参加社会主义运动的原因，还探讨了布尔什维克在俄国创建的政权是否是真正的马克思主义国家。欧洲的法西斯主义者强烈反对共产主义，他们信奉民族主义，倡导由精英阶层统治国家。反智主义是法西斯主义的另一个特征，但反智主义运动得到了欧洲“精英理论家”的支持。这些精英理论家都是德国人或意大利人，主要有维尔弗雷多·帕累托（Wilfredo Pareto，1848—1923）、罗伯特·米歇尔斯（Robert Michels，1876—1936）和加埃塔诺·莫斯卡（Gaetano Mosca，1858—1941）。他们出于不同的原因，均认为精英统治是大势所趋，民主根本行不通。本书将马克斯·韦伯与卡尔·马克思放在一起介绍，但读者也可以将马克斯·韦伯与精英理论家放在一起阅读：他们虽然是悲观主义者，但都希望德国政府和国家科层机构能够实现民主。这一时期有影响力的思想家还有弗里德里希·尼采（Friedrich Nietzsche，1844—1900）。尼采批判了19世纪欧洲抑制酒神精神（本能、冲动）而过度推崇阿波罗神精神（控制、自律）的趋势，并认为这种趋势使现代社会无法产生像过去那样的、有超凡才华和创新能力的领袖。

在发展马克思主义思想的同时，法兰克福也是欧洲争论“社会科学是否存在客观性”的中心之一，另一个中心是维也纳。马克斯·韦伯曾说过科学可以是价值中立的，但这是否意味着它是客观真实的呢？德国著名哲学家伊曼努尔·康德曾认为，人类关于整个世界的所有知识都是“现象”（事物的表面现象），且不可能在不受主观意识影响的情况下认识事物的真实面目（他称之为“本体”）。20世纪，阿尔弗雷德·舒茨（Alfred Schütz，1899—1959）一直都在将这一学说（现象学）应用于社会科学。阿尔弗雷德·舒茨是犹太人，出生于奥地利，从1935年开始在美国居住。如前文所述，卡尔·曼海姆曾在法兰克福社会研究所工作过一段时间，后来诺伯特·埃利亚斯也去了那里。不过1933年之后，两人都搬到了英国，而他们在法兰克福的大部分同事则都去了美国。在德国，曼海姆成为知识社会学的创始人。知识社会学解释了包括社会学知识在内的所有知识是如何从社会中建构起来的。曼海姆（1936）认为，不同的群体（尤其是不同的社会阶级）都会从自己特定的立场来看待这个世界：有权势的人会倾向于认同那些为现状正名的“意识形态”，而穷人和无权势的人会倾向于接受“乌托邦”思想，这个“乌托邦”既可以是宗教式的，也可以是世俗化的（例如马克思主义所承诺的未来）。曼海姆还认为，知识分子可以从独立的立场来看待世界。但这是否意味着他们的知识具有客观性呢？现象学家的回答是“并非如此”，知识分子幻想的客观性只是主体间共识，这种主体间共识也存在于其他社会群体中。卡尔·波佩尔（Karl Popper，1902—1994）是一名科学哲学家，出生于奥地利，但从1945年开始一直在伦敦经济学院工作。他认为，科学中的真理只不过是迄今为止尚未被证明存在错误的知识主张（假设）而已。倘若真是这样，法兰克福学派会问，所有科学及马克思主义思想最终会归于何处（Connerton，1976；Held，1980）。但这些思想并没有在两次世界大战的战间期传到英国或美国。英国和美国与欧洲其他国家的政治状况不同，他们要比德国及其邻国稳定得多。

法兰克福学派认为，第一次世界大战之前，欧洲的社会学发展是17、18世纪“理性时代”所发起的“启蒙运动”的一部分。启蒙运动希望人们能够通过理性理解并控制他们所在的自然、社会和政治环境，从而获得解放。黑格尔和孔德都认同这一观点，马克思和涂尔干也是如此。但法兰克福学派认为，现代理性至今已经发展成为对大多数人生活的另一种控制。人们的生活和工作并没有被理性和科学技术的发展所解放，反而被越来越严格和细节化的控制所奴役。而且，政府还拥有控制公民的权力。法兰克福学派寻求的是一种批判社会学，他们首先进行自我批判（用现在的话说是“反身”），质疑自己的假设。他们的主要观点是：一种真正的解放性理论必须杜绝工具理性，即韦伯提出的现代世界的标志——目的—手段理性思维，因为这种理性使人们沦为工具。社会学和马克思主义都吸纳了工具理性，但是法兰克福学派认为这种理性更有可能成为压迫工具，而非解放工具。然而，法兰克福学派对批判理论的探索尚未完成，该学派就已解散。之后，他们将精力集中在对资本主义的批判上，并探究法西斯主义狂热的根源。仅有一位年轻的德国社会学家尤尔根·哈贝马斯继承了批判理论。

三、尤尔根·哈贝马斯

尤尔根·哈贝马斯是德国社会学家、哲学家、历史学家。同福柯（参见第九章）一样，哈贝马斯的思想被广泛应用于社会科学和人文学科。哈贝马斯出生并成长于杜塞尔多夫（Düsseldorf）的一个坚定的新教徒家庭。他的父亲是科隆工商会的会长。尤尔根·哈贝马斯曾就读于哥廷根大学、苏黎世大学和波恩大学。他随后在海德堡大学、法兰克福大学和斯塔恩伯格大学（靠近慕尼黑）任职，逐渐成为一名广受赞誉的德国知识分子，并获得了许多学术奖项。他的作品题材广泛，涉及美学、宗教、修辞和发展心理学等。在德国，哈贝马斯是一名公共知识分子，其观点受到媒体的广泛关注。哈贝马斯理论的关键词有生活世界、公共领域、交往理性、交往言语和交往行为。早在学生时期，哈贝马斯就认为，上一代德国知识分子在默许或拥护法西斯主义时失去了对历史关键节点的把握。因此，哈贝马斯选择追随20世纪30年代逃离德国的那批德国学者，尤其是法兰克福学派。

哈贝马斯认为自己的研究继承了法兰克福学派的思想。他吸收了法兰克福学派的观点，认为目的—手段工具理性阻碍了真正解放的实现，且社会科学不应一味地追求客观性。哈贝马斯赞同共识性真理的说法，认为理性存在于产生个人真理的人际沟通结构中。与工具性言语、工具理性和工具性行为相对的概念是交往言语、交往理性和交往行为。后者发生在理想言辞情境（ideal speech situation）中，在这种情境中，地位平等的人为了自身利益进行互动。哈贝马斯将这种情境描述为公共领域（public sphere）。

启蒙运动为资产阶级创造了一个公共领域，这对那个时代来说就是一种解放。此前，在封建时代，文化主要体现“表征性”，例如宏伟的宫殿和精美的艺术收藏，其目的是让所有观看者感到震撼。而到了18世纪（英国要更早一些），在报纸和杂志的推动下，资产阶级公共领域已经遍布整个欧洲的咖啡馆、沙龙和阅读俱乐部，人们因此有机会在国家和教会控制之外的场所与具有相同地位的人交流观点。这在当时对资产阶级来说是一种新的解放，并预示着“启蒙运动”的开端。在公共领域，参与者建立一个共同的生活世界，并在这里共享实践知识和道德知识。在哈贝马斯看来，生活世界是知识的唯一来源，无论是从事实还是道德方面看，这些知识都是正确的。

在生活世界的基础上，人们创建了各种机构（政党、企业等），在这些机构中的行动受“工具理性”的支配。人们被当作手段和商品，不能服务于自身利益，而是作为帮助他人实现目标的工具。由于机构的存在植根于生活世界，这使人们容易对机构产生归属感和获得感。但哈贝马斯认为，工具理性主导的机构不仅会脱离生活世界和交往理性，而且会将这些生活世界殖民化——当今社会便是这样一种状况。哈贝马斯认同法兰克福学派初创成员的观点，认为资本主义大众媒体已经把公众变成了被动的消费者。当时的资本主义大众传媒已经完全不同于 18 世纪的媒体，过去的出版物是促进资产阶级公共领域意见交流的主要媒介。同时，哈贝马斯认为福利国家挤压了真正的公共领域。人们参与政治辩论是为了争夺国家资源，而不再是为了建立共识（一种公认的真理）。政党取代了代议制民主，各个政党为了给自己拉选票，向不同的利益集团作出承诺。因此，生活世界已经被各种政治体系所取代或殖民化了。

这带来的后果是，个体变得非常焦虑，认为自己的生活毫无意义，脱离了宏观社会环境，整个社会、经济和政治体系也陷入“合法性危机”（Habermas，1962，1976，1984）。哈贝马斯认为，解决方案在于开展以和平、环境可持续性、性别和种族平等为主题的新社会运动，以此来重建和扩大公共领域。哈贝马斯并不认为启蒙运动已经失败或退出历史舞台，他认为启蒙运动只是一项未完成的事业。哈贝马斯认为，唯一重要的真理是地位相同者之间确立的真理，即道德真理和实践真理。他还乐观地认为，人类的理性能力一定能够让世界变得更人道、更公正、更平等。

基于这一分析，解放性社会学应致力于推动公共领域的重建。但哈贝马斯自己的著作并不是对解放性社会学的实践。他是一名公共知识分子，其言论代表的不只是他所在的学术团体，而这又不同于公共社会学。哈贝马斯的解放性社会学针对的是那些能够遵循“依其言而行事，勿观其行而仿之”这一原则的人。哈贝马斯学识渊博，语言深奥难懂，但其思想却对社会学实践及体育与休闲研究有重要的实际意义。

四、公共社会学

哈贝马斯一直都是一位哲学家和纯粹的理论家。公共社会学最具代表性的学者是迈克尔·布洛维（Michael Burawoy）。布洛维在英国接受教育，1968 年获得剑桥大学的数学学士学位，之后前往英美公司（Anglo-American Corporation）在赞比亚经营的一座铜矿担任人事官员，在此期间他获得了社会学硕士学位，并从 20 世纪 70 年代开始常驻美国。他在芝加哥收集博士论文资料时，曾在工程车间当过机床工人。20 世纪 80 年代末，他曾在当时的社会主义国家匈牙利的一家钢铁厂工作。布洛维把这种工作称为“暑期社会实践”。20 世纪 90 年代初，他曾在苏联解体后的俄罗斯北极地区的一家家具厂工作。布洛维承认，他一直被车间里的同事称为“不称职的工人”，但在社会学领域，他凭借自己的方法和成果赢得了赞誉。

布洛维（Burawoy，2005）积极倡导一种特殊的公共社会学。他认为，这种社会学与“专业社会学”大不相同，因为后者的研究者还包括其他社会学家。该公共社会学也不同于他所称的“政策社会学”，因为政策社会学旨在对政府部门或其他组织的政策和做法产生影响。从理想型方面来看，布洛维倡导的这种公共社会学是在哈贝马斯所称的公共领域中进行的，多采用参与观察法，在研究过程中，研究者需要与研究对象展开自由和开放性的对话。在理想状态下，研究对象会成为生成和实践社会学知识的合作者。西方的女权主义和反种族主义就是将这种公共社会学运用在新社会运动中的成功范例。未来，公共社会学还有可能成功应用于环境运动及和平运动。工人阶级仍然是布洛维的公共社会学及更广泛的社会学（尤其是新马克思主义社会学）面临的巨大挑战。

五、如何应用于体育与休闲研究

体育与休闲学者一定会对哈贝马斯的理论感兴趣，因为休闲场所是当今许多公共领域活动的发生地。哈贝马斯所讨论的 18 世纪资产阶级公共领域场所包括沙龙、咖啡馆和读书俱乐部等。斯蒂芬·门内尔（Stephen Mennell，2003）研究了 18 世纪法国人喜欢在公共餐厅就餐的一种流行趋势，并探究了这种流行趋势如何在美食家（美食学专家）的主导下引发公众对不同餐厅、餐厅老板和菜肴优缺点的公开讨论。这些讨论发生在地位平等的人之间，他们因为共同的爱好——外出就餐而聚集在一起。当今社会，公共休闲领域的数量大幅增加，包括酒吧、咖啡馆、体育俱乐部和团体、学生公共休息室、书展、剧院、音乐会和节日庆祝场所等（Giorgi et al.，2011；Spracklen and Spracklen，2012）。这些都是人们享受外出时光，与社会地位平等的人分享见闻、交流观点的地方，也是运用哈贝马斯所称的交往言语和交往行为的场所。人们在这里只是为了纯粹地参与其中，获得的回报是“内在的”，这个词语经常与休闲联系在一起。

卡尔·斯普拉克伦（Karl Spracklen）认为交往言语和交往行为（哈贝马斯的概念）是休闲的决定性特征（Spracklen，2009，2011，2013）。他认为，在整个历史长河中，交往言语和交往行为一直是“休息时间”的核心、本质意义和目的。不过，交往言语和交往行为并不局限于我们通常所理解的休闲时间和休闲活动，哈贝马斯式的公共领域也可以在工作场所、工作时间和学校中形成。然而，如今大量的休闲（通常意义上的休闲）时间都用于消费商品或被动娱乐。看电视仍然是最普遍的休闲方式，而这种方式是由工具理性主导的。可见，交往言语和交往行为可以出现在休闲活动中，但休闲并非一定具有这一特征，而且它们也不局限于休闲活动中。因此，与斯普拉克伦的观点相反，交往言语和交往行为不能被视作休闲的决定性特征。斯普拉克伦又称，无论过去还是现在，休闲时间和空间一直都是普通民众与权势阶层（例如牧师、政治家，如今也包括商业企业）的工具理性进行斗争的场所，这一论述使其观点更具说服力。马克思主义者（包括法兰克福学派的成员）指出，现代资产阶级之所以鼓励工人充分利用其空闲时间，是因为休闲会带来利润，而且有助于打破公共空间，防止工人聚集发展革命思想。20 世纪早期的工会和社会主义政党经常为其成员安排休闲活动，部分原因是他们相信共同的休闲活动有助于开展非正式和正式的激进教育（Snape and Pussard, 2013）。法兰克福学派认为，资本主义文化产业通过音乐和其他形式的娱乐使观众“原子化”，摧毁了工人阶级的公共领域。但还有一些公共休闲领域目前仍与资本主义大众媒体并存，这些领域从未从社会中消失，如教会集会、业余俱乐部和上一段中所列举的例子。

法兰克福学派认为，大众娱乐是对工人阶级的安抚。哈贝马斯从这方面继续开展研究。他认为，公共领域已经被殖民化或在逐渐消失，现在的公众都沦为一个个被动的消费者，只会花钱购买商品和服务，投票支持符合自己利益的政党及其政策。但是对于应该生产什么，如何生产，应该提供什么服务以及政党应该提供什么样的政策，大多数人都没有发言权。因此，当将资产阶级纳入政治公共领域后，工人阶级的解放运动一度陷入停滞。哈贝马斯关于“停滞”的说法也许是正确的，但其原因并不一定是公共领域的消失。休闲学者需要探索的一个问题是，当今的公共领域能否将更多的人从支配其经济和政治生活的工具中解放出来。

18 世纪的资产阶级规模尚小，且主要集中在大城市，他们比城市和农村的普通大众富裕得多。他们会面的沙龙、俱乐部和餐厅也是政治阶层成员经常出入的场所。而当今的大多数公共休闲领域则不同，人们只是在这里与社会地位相同的人进行交往，分享见闻和交流观点。现在的公共休闲领域由于人们休闲品位和兴趣的不同而产生区隔。大多数参与者并不富裕，因此这些公共休闲领域无法成为他们接触政客或其他权势阶层的渠道。

但是，如前文所述，在当今世界，休闲场所不是公共领域形成的唯一场所。

一些工作场所，特别是工会及社会主义政党创建的生活世界中也存在公共领域。社区也可以是公共领域形成的场所。在社区内，居民可以组建业主协会，组织和参与各种活动来保护社区的公共设施或开放空间（Castells，1977）。虽然与公共领域有关的旧团体大多已经衰落，或脱离了其原本的生活世界，但哈贝马斯指出，女权主义、绿色环保主义、反战、反种族主义等新的社会运动也在形成。

互联网创造了新的公共空间，催生出各种新型的社会运动形式，不过推文、点赞和点击量只有转化为街道和广场上的人群互动或投票箱里的选票才会发挥作用。有时，新旧媒体动员起来的力量会将选票投给政治职位的新竞争者，而这些选票也确实发挥了作用，例如 1989 年的东欧和中欧，2000 年的南斯拉夫（米洛舍维奇下台），以及 2003—2005 年发生在格鲁吉亚和乌克兰的颜色革命。年轻人从他们聚集的音乐俱乐部等休闲场所蜂拥而出，走上街头和广场，推翻了时任政府（Beachain and Polese，2010；Collin，2007）。但这一过程没有任何新媒体的参与。从最近的事件来看，在 2011 年希腊的财政紧缩抗议活动中，民众都把选票投给了左翼激进联盟党。2011 年的“阿拉伯之春”运动推翻了突尼斯、埃及和也门的统治者。虽然，2011 年的“占领华尔街”运动并没有起到什么实质作用，但同年发生在西班牙的“愤怒者”运动催生了与希腊左翼激进联盟党类似的“我们能”党，截至 2015 年，该党派已经成为一支强大的权力竞争力量。有关“阿拉伯之春”运动和西班牙“愤怒者”运动的研究发现，年轻的抗议者并不打算把选票投给任何现有的政党，他们期待看到一种新的政治信仰。他们希望能够通过现场会议和网络参与“会话”，以达成共识（Castells，2012；Honwana，2013）。但哈贝马斯意识到，仍有必要在生活世界中建立工具理性统治的机构，只有这样，同辈之间平等的自由交流才能超出所在的生活世界，产生更为持久、广泛的影响。否则，不满情绪的爆发最多只会导致现有精英阶层内部的重新洗牌，就像 2003—2005 年的颜色革命一样。哈贝马斯的另一个论点是，正常情况下，理性的人在公共领域进行平等的自由对话一定会达成共识，但考虑到现有的阶级、种族、性别及其他方面的分歧，这种对话还能一定达成共识吗？

法兰克福学派基于对马克思主义问题的思考开始了对批判理论的探索，其成员致力于寻求工人阶级的解放。哈贝马斯承接了这一挑战，并将核心问题转变为如何恢复、扩大公共领域，从而推动更广泛的经济和政治解放。体育与休闲学者关心的是他们所研究的休闲场所和活动会起到什么作用。

1）在此之前，他们首先需要探索的问题是：哪些社会阶层的休闲活动最可能发生在公共领域？是那些尚未组建新家庭的年轻人，还是上层阶级和中产阶级？目前几乎所有的志愿组织（包括工会）都被上层和中产阶级垄断，而工人阶级的文化消费绝大多数只能通过大众媒体进行（Bennett et al.，2009）。

2）体育与休闲学者需要探究的下一个问题是：谁会在富人、政客和公司高管经常出入的公共领域从事休闲活动？是欧文·琼斯（Owen Jones，2014）所称的“权势团体”吗？如果是，那么体育与休闲的最终贡献就是将大多数人排除在制定的商业和政治决策之外吗？

3）达维德·斯特切勒（Davide Sterchele）和尚塔尔·圣布兰卡（Chantal Saint-Blancat）以意大利一年一度的反种族主义世界杯为例，分析这种体育狂欢节的形式如何把铁杆球迷、移民和其他非正式团体和个人凝聚在一起。他们认为，这种活动为人们挑战歧视行为和刻板印象创造了一个“阈限”空间，即人们暂时抛开常规的期望、角色和行为规则的空白区域。斯特切勒和圣布兰卡设想，这种节日性的反歧视行为和多元文化主义可以在更广泛的背景下衍生。所以体育与休闲学者需要探究的另一个问题是：这种阈限性休闲场所会产生文化区隔，但人们离开这些场所后又会回归到普通的日常生活中，那么此类场所的活动会产生普遍、持久的影响吗？

④休闲并不是可以有效推动政治运动的唯一公共领域。所以，体育与休闲学者需要解释的最后一个问题是：哪些公共休闲领域（如果有）比其他公共领域的影响力更大，能够将人们从日常生活和工具理性中彻底“解放”出来？

人们不太相信职业运动员和观众会控制俱乐部，然后发动广泛的革命（Carrington and McDonald，2009），也不认为一些青年文化中的“反抗”迹象最终会导致革命的爆发（Hall and Jefferson，1976）。皮埃尔·布迪厄（参见第十章）认为，休闲活动和场所的确可能催生这种行为，但很大程度上取决于公共休闲领域参与者的经济和社会资本、财富与人脉关系。

六、结论

与本书介绍的其他理论家相比，哈贝马斯的观点很难用于解释德国以外的整个欧洲历史进程的普遍趋势。涂尔干和帕森斯指出，社会将变得越来越复杂，人们生活的差异也会越来越大，但彼此又相互依存。马克思主义强调了贫富强弱分化。而韦伯称，社会不平等比单纯的贫富差距更为复杂，从古至今关于不平等的观念都会影响人们的行事方式。韦伯还描述了一个越来越理性化的世界，用埃利亚斯的话说是越来越文明的世界，用福柯（参见第九章）的话说是越来越规训的世界。体育与其他休闲活动可能成为这些趋势和现实的一部分，也可能成为人们逃避现实的庇护所。以上这些学说关乎我们当今社会的起源和发展方向，这并不难理解。

作为一名公共知识分子，哈贝马斯在职业生涯的大部分时间里仿佛生活在另一个星球上，而不是在德国。首先，我们要从第一次世界大战之后的德国寻找批判理论的源头。马克思主义者必须回答工人阶级为什么很难被说服这一问题。马克斯·韦伯和其他“精英理论家”都坚持认为，要在德国实现民主不仅要废除皇帝、贵族的头衔及政治法律特权，还要颁布正式的民主宪法，并建立由民主选举产生的议会。此外，学者们还就客观性是否存在展开辩论。这种辩论并不局限于德国，但德国的不同之处在于，德国学者对这一议题的讨论已经超越哲学范畴，多涉及社会理论。第二次世界大战结束后，哈贝马斯继续对此展开辩论。他主张，从社会文明自中世纪之后兴起，到贸易、工业和资产阶级的扩张，再到资产阶级进入公共生活，社会在不断进步，但工人阶级没有随着 19 世纪的工业化进程进入公共生活。其次，我们再看德国在 20 世纪两次世界大战中扮演的角色，以及 1933 年至 1945 年德国的统治情况。是德国人民被暴虐的领袖带入了歧途，还是德国人的历史和文化背景导致了这一切？其他西方国家 1945 年以后的社会理论家可以不做回应，但德国社会学家必须面对这些问题。德国还有另外一个特征，即在 1945 年之后的几十年，如果一个人不把德意志联邦共和国（西德）视为国家的公敌，他就称不上一个公开的马克思主义者。二战后，东德处于共产主义者的统治之下，他们希望可以将东德的体制传播到西德。虽然哈贝马斯认为自己继承了 1933 年离开德国的那批德国知识分子的思想（尤其宣称是马克思主义者的法兰克福学派），但他本人并不承认自己是马克思主义者，也未曾被当作马克思主义者，更不是左派的英雄。他指出，战后的德意志联邦共和国要恢复启蒙运动，扩大公共领域，将企业和工会视为社会合伙人。社会合伙人一词被后来欧盟的“欧洲计划”采纳和保留。

20 世纪晚期，哈贝马斯的理论得到了更广泛的认可，同时也在德国之外流行开来。他的“合法性危机”理论引起了整个欧洲乃至世界的共鸣。该理论认为，人们的生活世界与银行、跨国企业和政府等大型机构之间的隔阂日益加深，主要政党的成员和选民正在大量流失。一个最明显的例子就是在欧洲大陆上建立起来的欧洲政治同盟，但相对于欧洲人这一身份，各个国家的人更加认同自己的国家、地区或宗教。哈贝马斯认为新社会运动的时代即将来临，如今这些运动能够在网上迅速形成和发展，创造出新的（经常是跨国性的）公共领域。

哈贝马斯坚持认为，人类共有的理性能力可以使所有人参与到一场大规模的“会话”中，在这场会话中，人们可以创造出更平等的社会，所有人都能感受到公平公正，并产生归属感。马克思主义者可能会辩称，这与资本主义是矛盾的；精英理论家则会直截了当地说“不可能”。后现代主义者认为现代性是启蒙运动的产物，他们宣称理性的解放创造了多重现实和共识，但不可能让所有人都达成共识。

休闲学者关心的是如何将自己的研究与这些论点联系起来。体育与其他休闲活动会像哈贝马斯所说的那样，摧毁公共领域，造成消费者"原子化"吗？还是会让旧的公共领域重新焕发生机，并推动新公共领域的发展？如果是后者，体育与休闲会成为哈贝马斯提出的"公正世界"的推动力吗？还是说，体育与休闲活动只会让特权阶层受益？其他公共休闲领域是否会因为人们的品位不同而产生分化，从而产生虚假的"泡沫"，使热衷于此的人乐在其中，却脱离了真正的经济和政治权力？

第八章

赫伯特·布鲁默（1900—1987）与符号互动论

一、引言

“符号互动论（symbolic interactionism）”这个概念并不是欧文·戈夫曼（Erving Goffman，1922—1982）创造出来的。戈夫曼甚至从未将自己的研究定义为符号互动论，但他在推动这一社会学理论的发展方面做出了其他人无可比拟的贡献。其实是赫伯特·布鲁默（Herbert Blumer，1900—1987）创造了“符号互动论”这个术语，并提出了符号互动论的基本原理，然而，是欧文·戈夫曼首先激起了人们对这一新型社会理论的兴趣。

欧文·戈夫曼是20世纪六七十年代美国一位特立独行的社会学家。他打破了社会学的所有常规，在短短20年的职业生涯中出版了11本书，铸就了辉煌的声誉。戈夫曼的社会学理论通常被称为戏剧论。戈夫曼的第一本书《日常生活中的自我呈现》（*The Presentation of Self in Everyday Life*，1959）描述了人们作为“演员”走上“舞台”，扮演角色，并根据观众的期望展现自我的过程。每个人都可以在不同的舞台上扮演不同戏剧中的多个角色。戈夫曼对比了人们在台前和幕后的不同行为，并阐述了角色距离（非真实的自我）和角色认同（真实的自我）的表现形式。戈夫曼的理论究竟源于何处呢？他从未列举过他的论据来源，也未阐释过他基于何种分析方法得出结论，但是据戈夫曼自己称，《日常生活中的自我呈现》的创作灵感源于他在苏格兰度假/做田野调查时对酒店员工的观察。

戈夫曼的每部著作均提出了新的概念，而且这些概念都很快被社会学界接纳。《精神病院》（*Asylums*，1961）提出了“全控机构（total institution）”的概念，这种机构为封闭式的机构，人们会在其中度过或短或长的时间。精神病院、监狱、军队和寄宿学校都属于这种机构。《精神病院》解释了病人们如何变得“机构化（institutionalised）”，对机构形成依赖，进而无法适应外面的生活。《污名：受损身份管理札记》（*Stigma*，1964）论述了人们如何管理“受损身份（spoiled identities）”。《框架分析：经验组织论》（*Frame Analysis*，1974）阐述了人们如何根据某种情况或事件设定的“框架”作出相应的反应：例如，某个评论只是一种玩笑，还是对他人诚信品格的攻击；禁止吸烟是健康议题，还是公民自由权议题。

虽然戈夫曼本人从未将自己的思想称为符号互动论，但他的社会学具有明显的符号互动论特征。这一社会理论源于美国，在20世纪60年代迅速发展成为全球性的社会学，并催生了一系列的新型社会学，如教育社会学、越轨社会学和组织社会学等。符号互动论者有时称其理论是基于马克斯·韦伯的理论，因为韦伯主张社会学阐释必须考虑行动者的主观状态。不过，“符号互动论”这个术语是由美国社会学家赫伯特·布鲁默创造的，他称自己的研究基于乔治·赫伯特·米德（George Herbert Mead，1863—1931）的理论。1931年，即米德去世的那一年，布鲁默在芝加哥大学接手了米德的课程，继续他的研究。正如塔尔科特·帕森斯所主张的那样，美国社会学需要吸收欧洲的社会理论，例如他的系统论便是如此，而在帕森斯之前，欧洲社会学和美国社会学是两个迥然不同的学科。

二、欧洲社会学和美国社会学

1939年以前，欧洲社会学的发展并不顺利。如第一章所述，奥古斯特·孔德创造了社会学一词，因此被公认为社会学的创始人。孔德于1857年去世时，社会学的根基尚未形成。实际上，直到1895年，波尔多大学才成立了欧洲第一个社会学系，并任命埃米尔·涂尔干为第一位社会学教授。自此，社会学才开始传播，但其发展一直处于不温不火的状态。从1905年起，伦敦经济学院开始教授这门学科，但直到第二次世界大战结束后，该学科才在英国的其他学校传播开来。1945年后的大多数古典社会学理论都诞生于社会学之外的领域（最著名的是卡尔·马克思和马克斯·韦伯的理论）。社会学并没有像孔德和涂尔干所期望的那样成为社会科学的主宰者。20世纪初，经济学和政治学作为独立的社会科学学科蓬勃发展，历史学、地理学和法学也是如此。

而欧洲的社会学还在苦苦挣扎。社会学的根基薄弱，其原因是社会学的历史变革观点（受到孔德的影响）较为单一和局限，而且当时人们认为社会的演变与人类的进化过程是类似的。因此，社会人类学（当时主要研究原始人简单社会的科学）偏向与体质人类学相结合，而不是研究现代人及其社会的社会学。古典社会学诞生时，当时的科学家正在将人类划分为不同的种族。然而，孔德坚持认为社会学不同于“社会物理学”（收集与当前人口及其社会状况有关的事实），这也导致了社会学内在的脆弱性。弗里德里希·恩格斯在19世纪40年代对英国工人阶级状况展开的研究，是古典理论家（作为马克思主义的共同创始人）亲自探索当时社会人们生活的唯一例子。涂尔干在研究自杀时使用的是已有的统计数据，而不是通过田野调查获得的一手数据。他关于宗教的著作也是基于二手资料。恩格斯推动了马克思主义理论的发展，但在晚年，他在研究家庭起源和性别关系时也采取了一种不同的、类似涂尔干的方法。而研究当前的社会状况成了社会改革家的任务，他们推动了英国另一学科的发展，即社会行政学（后来改称为社会政策学），与古典社会学形成明显的分野。在1945年之后的欧洲，为社会民主和福利国家发展做出主要贡献的是经济学和社会行政学，并非社会学。20世纪上半叶，造就伟大公共知识分子的是经济学、政治学和社会行政学，也不是社会学。

从19世纪70年代开始，美国开始发展一种不同类型的社会学。查尔斯·霍顿·库利（Charles Horton Cooley，1864—1929）通常被视为美国的第一位社会学家。他最为著名的是“镜中我（the looking glass self）”理论（人们通过他人对自己的评价认识自我）和“初级群体（primary group）”概念（以面对面交往为特征的群体，群体中的所有成员都彼此认识，例如家庭）（Cooley，1909）。威廉·艾萨克·托马斯（William Isaac Thomas，1863—1947）是另一位美国第一代社会学家，他提出了一个后来所有社会学家都很熟悉的论点：“如果人们把情境定义为真实的，那么这种情境就会产生真实的影响。”（Thomas，1927）托马斯在芝加哥大学工作，芝加哥大学在1892年开设了美国和世界上第一个社会学系，并在1895年创办了世界上第一个社会学学术期刊《美国社会学期刊》（*American Journal of Sociology*）。在第二次世界大战之前，芝加哥一直主导着美国社会学的发展。“芝加哥学派”是指这一时期在芝加哥大学社会学系从事研究的社会学家及其所提出的社会学理论。芝加哥学派的很多研究都以芝加哥为研究背景，研究的主题包括男孩帮派、流浪汉、舞厅和城市扩张的生态理论等（Bulmer，1984）。

同欧洲社会学家一样，美国社会学家也研究社会结构和社会变革，但由于美国没有经历过“中世纪”这样的时期，他们主要关注当下正在进行的社会变革。19世纪末20世纪初，大量移民涌入美国，城市迅速扩张，农业和小商品经济转变为由大型企业主导的经济形式。美国社会学家专注于研究这些社会变革，而他们的研究可以用“轰动一时”来形容，不仅在全国各地迅速传播并吸引了众多学生，还登上了报纸头条。罗伯特·林德（Robert Lynd）和海伦·林德（Helen Lynd）对“米德尔敦镇（Middletown）”[实际上是印第安纳州的曼西（Muncie）]的持续研究引起了人们的广泛关注（Lynd and Lynd，1929，1937）。他们的第一本书讲述的是米德尔敦在 20 世纪初如何迅速扩张，成为焕然一新的地区。第二本书考察了 20 世纪 30 年代经济衰退带来的影响。劳埃德・沃纳（Lloyd Warner）及其同事在关于“洋基城（Yankee City）”[以纽伯里波特（Newburyport）为原型，一个新英格兰社区]的系列研究也引起了媒体的广泛关注，他们主要研究从迅速扩张的制造业发家致富的新贵如何融入传统贵族，如何改变城市原有的社会阶层体系，并分析了工人阶级形成的原因（Warner and Lunt，1942）。塞缪尔・斯托弗（Samuel Stouffer）及其同事的《美国士兵》（*The American Soldier*）系列丛书也引起了全国的广泛关注（Stouffer et al.，1949）。他们主张，军人在军营中的生活体验取决于他们从军前的平民生活与军营生活的差异程度。塔尔科特・帕森斯认为，美国社会学需要借鉴欧洲的社会理论。反过来，欧洲的社会学家也决定效仿美国人，开始关注他们自己所处的社会。

第二次世界大战之后，一种新型社会学由此（在欧洲）诞生。当时欧洲处于经济复苏时期，进入了所谓的“辉煌三十年”。在此期间，经济稳定增长，就业机会充足，实际工资不断上涨，贫富差距缩小，福利国家的地位得以巩固。社会学对这些变化及这些变化对不同社会人口群体的影响展开了研究。这种社会学在当时很流行，吸引了众多学生，并成为大学的正式专业，社会学家的著作也受到媒体的关注。这些书的主旨大多是，现在的生活与 1939 年以前相比肯定有很大进步，但仍存在新的问题，有待进一步完善，尤其社会较低阶层的生活状况仍需改善。这种类型的研究迫切需要一种不同的理论作为对 1939 年以来欧洲各种社会学理论的补充。而此时，符号互动论这份来自美国的礼物被欧洲社会学家欣然接受。

三、符号互动论的起源和应用

（一）乔治・赫伯特・米德

乔治・赫伯特・米德在芝加哥大学时曾与社会学家一起工作，但他并不认为自己是社会学家。他认为自己的研究属于心理学和哲学的交叉学科，而非社会学。他发展了一种人格理论，该理论认为自我是社会互动的产物。米德认为，人与其他动物的区别就在于人能够使用符号（符号是代表其他东西的事物，但主要是语言）进行交流（这不是他的原创观点）。人使用的最重要的符号就是文字，文字可以构成句子，表达思想和观点，服务于人类有目的的行为。这一点将人与其他动物区分开来，因为其他动物的行为只是源于本能、模仿（复制）和条件反射。语言使人能够想象从未存在过的新事物，例如汽车、电脑等，或者想象自己在从未经历过的情形中会有怎样的感觉和行为。有人认为，某些哺乳动物（鲸、海豚和一些猿类）也有语言。如果真是这样，这将对人类对待这些哺乳动物的方式以及与之相处的方式产生巨大影响，这意味着其他哺乳动物也可以思考，并形成自己对人类的理解。但是，没有任何一种动物能够像人类那样通过思考、提出想法并根据新想法开展行动来构建自己的历史。

米德最具原创性的贡献是认为自我（即自我意识）是人能够使用语言以他人身份与自己对话的产物。米德认为，人能够以自己眼中他人看待自己的方式认识自我。人将自己所依赖的"重要的他人"的观点内化为自己的观点，大多数情况下，"重要的他人"起初都是我们的父母，之后其他人也会成为"重要的他人"，他人的观点共同内化为米德所说的"概化他人"。"客我（Me）"是我认为的别人眼中的我自己，它能反映"主我（I）"真实的想法和行为。同样，"主我"可以反映在"客我"上（我认为别人如何评价我自己）。如果没有社会创造的"客我"，就不会有"主我"，即我认为的那个真实的自己（Mead，1934）。因此，自我被视为社会的产物——一种社会互动的产物。这种互动是通过符号进行的，而这种符号通常是语言。

（二）赫伯特·布鲁默

赫伯特·布鲁默（Blumer，1969）的理论正是基于上述观点展开的。布鲁默想改造社会学，他严厉批判了那些抽象理论，如塔尔科特·帕森斯的社会系统功能模型。布鲁默也反对将社会生活简化为单调的统计数据，他希望社会学能够成为一门研究普通人生活的务实学科。诺伯特·埃利亚斯也有此愿望（参见第六章），但埃利亚斯本人所提出的社会学并不是这种社会学。而芝加哥学派提出的社会学正是这种类型，因此布鲁默的理论备受推崇。

布鲁默赞同米德关于“人与人之间的互动具有符号性”的观点。这些互动不同于实体对象之间的机械因果关系。因此，布鲁默吸收了马克斯·韦伯（参见第五章）的观点。虽然两人的出发点不同，但都坚持认为社会科学的解释不同于自然科学。人们把想表达的意思编码，转化成符号，这种符号通常是文字。然后，接收者对信息进行解码，并用相应的符号作出回应。显然，在这一过程中很可能产生误解。在应对误解时，行动者必须以某种方式达成一致意见，如有必要，还需要就“何为真实情况”进行“协商”。“协商”时，可能需要考虑每个“主我”的行为、想法和感受。

许多欧洲社会学家对此并不感兴趣。他们认为，符号互动论未能解决有关历史变革和社会宏观结构的“大”问题。有批评者指出，符号互动论者只着重于琐碎的细节分析，而把对整个社会的分析推给其他人。但符号互动论者不接受这一评价，他们认为，社会本身就是一种符号性的互动，所有更大的模式和关系只有通过互动才能得以维持或改变。

关于“社会是什么”（隐喻性解释）的解释有很多种，甚至可以说有多少位社会理论家就有多少种解释。社会理论家不仅在历史变革的主要驱动力上争论不休，在社会各部分之间如何联系方面意见也不统一，而且对于这种联系到底“是什么”也未达成共识。涂尔干认为，社会是以道德的力量强加于个人的社会事实。塔尔科特・帕森斯认为社会是一种系统，植根于文化系统，由社会化的唯意志行动者驱动。卡尔・马克思（以及此后的正统马克思主义者）认为，社会由各种社会关系组成，而其他所有关系都建立于生产关系的基础之上。马克斯・韦伯认为社会是由“社会行动”（即有意义的行为）组成的。诺伯特・埃利亚斯认为社会是不断变化的构型。尤尔根・哈贝马斯认为社会是由思维模式、语言和相关行为构成的。后续章节将进一步介绍社会理论家对“社会是什么”的解释。20 世纪 60 年代，符号互动论者也提出了自己对社会的看法。

（三）新型社会学

欧文・戈夫曼的理论前文已做介绍，他在符号互动论研究中发挥了先驱作用。对于戈夫曼的追随者而言，首要问题是要弄清楚他研究的到底是什么。难道他仅仅是一个对社会“舞台”具有深刻洞察力，对事物有独到见解，写作令人信服的思想家吗？戈夫曼的社会学戏剧论平易近人，与古典欧洲社会学大相径庭。20 世纪六七十年代，符号互动论终于得到许多社会学家的热情拥护，这多半要归功于戈夫曼，尽管一直有人批评符号互动论过于专注细节而忽略了大局。当时另一个更加积极的观点是，符号互动论可以进一步发展罗伯特・默顿（Merton，1949）提出的“中层理论”，默顿希望以此填补欧洲宏观社会理论与美国社会学对社会生活细节研究之间的鸿沟。符号互动论者既希望避免陷入抽象理论的陷阱，也希望能够避免沦为一种纯粹收集事实的社会学，这两种倾向正是 C. 赖特・米尔斯（C. Wright Mills，1959）在其畅销书《社会学的想象力》（*The Sociological Imagination*）中所抨击的。而且，大多数社会学家都很清楚自己不可能取得像马克思、涂尔干和韦伯那样的成就，还可能缺乏进行大规模定量研究所需的资源和专业技术，而戈夫曼的符号互动论看起来像是任何研究生都能轻松掌握的一种社会学。

符号互动论者最常用的研究方法之一是非结构化访谈。在这种访谈中，研究者的目的是探索研究对象的心理，所以在访谈中，研究者会尽量不去“引导”研究对象。研究者试图了解研究对象如何解释自己的处境，想通过行动传达什么含义，以及如何评价最终结果。另一种常用的研究方法是参与式观察。研究者通过（在征得同意或不引人注意的情况下）进入真实的生活环境，深入观察被试的日常想法和行为。符号互动论研究通常都是“常人的”，即研究人们在日常生活环境中的行为，调查他们生活的方方面面。

符号互动论在 20 世纪六七十年代对社会学产生了深远的影响。相关研究为一些长期存在的社会问题提供了新见解，并起到了立竿见影的效果。符号互动论产生的巨大影响还直接催生了一大批“新型”社会学，例如对越轨行为的研究。越轨是一些群体对某些行为所贴的标签，虽然其他群体可能认为这些行为并不存在错误。吸毒便是一个典型的例子。公开给违规者贴上越轨的标签会产生一些可预见的后果，其中包括二次越轨。那些被贴标签的人可能遭到遵纪守法的社交网络的排斥，因而被迫加入其他“越轨者”（那些被贴有同样标签的人）的圈子。这样不仅强化了越轨行为，还增加了再次越轨的可能性。有人认为，某些个体天生邪恶或堕落，无法通过早期的社会化来修复。与这一观点相比，上文对重复犯罪作出的解释似乎更加合理（Becker，1963）。又如，工人阶级的孩子在学校的成绩不佳，不是因为这些孩子存在内在文化缺陷或先天缺陷，而是因为老师认为孩子所处的后天文化环境较差，从而降低了对孩子的期望和要求（Keddie，1973）。

（四）现象学和常人方法论

毫无疑问，不同的人看待同一问题的方式会有所不同。但符号互动论将这一点视为社会生活的中心特征，迫使社会研究者及理论家[如法兰克福学派和尤尔根·哈贝马斯（参见第七章）]不得不对现象学展开研究。阿尔弗雷德·舒茨认为，科学家所称的客观性只是“自然态度”的一个示例，主体间的共识被视为客观真理。换言之，化学家、生物学家和社会学家所谓的“客观事实”其实与普通人的常识在同一个级别上。社会学能否避免这种降级？如果无法避免，会造成什么后果？这些问题目前尚未达成共识，仍有待讨论。一些批判理论家认为社会学家需要进行自我批判，质疑自己提出的假设。另一些人则认为社会学家需要进行“双重解释”。“双重解释”意味着既要考虑研究者的思想，又要考虑研究对象的想法。皮埃尔·布迪厄（参见第十章）称其正在努力实现这一目标。

常人方法论者则采取了不同的方法。他们研究的内容是，需要什么特殊的研究方法来探索阿尔弗雷德·舒茨所称的自然态度（常识）。美国社会学家哈罗德·加芬克尔（Harold Garfinkel，1917—2011）称之为常人方法论（ethnomethodology）。其基本前提是，如果只是简单地询问人们如何看待某种情况毫无意义，因为自然态度已经内化为常识，无须刻意表达，可能完全或部分形成潜意识（Garfinkel，1967）。在大多数人看来，常人方法论的研究可能很奇怪。研究者可能会故意打乱正常的预期，比如在自己家里假装是房客，目的是观察同住的家庭成员会作出什么反应。或者反复要求研究对象回答同一个问题，比如“你为什么上大学？”直到研究对象最终失去耐心、恼羞成怒为止，他们觉得自己的意思已经再明白不过了。而常人方法论者认为，此时研究对象的自然态度便会显露出来。会话分析原本是常人方法论的一种研究方法，后来被应用于一般社会学中。常人方法论研究的问题是如何实现有序的会话。会话需要遵循什么规则？参与者如何就“该轮到下一个人发言”取得一致意见，即如何表示一个人的发言即将结束或已经持续了足够长的时间？会话如何得出结论？会话者如何知道并且同意会话已经结束？研究者对自然会话的录音进行分析，以发现会话所遵循的隐性规则。这类研究可能看起来不符合常规，但常人方法论者坚持认为，他们揭示的是所有社会生活赖以生存的基石。

不过目前，大多数符号互动论的研究既不涉及现象学，也不使用常人方法论。

一个完整的符号互动论研究过程是非常漫长的。为了作出充分的解释，研究者首先需要提出以下问题：

1）研究对象认为别人是如何看待自己的；

2）研究对象自己如何看待自己；

3）研究对象认为别人会如何解读自己的行为；

4）研究对象希望别人如何解读自己的行为；

5）行为对研究对象有何意义。

其次，研究者对另一个互动方提出一组相应的问题。最后，研究者需要添加时间维度，并且考察互动过程对会话双方产生了何种影响。

大多数符号互动论研究只关注其中某一部分的过程。这也是这类社会学研究的数量快速增加的原因。20 世纪六七十年代新型社会学的典型研究往往只关注某一个方面，例如研究对象被贴上越轨或“学习能力较差”的标签会受到什么影响。或者，一些学者探究人们对被别人贴标签的抗拒心理，还有的学者探讨“何为真实的情况”。

四、如何应用于体育与休闲研究

符号互动论很容易被应用于体育与休闲研究。研究者可以探索不同群体对休闲的理解，分析这些群体对自己参与和不参与的某些特定休闲活动赋予何种意义。研究者还可以探究休闲参与者如何与其他参与者及重要他人进行有意义的协商。在这些方面，小规模的研究也可能有重大发现。

1）谢里尔·克拉克（Sheryl Clark，2012）调查了青少年女孩、老师和教练员之间的互动如何使一些女孩被贴上“擅长体育运动”的标签，而另一些女孩则被建议不要向体育方向发展。她的研究解释了为什么在小学时，许多女孩都喜欢体育运动；到了中学，那些参加体育俱乐部的女孩会了解到“擅长体育运动”的重要性，而其他女孩则会被认为“不擅长体育运动”。对此，可以得出一种解释，即女孩参与体育项目的情况从青少年早期开始减少。但如果仅从体育活动参加率这一涂尔干所说的“社会事实”来看，我们很难得出这样的解释。

2）卡尔・霍宁（Karl Horning）和他的同事（1995）对一小部分自愿选择大幅减少工作时间并接受相应减薪的德国雇员展开了研究。这项研究充分证明了时间充裕的好处，因为所有受访者都表示不愿再回到原来的生活模式。该研究还研究了阻碍员工减慢节奏的社会成本，通常是一些与职业和工作组织不一致或不相符的社会成本。与此同时，该研究还发现，研究对象很享受这种慢生活，以至于他们不愿被贴上任何标签，他们只想低调地庆祝自己的好运。

3）有研究通过对家庭内部协商对话的分析，阐明了男性如何总能征得另一半的同意，从而优先享受自己的休闲时间和兴趣（Barrell et al.，1989）。

4）符号互动论研究会生成新的理论和概念。一个典型的例子是，罗伯特・斯特宾斯（Robert Stebbins）通过对各种休闲活动的爱好者进行详细研究，将休闲划分为现在人们常说的深度休闲、项目休闲和随性休闲（Stebbins，1992，2001，2005）。

这些成功的符号互动论研究清晰易懂，让人们误以为这种研究很容易开展，任何人都能够上手。但这其实是一种错觉，符号互动论运用起来并不容易。研究需要大量的人力，而且引导人们谈论自身行为和他人行为的意义也是一件费力不讨好的差事。研究者在询问人们对休闲或体育的理解时，经常得不到想要的答案。外行人（相对于休闲学者来说）一般没有讨论这些概念的必要，也不了解相关的词汇和术语。例如，人们在参与某项运动时不会去讨论为什么要参加这项运动，或者从运动中得到什么。艺术观众可能会进行这种讨论，批评家会告诉他们应该欣赏什么，但是看电视则不需要这样。运动员也是如此，他们到达场地后，开始换衣服，然后比赛、洗澡、穿衣服，最后离开，这一过程中一般没有什么观察者希望听到的启发性对话。

但符号互动论研究的主要困难在于个案的选择，研究者要思考选择什么群体、活动或情境（最好是能将三者结合）才能反映更大的社会模式或动态关系，比如为什么许多女孩在上小学时喜欢运动，而在中学却放弃了（Clark，2012）。小规模研究有一个风险，即其研究结果可能无法推广到研究所涉及的群体、活动或情境之外。

符号互动论可以说是体育与休闲学者最容易使用的理论，而且在某些意义上也是最有用的理论。开展休闲研究之前要认识到，人们自主做出选择，因此研究必须将人的主观性作为解释其行为的核心，探究人们对不同活动、地点和人物的看法和感受，以及他们认为重要的他人如何看待该活动、地点和人物。不过，符号互动论对体育与休闲的影响不及其对其他领域的影响，特别是在该理论提出之初。影响程度取决于对事件和行为的解读是否存在冲突，哪种观点更占上风会对最后的结果产生影响。学校教师过去和现在都在运用符号互动论判断学生的学习潜力。喜欢什么样的体育运动和其他休闲活动，是因人而异的。为什么有的人愿意在赛鸽上投入大量的时间和金钱，而有的人则愿意花费时间和金钱去洞穴探险或攀岩？对这些活动都不感兴趣的人也可以随心所欲地做其他事情。例如，被贴上“不擅长体育运动”标签的女孩可以选择音乐或时尚。大多数人都有别人无法理解的热情，但在休闲时间，我们都可以不顾他人的看法，全身心地做自己喜欢的事情。这不是一场零和博弈，一个人的热情不一定要以牺牲他人为代价。因此，尽管体育与休闲为常人方法论的研究提供了广阔的空间，但目前的研究还远远不够，尚缺少重大的突破性进展。为什么有人愿意在健身房里“自虐”？为什么垂钓者为了等鱼上钩能够坐上一整天？热衷于此的“发烧友们”会与志同道合的人分享各自的经历。但他们无须解释为什么喜欢参与这些活动，也不用解释这些活动有哪些吸引人的地方，因为只有经历过才会懂其中的乐趣。常人方法论的研究会予以阐明，但谁会感兴趣呢？

一些特殊的休闲活动引起了社会争议，甚至成为公共问题。休闲研究者可以运用符号互动论来探讨与这些问题相关的争论，但实际上这也是越轨、性别和性学研究者的研究范畴。选择工作时间短的工作是否就意味着敬业程度低，这个问题更多地被就业和工作生活平衡领域的学者所关注，而休闲学者却很少去研究。休闲学者之所以会错失这些机会，可能是因为对相关的社会理论认识不足。

不过，符号互动论的应用更多是在体育与其他休闲服务的供应商中，尤其是志愿部门和公共部门，休闲服务的用户并不是关注的焦点。追求利润是企业的第一要务，这点毋庸置疑。但是对于志愿团体和公共机构、政府部门和政策团体而言，它们提供咨询和信息时必须要考虑体育运动的性质，比如体育主要是为了娱乐和健康，还是为了国家荣誉。国家对博物馆、历史遗址和高雅文化的支持是为了丰富所有公民的生活，促进国内旅游业发展，还是仅仅为了满足精英阶层的高级品位？官方文件通常不会显示体育与休闲政策制定背后存在的利益“博弈”。决策场所通常也不会向研究者开放，除非他们属于探究“何为真实情况”的利益相关方（这种情况时有发生）。此时研究者试图修正一种“自然态度”，在相关专家达成一致后将其作为客观真理呈现给更广泛的人群。通常情况下，常人方法论者会作为旁观者，观察其中的“博弈”、建构，以及人们对“自然态度”的挑战和不断修正。

五、结论

社会学家开始关注他们当下的现实生活，符号互动论既是对这种趋势的一种回应，也起到了催化作用。人们开始越来越重视微观理论。我们需要注意的是，符号互动论是从美国传播到其他国家的。到 20 世纪 60 年代，美国社会学家在研究城市社区、地位等级、青少年帮派、职业社群和民族社群等方面已经有了 50 多年的经验。赫伯特·布鲁默认为是乔治·赫伯特·米德奠定了符号互动论的基础，但正如前文所述，在他之前，就已经有很多美国人开始了涉及哲学、心理学和社会学的跨学科研究，后来被称为社会心理学研究。虽然查尔斯·霍顿·库利从未称自己为社会学家，但他现在是公认的美国社会学创始人，并因其“镜中我”理论为世人所铭记（Cooley，1909）。威廉·艾萨克·托马斯因其1927年的一句经典格言而被载入史册：“如果人们把情境定义为真实的，那么这种情境就会产生真实的影响。”（Thomas，1927）符号互动论源于之前很多美国学者的观点。赫伯特·布鲁默将他们的观点汇集在一起，为微观层面的研究提供了坚实的理论基础。这类研究不再是奥古斯特·孔德所称的社会物理学（后来被称为社会统计学，或被贬低为人口统计或数字运算），也不只是对古典欧洲理论所勾勒的宏观图景的细节补充。现象学和常人方法论坚持认为微观层面是宏观社会制度赖以生存的基础。与涂尔干所称的社会事实（以某种方式强加于个人及其思想之上）相比，符号互动论无疑为人的社会化提供了一个更可信的解释。马克斯·韦伯将主观性融入因果性解释的观点也不如符号互动论巧妙。

如前文所述，大多数相关研究从严格意义上来说只能算作准符号互动论，因为这些研究只涉及了研究议题的一部分，而且完全忽视了现象学和常人方法论的因素。即便如此，符号互动论依然为小规模、资金较少的重要理论研究打开了大门。毕竟，开展这样的研究通常不需要马克斯·韦伯那样的学术水平。巴尼·格拉泽（Barney Glaser）和安塞尔姆·施特劳斯（Anselm Strauss，1968）提出了一种研究方法——扎根理论，该理论倡导研究者应保持纯粹，不被前人理论“污染”。但不利的一面是，相关的研究虽然数量众多，但研究成果往往仅局限于特定的群体、活动或情境。

即便如此，符号互动论还是在扩展体育与休闲社会学的研究议题方面发挥了尤为显著的作用。古典理论探讨了体育与休闲活动存在的“大”问题，例如体育与其他休闲活动是否会受到不断深化的社会分工、资本主义扩张以及理性化的影响。符号互动论则让研究者可以聚焦于特定的体育运动、园艺、游轮、当地唱诗班，甚至是观众与公众人物之间的联系等，这些都是学生和研究者们感兴趣甚至热衷讨论的问题。

符号互动论有不足之处吗？到目前为止，符号互动论仍然停留在微观研究的层面，没有达到宏观的古典理论高度。符号互动也许是社会生活的基础，但微观互动发生在宏观环境中，而大多数行动者并没有参与这种宏观环境的创建或重建。符号互动论的确改变了社会学的图景，但它并未取代之前关于历史进程的理论，只能说符号互动论丰富了这些理论的发展，为微观研究创造了现代性背景。

第九章

米歇尔·福柯（1926—1984）：身体、话语与权力

一、引言

休闲的大多数定义都会包含享受、内在满足感、愉悦、自由和选择等字眼。但实际上，很多休闲活动与这些词汇描绘的情况正好相反。例如，机械重复的跑步和骑车并不好玩。公益长跑（fun run）往往也不像名字所说的那样充满乐趣。一场竞争激烈的比赛可能会令人身心愉悦，但赛前训练绝非想象的那么轻松。达到并维持最佳状态是一个痛苦的过程。跳舞、唱歌、演奏乐器也是如此。训练必须遵循规则。我们利用休闲的特点——选择自由——选择强迫自己遵守令人厌恶的练习和准备规则。我们没有自主决定的权利，只能听从教练员、训练员和教师的"指挥"。为了成功，我们必须选择服从。这些不是偶尔出现的反常或扭曲现象，而是现代休闲的共同特征。空闲时间不能浪费。诚然，才华出众的人会因此获得巨大的财富和闻名世界的声誉，但这些人背后还有那些数不清的、同样刻苦训练的业余爱好者。我们为什么要这么惩罚自己？米歇尔·福柯给出了解释。

从某种意义上说，福柯可以算作一位古典社会理论家，他的作品与孔德、马克思、涂尔干、韦伯、埃利亚斯和哈贝马斯的一样，论述的是欧洲中世纪以来的社会变革，但福柯对历史的解读方式可谓另辟蹊径。我们用福柯主要著作的标题来介绍他最恰当不过了。他的著作并非关于工厂、政治、法律或宗教，而是关于诊所、监狱、精神病院和性：《疯癫与文明：理性时代的疯癫史》（*Madness and Civilization：A History of Insanity in the Age of Reason*，1961/1988）、《临床医学的诞生》（*The Birth of the Clinic*，1963/1973）、《规训与惩罚：监狱的诞生》（*Discipline and Punish：The Birth of the Prison*，1975/1977）、《性经验史（第一卷）：认知的意志》（*The History of Sexuality，Volume I：An Introduction*，1976/1980）、《性经验史（第二卷）：快感的享用》（*The History of Sexuality，Volume II：The Use of Pleasure*，1984a/1985）和《性经验史（第三卷）：自我的关心》（*The History of Sexuality，Volume III：The Care of the Self*，1984b/1986）。

福柯的其他主要著作都运用了他的"考古学（archaeology）"和"谱系学（genealogy）"方法论，致力于挖掘事物的本质，并通过回顾过去探索事物的意义：例如《词与物》（*The Order of Things*，1966/1973）和《知识考古学》（*The Archaeology of Knowledge*，1969/1972）。

福柯回顾了过去，但并非以历史学家的方式。他学习过哲学和心理学，后来他认为自己是一个哲学家。然而，历史学家和哲学家对他的批判最为猛烈，不过福柯的观点独树一帜、新颖独特，吸引了批评家乃至整个社会的广泛关注。

福柯的第一本著作花了十多年的时间才被翻译成英文出版。在教学生涯伊始，福柯也不是一位受学生欢迎的讲师。但到了20世纪70年代，无论是在欧洲还是北美，他的讲堂里总是挤满了人，而且他的著作只要一完成，不出两年，肯定会被翻译成英文出版。福柯的影响力越来越大，在他1984年去世后更是如此。他可能是获得当代艺术家、人文科学和自然科学学者提名最多的"20世纪中叶以来最具影响力的思想家"。大多数情况下，学者会把第一名投给自己领域的专家，但是第二名、第三名往往非福柯莫属。虽然福柯没有写过关于体育与休闲的文章，但这些领域的学者一直都在使用他的观点，而且将来也会继续使用。福柯影响力的关键词包括身体、话语和权力。

二、背景和职业生涯

米歇尔·福柯出生并成长于法国的普瓦提埃（Poitiers）。他的父亲是当地的一名外科医生，母亲也来自医学世家。他们希望米歇尔（小时候的名字叫保罗）能够继承家族事业，但米歇尔（在保罗和米歇尔两个名字中福柯自己选择了后者）似乎从未对他的家族事业产生过任何兴趣。在他的眼里，他的父亲严厉且霸道。米歇尔曾在一个校规严格的耶稣会公立中学待过两年，他后来回忆称这两年对他来说是一段痛苦的经历。直到 1946 年，福柯 20 岁时才（在巴黎的一所公立中学）完成了高中教育，这并不是因为他学习成绩不好，而是因为他还没有选定要攻读哪一学科。他最终选择了哲学，这门学科在法国比在英语国家更具吸引力。在法国，学生在高中就可以学习哲学。哲学是一门要求特别高的学科，通常被认为只适合有学术潜力的人攻读。福柯在大学学习的是哲学和心理学。1951 年到 1955 年，他在读研期间教授过心理学，并在一家精神病院做了一段时间的非正式实习生。他对医学感兴趣，但并不想从事这一职业。

福柯一直是一个多产的研究者和作家。除了上文提到的著作外，他还出版过很多其他的书，并在许多期刊和报纸上发表过文章。如果福柯生活在 21 世纪，他没准还会成为一位“网红”博客作家。

到 20 世纪 50 年代中期，在巴黎，人们对福柯的思想和生活方式褒贬不一，但在学术界、法国政府和政界，总有他的支持者。在 1955 年至 1960 年这段时间，还在攻读博士学位的福柯就曾以法国学术和文化大使的身份在瑞典、波兰和德国担任过一系列职务。1945 年后，法国认为自己应该充当欧洲大陆的中坚力量。

毕竟在1939年之前，法语一直是国际官方语言，不过之后受到大英帝国和美国的语言——英语的挑战。20世纪50年代以后，法国希望自己的语言和文化能继续成为欧洲的主流。为了实现这一抱负，法国会选派一系列法国学者到其他国家的大学任职，由法国政府出资支持，福柯就是其中之一。此后，从1960年开始，福柯定居巴黎，但在1966年至1968年，为了陪伴他相恋多年的恋人，他曾到突尼斯工作。

福柯在巴黎是一个知名人物，不仅仅是因为他的著作和同性恋倾向，还因为他在政治领域十分活跃。他始终支持“左翼”势力。20世纪50年代初，他曾是法国共产党的一员，但后来由于教义方面的分歧脱离了该党派。福柯从未长期支持过任何正式的运动。与马克思主义者的分歧有时会导致他被贴上右翼的标签，但没有证据表明他是右翼支持者。福柯是一名坚持不懈的活动家，倡导刑事改革，反对种族歧视。在他的职业生涯中，他经常在巴黎街头支持学生示威者。他不止一次被捕，但从未遭到过指控、起诉或被判刑。

福柯因为艾滋病于1984年逝世。有人认为，他是在美国巡回演讲时感染的艾滋病。他是艾滋病最早的病例之一，当时人们对这种病的起因知之甚少，也缺乏有效的治疗方法。福柯的家人没有透露他的死因，但他的朋友们在他去世后不到两年便将其公之于众。20世纪80年代初，公众对同性恋的态度远没有现在宽容。随着我们对福柯的深入了解，我们会产生这样一种印象，即福柯对自己同性恋经历的思考在一定程度上推动了他在学术方面的发展。

三、知识型与话语

需要注意的一点是，福柯在本科和研究生阶段都学习了哲学和心理学（而不是社会学），他的教学生涯也始于心理学。身为心理学家的福柯得出了关于人类如何学会思考的结论。他认为，人通过学习话语（discourses）来学习语言，从而形成思维方式，表达和阐述观点。是话语塑造了人们生活的世界，是话语让人们了解自己是谁，以及他人是谁。人通过话语使自己被他人理解，使自己被社会视为有能力的行动者。

语言在使人类具备思考和发展自我意识的能力方面发挥着关键作用，这并不是一个新观点。我们在第八章中已经看到，乔治·赫伯特·米德在著作中也提到了这一观点，他的思想属于符号互动论，当时福柯还处于学术生涯的早期阶段。福柯的新颖之处在于，除了提出话语这一术语之外，还有对话语作用的强调。语言使人类具备了思考的能力，但话语同时也限制了人类所能思考、表达和被理解的内容。正是我们吸收的话语，让我们认识到体育运动不仅有益于身体健康，而且能提高国家的声望、巩固国家的地位。如今，我们认为体育运动可以带来巨大利润。赌博或逗熊游戏不再被当作体育运动，而体育运动也不再被视为祭神的一种方式。我们学到的话语引导着我们的所思所想。

此时，福柯作为哲学家开始崭露头角。他认为，话语根植于知识型（epistemes）中。知识型是决定哪种话语可接受的深层结构，是区分真理与谬误的方式。知识型是看不见、听不到的，我们需要深入到表面之下探究才能将其“挖掘”出来。在 20 世纪五六十年代，福柯是法国知识分子倡导的结构主义运动的一员，该运动对语言学、文学批评和社会人类学都有影响。法国的结构主义与塔尔科特·帕森斯的结构功能主义（参见第三章）截然不同。法国结构主义者的核心主张是，任何看到或听到的表象都需要被“解构”，然后运用深层结构进行解释，深层结构是看不见的，必须通过推断才能得出。对马克思主义者来说，深层结构是生产关系。而对法国结构主义者而言，深层结构是以基因方式烙印在人类大脑中的语法规则和思维方式。因此，所有已知语言的语法都有相似之处，某些思想和信仰、寓言和神话会反复出现在所有社会类型中。因此，儿童能够轻松地学习和掌握他们的第一语言。福柯后来与结构主义分道扬镳，他希望强调自己的作品与众不同。在福柯看来，深层结构就是知识型。作为哲学家的福柯是一个相对主义者。他认为真理只能产生于某种知识型内部。几种相互冲突的知识型可以在一个群体中共存，而任何一个知识型都可能产生矛盾的话语。知识型和话语有主导和从属之分，也有直接的冲突。主导知识型会因时间和地点而异，但真理的主张最终产生于某种知识型内部。在现代的科学话语中，真理可以通过实验和观察而建立。在神权社会，牧师所解释的经文和神的启示则是产生真理的试金石。他们以不同的方式得出结论，但舒茨（现象学家）、哈贝马斯和福柯一致认为绝对的真理不可能存在。

福柯博览群书，博古通今。他认为可以把历史融入自己的作品中。而且福柯是从哲学家的视角来看待历史的，他认为欧洲中世纪和现代之间存在一个重要的认识论断裂（epistemic break）。这一主张已经成为社会学（福柯没有研究过社会学）的正统观点。马克思将从封建主义向资本主义的过渡视为历史的革命性时刻之一。韦伯认为与传统思想、行动和权威相对立的是现代理性。埃利亚斯认为文明进程的开端始于中世纪的结束。无论是福柯还是其他理论家，都不认为这个断裂（这一关键的历史分水岭）是突然出现的。福柯所说的现代知识型和话语从16世纪开始凸显，到19世纪和20世纪成为主流。福柯在其所有著作中都证明了中世纪欧洲和现代欧洲之间存在认识论断裂。

福柯与其他现代社会理论家相比，有什么特别之处？第一，他强调了知识型和话语的重要作用，并主张知识和权力是互构的（或者说相互赋予正当性或相互巩固）。福柯认为权力是无形且无所不在的。权力将规则制定者和服从者区分开来，有权力的人决定什么是真知，而真知反过来会巩固这种权威。治理（在一定程度上）是通过话语实现的，这是不可避免的趋势。为拒绝一种话语，我们必须采用另一种话语。符号互动论者强调了无限的可能性：任何可以想象到的都可以成为现实，有无数种方法可以用来定义情境，解决冲突，达成一致。但福柯认为，所有的“协商”都是受管制的，协商结果也会受到人们所学话语的限制，而这些话语是人们作为合格的社会成员必须掌握的。

第二，正是依据福柯所强调的话语，科学专家才有权判定自然界和人类行为中哪些属于正常现象，哪些属于不正常现象。专家还有权决定如何将不正常的人规训成正常的人。如下文所述，科学并不是一种完全解放人类的力量，在福柯看来，科学正逐渐成为一种控制人生活的潜在工具。从这一点来看，福柯与社会学批判理论家的观点（参见第七章）一致，虽然福柯自己并没有意识到这一点。福柯指出了科学和医学在为人类带来益处的同时产生的负面作用。当然，他本人也不否认科学的益处。

第三，福柯选择了可以代表现代性的机构、职业和话语——监狱、精神医学和性。

总的来说，福柯呈现的是一种对现代的悲观看法。韦伯的理论也含有这种悲观色彩，他认为理性的传播和科层机构将公民束缚在铁笼中，但他找不到逃脱的办法。哈贝马斯（参见第七章）认为，通过新公共领域的形成和扩大，启蒙运动就可以重新开展。福柯的论点也有乐观的一面。他认为，话语也会受到攻击和挑战。与马克思主义左派不同的是，福柯认为即使受压迫的阶级没有控制生产资料，社会也会进步，而激进的左派一定会对统治性话语提出挑战。符号互动论者认为现实（实际情况）需要不断的协商。福柯想要寻求的不止于此。他的目的不是寻找认识论断裂，而是挑战那些对正常和可接受的事物作出狭隘定义的话语。人可能会被束缚，但也可以获得解放。

四、规训社会、监狱式社会和管理型社会

福柯的历史著作一般篇幅较长且包罗万象。从古希腊和古罗马，到早期基督教，再到欧洲中世纪早期至晚期，福柯掠过这历史的长河，从中采集证据。与马克斯·韦伯对宗教的比较研究或诺伯特·埃利亚斯对近代早期德国宫廷社会发展的研究相比，福柯的这些历史著作无论是在深度还是背景方面都要欠缺很多，

但他在筛选证据时明确地使用了他的哲学工具，其中主要是他提出的知识型和话语概念。而且，一般历史学家多关注政府、军事、宗教，甚至家庭生活、乡村和城市社区，而在性、近代疯癫和精神错乱等方面的研究可谓凤毛麟角。

福柯的现代医学史研究专著《临床医学的诞生》是一本非常关键的著作，因为医生，特别是精神科医生，是福柯关于疯癫和性的著作的主要描述对象。然而，把医学和法律（在他关于监狱的著作中有重点描述）当作现代职业的典范已经是一件司空见惯的事，而且历史学家就这些话题也留下了大量的资料。历史学家可能会批判福柯对这些主题和时代的看法，但总的来说，福柯提出了一个坚不可摧的论据：现代社会比任何早期文明被规训的程度都更高。福柯认为，进步意味着更多的管制，而不是解放。现代社会越来越要求人们在科学专家的指导下规范和约束自己的身心。

《临床医学的诞生》是福柯最直接明了、争议最少的一本著作。它所讲述的内容是众所周知的，主要是医生如何从中世纪的药剂师、炼金术士、理发师、信仰治疗师和占卜师中分离出来，成为诊断和治疗疾病的专家。医生用科学的方法进行系统的观察，记录观察结果，然后对症下药。在接下来的几个世纪里，生物学、化学和生理学领域的研究发现提升了医生的治疗成效，巩固了医生的权威。最重要的是，医生们成立了培训和检验新人的协会组织，并向经培训合格的医生授予医师资格，从而将合格的执业医生与无牌庸医区分开来。其他职业后来纷纷效仿这种做法。福柯通过医学阐述了他关于权力和知识互构的论点。医生的知识是医生获得权力的基础，医生可以通过其手中的权力定义哪些是真正的知识。但福柯又转而提出一个新问题，即医学的声望如何促使医生掌握精神病的治疗方法。无论过去还是现在，医学界一直缺乏对精神病的有效治疗方法，而现在的医生可以对精神和性异常群体作出诊断、区分和治疗。不仅如此，他们现在还会在健康家庭、健康城市、健康休闲以及如何提高幸福感方面提供权威建议。

《疯癫与文明》是一部疯癫的发展史，是福柯的第一部著作，也是他早期研究的成果。这本书篇幅很长，但其核心思想非常明确。疯癫原本不是一种精神疾病，或者至少不是一种需要治疗或治愈的疾病，直到精神病学给它贴上了这样的标签。总有些人言行古怪，令人难以理解。有些疯人沦为他人消遣娱乐的工具，还有一些则被他们的家人和社区默默忍受。后来，精神病学开始对精神错乱进行分类。到了 19 世纪末和 20 世纪，人们尝试了各种各样的治疗方法，常用的治疗方法是将他们转移到安全的地方，即精神病院。精神科医生称这样做是为了患者的最大利益，他们的治疗比以往任何方法都更人道。

在 20 世纪 60 年代，福柯成为反精神病学运动的一员。该运动的主张如下。

1）那些被认为疯癫的人往往只是与众不同，或者是适应了疯癫环境的人，而这种环境可能是他们的家庭或更广大的社会。

2）将某个人诊断为精神病意味着将其逐出社会，因为精神病人往往举止怪异，给别人造成麻烦，或者让家人难堪。

3）精神病院里的病人表现出的症状往往是在总控机构中受到长期监禁的后果，这种监禁会使病人形成完全依赖的习惯，从而变得冷漠和痴呆。

福柯在三卷《性经验史》中也提供了类似的证据，并提出了与“疯癫”类似的观点。在这三卷书中，第一卷展示了起源于 17 世纪的性是怎样发展的，又是如何在权力机制下持续增长的；第二卷研究了古希腊哲学思想中的性；第三卷则分析了公元一二世纪希腊和拉丁语中对性的描述。早期和中世纪的基督教将欲望定义为罪恶，并坚持认为唯一允许的（最好是无快感的）性行为是在婚姻中为了生育而进行的性行为。教会对人们的性行为实行管制。福柯批判了 19 世纪解释性真理的医学话语和精神病学话语（包括精神分析在内），他认为制造性真理的过程本身就是对性真理的掩盖。

福柯在对第二卷的简介中，阐述了撰写“性经验史”系列图书的目的：“我想在更深的层次上研究，性作为欲望是如何构建成为主体自身的，而不是只限于在知识和权力的范围内进行分析。”从中我们可以得知，福柯撰写这一系列图书的目的是探索伦理学，他将伦理学视为道德的一部分，涉及自我与其自身的关系。

《规训与惩罚》可以说是福柯最重要的一本书，不仅在于其关于监狱的论述，而且还在于其不再将精神病医学视为恶的代表。虽然说《临床医学的诞生》也很重要，它关于科学专家的兴起、权力与知识的互构等都有很多关键论述，但《规训与惩罚》更能阐明福柯关于现代社会整体特征的观点。

《规训与惩罚》开篇介绍了随着西欧国家的现代化，监狱的使用发生了哪些变化。在中世纪，监狱用来关押等待审判的犯人，犯人可能会受到严刑逼供。在战争期间，监狱也会用来关押俘虏，等待他人为其支付赎金，就如被关押的狮心王理查一世一样。已经定罪的罪犯也会被送进监狱，等待处决、伤残或鞭刑等惩罚。到 18 和 19 世纪，监禁作为一种惩罚手段变得更加普遍。刑期的时长依犯罪的严重程度而定。随着时间的推移，公开鞭刑和处决慢慢消失，不再是大众娱乐的方式。监禁本身成为一种惩罚手段，相比之前更人道，也更文明。在现代社会，监狱中囚犯的人数不断增加，这不仅仅是因为监禁被用作一种惩罚方式，还因为制定的法律更多。因此，法庭需要审理的案件更多，律师的数量进而增加，警察队伍也日渐壮大。公民需要遵守的法律条目增加，犯罪的概率也随之上升。

英国功利主义哲学家杰里米·边沁（Jeremy Bentham，1748—1832）设计的全景敞视建筑为大家所熟知，福柯也受到了他的启发。全景敞视监狱因其构造，只需要少量的狱警，就可以监视众多的囚犯。环形建筑被分成很多小囚室，围绕中心的瞭望塔呈辐射状分布。福柯指出，虽然一个狱警不可能一直监视着每一间囚室，但囚室内的犯人都无法确定自己是否在被监视。因此，为了避免进一步的惩罚，囚犯会规范自己的行为，以防监视者正在监视自己。这就引出了福柯的“治理（governance）”概念。在中世纪，规则是由君主强制实施和执行的，但也可以是不需要服从任何上级权威的当地权贵。他们通过公开处决、伤害和鞭打来胁迫、恐吓臣民。现代社会与之不同：人们需要自我约束。在现代社会，需要强制执行的情况越来越少，自律变得越来越普遍。

福柯为我们呈现的是监狱这样一个极端的例子，但它是现代社会的一个缩影。工厂车间和开放式办公室里的工作人员经常受到监视。他们永远无法确定自己是否正在被监视。19 世纪的学校教室里都有一个台座，教师站在上面可以观察整个班级，在当时的课堂上，一般由高年级的学生辅导低年级的学生。福柯认为，人们很难逃避被监视的风险，因此不得不进行自我约束。因此，他把现代社会描述为规训社会或监狱式（管理型）社会。人们并没有得到解放，只是变得更温顺、更听话了，人们受到的控制比以前更不易察觉，也更隐蔽。为了能够在现代社会过上正常的生活，人们需要约束自己的思想和身体。

五、评价

福柯之所以能够有如此大的影响力，是因为他涉猎面比较广泛，包括医学（尤其是精神医学）、精神疾病、性、监狱、话语和监视。我们很难给福柯的作品进行归类。他研究的是哲学，人们也一直称他为哲学家。但他的主要作品并不是关于哲学的，除非任何无法被定性的作品都可以被贴上哲学的标签，或者哲学被认为可以横跨多个领域。福柯去世时年纪并不大，他的作品本还可以继续完善。如果他活得更久一些，许多悬而未决的问题可能会得到答案。

福柯有很多作品涉及历史。他深入探究了历史学家很少涉足的领域，例如性和疯癫。他还研究了一些涉及很多历史知识的课题：医学、法律和刑罚政策。无论在哪个领域，福柯的观点总是与众不同、引人深思。在心理学方面，福柯阐明了语言习得如何使人具备思考的能力，并指出思维是由话语支配的。但福柯真正的独特之处在于他强烈批判了现代社会的某些特征，这种批判的犀利程度超出了一般的学术讨论。福柯是一位不知疲倦的活动家，他为那些无法为自己发声的群体奔走，也为那些在他人看来缺乏理智的群体发声。福柯作为一名对现代性的批判者，他的思想值得关注，但作为社会理论家，他也应有如此高的地位吗？监狱和精神病院并不是现代机构的典型代表，它们只是现代的一部分，展现了现代社会的某些特征。

福柯是现代社会理论家中比较难以评价的一位。福柯的思想影响深远，必须将他视为一位重要的社会理论家，但福柯并没有参考同时代或过去的社会理论家的研究，而是跨越了历史、心理学和哲学领域。尽管如此，他的思想仍然可以被看作是对马克斯·韦伯逃脱“科层制度铁笼”愿景的延续，也类似于法兰克福学派所说的对工具理性支配的扭转，或是哈贝马斯所认为的，通过扩大旧的公共领域并发展新的公共领域，人就有可能获得解放。在现代社会是理性的、生活由工具理性支配这一观点上，其他社会理论家与福柯的观点也有共通之处。例如，埃利亚斯所说的“文明进程”也与人们如何实现自我约束和监督自身行为有关。

福柯去世时，遗留了很多有待完成的关于现代社会的研究，包括话语如何支配人的思维方式，以及话语如何促使权力和知识互构等。福柯对话语进行了限制，但他也认识到，话语之间有可能相互冲突，而且任何一种话语都有可能遭到挑战。福柯争辩，对一种话语的挑战只能通过采用另一种话语实现，但一个显而易见的事实是，人们可能同时拥有两种完全原创的想法。福柯自己就是一个例子。在福柯看来，治理的实现既可以通过话语，也可以通过监视。这两种方式可能相辅相成，也可能单独发挥作用。例如，在全景敞视监狱中，权力并非源于知识、专家或其他因素，而是源于对监视手段的控制。在福柯所研究的领域，甚至更广泛的其他领域，人们都可能对其理论进行灵活解读。

六、如何应用于体育与休闲研究

福柯没有写过关于体育与休闲的文章，而且鉴于他的研究还有尚未解决的问题，以及他所研究的现代生活仅涉及少数几个领域，我们无法去验证或者否定他的观点，也不能直接用他的理论来解释整个体育领域，更不用说整个休闲领域了。虽说如此，福柯的影响仍已延伸至体育与休闲领域，因为他的观点易于反映现代体育与休闲的一些特征和趋势。

自从现代临床医学、精神病院和监狱诞生以来，专家知识和相关的职业大幅增加。例如，关于如何培养下一代，社会工作者会进行指导。对于如何改善贫困家庭缺乏燃料和粮食的情况，专家会给出权威建议。如果有人不听从专家的建议，就会被视为不负责任，会受到责备。我们可能认为自己已经实现了性解放，但实际上，我们往往受到了专家建议和指导的影响，而这种影响程度是前所未有的。

为了鼓励、劝阻和禁止某项休闲活动，政府总是能够通过禁令、征税和补贴的方式来达到其目的。在英国前现代社会，政府曾禁止足球比赛，目的是鼓励人们参与更多有用的娱乐活动，如射箭。很多国家会禁止或严格管制赌博和一些残忍对待动物的体育运动。美国在 1920 至 1933 年禁止生产和销售酒精产品。目前，世界各地也开始颁布禁烟令。但根据福柯的观点，权力主要是通过话语和监视来行使的。行使权力的结果就是实现微妙且隐蔽的“治理”。

目前，关于休闲领域的话语权，最显著的例子是健康与健身运动。这是在体育与休闲研究中，福柯理论最常被应用的领域（Maguire，2008；Markula-Denison and Pringle，2006）。健康健身相关的话语使保持身体健康变成一种个人责任。专家告诉人们不能吸烟，不能使用消遣性药物，饮酒要节制，饮食要健康，要经常锻炼。专家会对人们维持健康所需的运动量和适宜的运动类型提出建议。体育协会和健康健身相关企业也推波助澜，呼吁群众提高体育活动水平，尤其是缺乏运动的目标群体。在健身房，这些话语会因符号互动而被放大（Crossley，2005）。体育与休闲研究现在通常被划为健康科学领域，体育与休闲学者也成为健康生活方面以及如何促进健康生活的专家。但正如福柯所述，人们有时会挑战或漠视话语的权威。大多数人都不去健身房，运动量也远远达不到专家建议的标准，大多数人的饮食都不健康。而且，专家们的意见也经常不一致，例如，不同健身房的教练员会告诉你不同的健身方法。一些专家强调基因在健康状况方面起决定作用。认同这一话语的人就会放开吃喝玩乐，相信基因已经决定一切。鉴于如今人们对诸多方面更宽容的、甚至放任的态度，批判者们开始质疑诺伯特·埃利亚斯所说的“文明进程”是否还在继续。福柯的学说也有类似的问题。自 20 世纪 60 年代以来，权威人士（如大学校长、经济学家和医学工作者等）经常遭到挑战。

福柯还有其他理论可以应用但尚未被应用到体育与休闲研究中。在 1984 年福柯去世后的几十年里，监控系统日趋泛滥，杰里米·边沁的全景敞视监狱设计在现在看来简直可以用“原始”来形容。福柯在闭路电视监控系统普及之前就去世了。如今，只要我们一离开家，就开始被监视。即使当时没有人在查看监视器，我们也无法确定我们是否正在被监视，因为我们的行为很可能会被记录下来，日后有可能被审查，也有可能被作为证据提交。这已经成为我们日常生活的一部分。当我们在购物区闲逛时（无论是在户外还是在室内），乘坐公共交通工具时，参加体育活动时，开车沿着高速公路行驶或进入停车场时，我们都处于被监视的状态。在足球场，攻击行为现在也被视为冒犯他人（Waiton，2012）。我们在观看足球比赛时必须小心行事，以免出现任何可能被理解为性别歧视或种族主义的言论，甚至站立都可能被视为一种冒犯行为，而且我们的任何行为都很可能会被摄像机拍到。乔治·奥威尔（George Orwell）《1984》中的“老大哥”（The Big Brother）越来越成为事实，而非虚构。我们现在不得不适应每天都被采集电子数据的生活。这些电子数据包括我们访问的网站、使用信用卡购买的东西、电子邮件、电话语音和短信等。如果存在引起权威部门怀疑的内容，我们的电脑可能会被没收，硬盘可能会被查处。我们还会被告知，他们这么做是为了维护我们的利益，是为了保护我们免受恐怖分子的袭击，是为了抓捕罪犯。按照福柯的观点，如果我们想在当今社会中生存下去，除了屈服，我们别无选择。

体育与休闲研究需要探讨的问题是，如果我们被监视，我们是否感到更安全？我们是否不用再担心遭遇开车莽撞的司机或汽车被偷？我们是否能够安全地在街道上慢跑或散步？我们是否能放松、从容地享受没有风险的生活？我们在开车加速时是否会更加谨慎？晚上外出聚会时，我们的行为是否会被认为过于吵闹？如果我们在推文或网络搜索中对某些敏感内容表现出兴趣，我们是否会因此受到怀疑？

七、结论

福柯从未称自己为社会理论家。他认为自己一部分是哲学家，一部分是心理学家，一部分是历史学家，但不属于社会学家。他没有写过关于体育与休闲的文章，也没有提出过可以与马克思主义或帕森斯的系统理论相媲美、并可以用来构建一种体育或休闲理论的一般社会理论。如果我们不愿用另一种方式来表达已知的东西（福柯关于知识型和话语的研究），不愿理会熟悉事物的隐蔽面（监视），那么福柯对体育与休闲研究的贡献有限。不过在一定程度上，正是福柯所说的业余生活提供的环境增强了参与者的兴奋感，并提高了人们对精神回报的期望。

福柯提出了一些新问题，并认为必须重新思考那些所谓已经解决了的问题。他首先强调了话语的作用。休闲活动的选择是由时间和金钱决定的，休闲研究者指出，人们只有拥有充分的机会认识休闲活动，并了解每种活动的益处和风险，才会选择参与某些休闲活动。因此，广告和宣传得到了大量的投入。福柯认为，与休闲活动相关的所有话语都应受到更严格的诘问。研究者一般对休闲商品和服务供应商的话语持怀疑态度。福柯认为，这种怀疑应该延伸到公共机构的话语中，甚至应该延伸到体育与其他休闲研究者的话语中，因为这些研究者声称自己的知识是科学的，并声称自己对真正知识的界定拥有绝对权威。如果考虑到运动损伤和身体受损的风险，体育运动真的能促进身体健康吗？经常运动的运动员真的比缺乏运动的人对医疗服务的需求更少吗？我们可以利用福柯的理论探究话语如何为特定的休闲活动界定最适合的人群。社会参与不平等有时可能是由休闲活动提供者的设计造成的。现代体育运动本就是专门为年轻男性发明的活动。

体育与休闲研究者需要认真考虑监视问题。虽然福柯在闭路电视普及和并行的虚拟现实出现之前就去世了，但他的思想在这些方面的影响不容忽视。当人们意识到自己受到或可能受到监视时，他们在公共场所的行为会发生怎样的变化？这个问题尤其与网上行为有关，因为人们现在越来越多地把休闲时间花费在网上。广告商和网站为了赚取广告收入，会收集用户数据，其中包括人们访问的网站和购买的东西等。但令人惊讶的是，这些并没有阻止人们访问网站和购买商品。相反，人们逐渐变得对监视习以为常。这种适应是有限度的吗？如果人们知道自己在脸书或推特上发布的信息有可能被老板看到，导致自己可能会因此失去工作和升职的机会，甚至被解雇，他们又会怎样？成为网络神秘人（internet hoodies）的人会越来越多吗？面对面关系和直接的电话通信是否会重新回归？人们会重新认识到传统的沟通方式在培养和维持信任关系方面的优势吗？在这些领域，体育与休闲学者可以将福柯的理论与自己的兴趣结合起来进行研究。

第十章

皮埃尔·布迪厄（1930—2002）：惯习、场域与资本

一、引言

众所周知，很多商业生意都是在高尔夫球场上谈成的，很多合作者也会在球场附近的酒吧里联络感情。那么加入高尔夫俱乐部有用吗？申请会被接受吗？为了避免孩子与“不良少年”接触，许多家长在为孩子选择学校、运动类型和俱乐部时，都会考量其长期价值。虽然一些体育运动（如马术）和艺术活动（如歌剧和芭蕾）一直都在强调面向所有阶层、性别、种族、宗教和民族群体，但其实这些项目有严重的阶层偏向，其参与者和观众一般都是社会经济地位较高的群体。为了扩大受众面，这些项目通常会寻求国家支持。然而，情况并没有得到改善。参与者坚称他们纯粹是出于对这项运动或艺术的热爱才参与其中的。但是，参与者通过这些运动或艺术活动达成的商业交易、获得的工作机会、所避免的危险关系，真的只是意外收获吗？休闲选择是关系到社会地位的战略行为吗？皮埃尔·布迪厄回答了这些问题。他的理论解释了以上正在发生的情况以及这种情况

如何发挥作用，并指出了怎样的休闲选择最有可能带来理想的结果。

但本书之所以介绍布迪厄，并不是因为他与体育与休闲学者有着明显的关联。他是20世纪中叶以来全球社会学最具影响力的人物，可以说他开创了一种全新的社会学。从这个意义上说，布迪厄是唯一一位可以被称为塔尔科特·帕森斯接班人的社会学家。20世纪中叶，帕森斯综合了过去的各种理论，并加入了许多自己的观点，从而为社会学的实践构建了一个全面的新框架。随着帕森斯和功能主义不再流行，社会学缺乏一个整合性的理论体系。布迪厄正好填补了这一空缺。他提出了一些新概念，并用全新的方法来解读我们熟知的概念。布迪厄提出的主要概念包括惯习、场域和资本。这些概念在全球社会学中得到了广泛应用，成为布迪厄影响力的关键词。只要出现这些概念，就意味着受到了布迪厄思想的影响。

布迪厄关于社会的主要著作涉及教育和"趣味"（主要是艺术趣味，但也包括体育），所以他是少数几位研究体育与休闲的主要理论家之一（另一位是埃利亚斯）。布迪厄在教育方面的著作主要涉及对学术生活的研究（Bourdieu，1965，1984，1989），其中包括他对社会学本身定位的研究。因此，他的研究方向包括"社会学的社会学"，以及关于社会学所在的更广泛的学术领域的社会学。布迪厄的社会学因此被称为反身社会学，并实现了"双重对象化"，即他的结论在客观上是有效的。第一次"对象化"是根据研究对象所处的社会环境进行解释的，包括他们先前的经验和社会化。第二次"对象化"是根据社会学观察者（布迪厄本人）所处的社会环境进行解释的。与非反身行动者和非反身社会学家相比，布迪厄的研究结果更令人信服。布迪厄的著作还涉及世界现状（Bourdieu，1993）、性别关系（Bourdieu，1998）及探究知识的研究方法（Bourdieu，1980）。布迪厄提出了一种可供他人实践的完整的社会学，虽然不一定所有的社会学家都愿意去实践他的社会学。

二、背景和职业生涯

布迪厄在法国外省（巴黎大区范围以外的法国省份通称外省。——译者注）长大，他的父亲是一名公务员。同福柯一样，布迪厄在大学里学习的是哲学，他毕业后在一所公立中学教书，然后又去了阿尔及利亚服兵役，当时阿尔及利亚正处于 20 世纪 50 年代的独立战争时期。布迪厄在服兵役结束后继续留在阿尔及利亚，并于 1958 年至 1960 年在阿尔及尔大学任教。他把这段经历写成了一本书（Bourdieu，1963），记录了阿尔及利亚本地人和法国移居者生活中的故事。于是布迪厄通过“社会人类学”的研究，完成了从哲学向社会学的过渡。

从 20 世纪 60 年代中期开始，布迪厄在巴黎定居。他参与了“1968 年学生运动”，他在那个时期的作品可以归入新马克思主义学派。布迪厄对文化趣味的社会差异感兴趣，他关注父母如何将其优势传递给子女（主要是通过教育，虽然名义上说教育机会平等），研究文化趣味在相关过程中的作用。布迪厄的作品受到涂尔干、韦伯等理论家的影响，因此，我们很难对他的作品进行分类。布迪厄本人一贯坚持社会学理论的原创性和完整性。

在他的职业生涯早期，布迪厄就已经吸引了一批追随者，并随着声誉的不断提高，最终成为法国最负盛名的社会学教授。他的主要著作中除了介绍其研究方法，回顾其生活和研究的几本书外，其他都是关于教育（Bourdieu，1965，1984，1989；Bourdieu and Passeron，1970）和文化趣味（Bourdieu，1979；Bourdieu and Darbel，1969）的。布迪厄在他几乎所有的研究中都阐述了趣味判断和文化消费的重要性。因此，他的研究可以作为如何通过休闲研究探讨社会学普遍意义的一个例子。诺伯特·埃利亚斯用体育与其他休闲活动作为例子，论证了他所称的主要历史趋势——文明进程。在布迪厄的社会学中，文化趣味和相关的行为形式具有举足轻重的地位。它们是某个阶级、年龄或种族群体的象征，也是男性或女性的标志性特征。

布迪厄在阿尔及利亚的田野调查对他的整个职业生涯产生了明显且持久的影响，其影响程度不亚于他在法国进行的参与式观察。布迪厄的著作通常数据翔实。从这方面来看，他并不是一个“纯粹的”理论家。但数据是用来说明和支持他的理论立场的，而不是用来检验其理论可靠性的。布迪厄坚持认为，虽然他的证据基本都来自法国，而且大部分来自 20 世纪六七十年代，但他的论点仍具有普适性。人们对布迪厄的这一主张一直存有争议。不过，即使经证明，他的经验性证据仅适用于特定的时间和地点，但布迪厄提出的概念现在仍得到了广泛传播。

三、关键词

（一）惯习

“惯习（habitus）”这个法语词汇并不是布迪厄发明的，但正是因为他，英语和其他全球通用语言才开始使用这个词。在布迪厄的社会学中，惯习是指一个人的住所，但这个住所并不是外在的真实住所，而是个体在内心构建的一种抽象性住所。惯习是通过社会经验获得的，大多数情况下，最初是在家庭中获得的。虽然惯习会不断发展，但早期打下的基础很重要。惯习包含禀性（disposition），即以某种方式进行分类、思考、感受和行动的倾向。它在很大程度上超出了意识的范围，因此可以使人们在无须刻意思考的情况下，依照惯常表达和行动。它的作用方式类似于米歇尔·福柯所说的“话语”，使人们具备思考、说话和行动的能力。如果某个社会阶层、性别或种族群体的成员具有相似的惯习，我们就可以说此惯习是该阶层、种族群体等的特有惯习。然而，惯习及其产生的日常表现一般是一个人的个体属性。在布迪厄的社会学中，惯习具有“能动性”。

我们应该注意到，布迪厄的惯习概念（像福柯的话语概念一样）告诉我们的并非全新的知识。之前的全球社会学理论也提过一些相关的过程和现象——社会化、个性、态度、文化的内化、行动者对情境的定义以及行动的取向。惯习一词是将上述概念“打包”整合生成的一个概念，因此具有强大的描述力和解释力，但是这样做还是有代价的，在真实性问题上存疑。惯习是无法观察到的，只能从其结果（言语和行为）中推断出来。反过来，惯习又被用来解释这些言语和行为，这样就陷入了循环论。一旦我们将惯习应用的因果关系加以拆解，该概念的解释力就会大大降低。如果将惯习这一概念拆分成单个要素，那么每个要素就都可以单独测量，也可以在社会化实践、人格特质和态度以及行动者的特定行为之间建立确定的联系。然而，把这些要素分开后，我们会失望地发现这些要素与结果（例如教育成就和休闲行为）之间的关系非常微弱，或者说根本不存在。但实际上，这些要素是作为一个整体来发挥作用的。它们结合在一起就会产生力量，这一力量通过惯习概念表现出来。

（二）场域

在布迪厄的社会学中，场域（field）可以是一个网络、一个运动场，也可以是任何一个相对自治的微型社会，这个微型社会具备一个结构化的社会地位系统和场域内的行为规范。体育运动是一个场域。如果说体育俱乐部是一个较小的场域，那么所有体育运动则是一个较大的场域。如果说某个社会学系是一个场域，那么整个社会学科则是一个较大的场域。我们平常所说的社会机构、组织、协会、团体、活动和社区都是场域。“场域”的概念淡化了不同社会形态之间的差异，强调各种形态的整体性。场域突出的是共同特征。根据布迪厄的社会学理论，我们会带着一种既定的惯习进入一个特定的场域，进入该场域后，我们会立即产生“轻松自在”的感觉，还是会产生浑身“不自在”的感觉，取决于我们能否掌握该场域的“游戏规则”。进入一个场域后，我们不仅要扮演预先设定好的角色，还要遵守规则。场域使布迪厄的社会学解释拥有了“结构”。此外，能动者也会发挥能动性。进入一个场域后，能动者会展示他们带来的资源，布迪厄称之为“资本”（见下文），能动者可能还会寻求增加自己的资源/资本，以提高自己在该场域内的地位。无论这个场域是北非的一个咖啡馆，还是法国的社会学系，它们都是以同样的方式呈现的。

（三）资本

根据布迪厄的社会学理论，任何一种资本（capital），如经济资本，都具有交换价值，可以增加或者减少。布迪厄认为最重要的资本形式是社会资本、文化资本和经济资本。每个人拥有的这些资本的数量和单位价值都可能发生变化。社会资本是指值得信任的社会关系，即你认识的人，以及在某个场域（例如，大学或劳动力市场）你可以寻求帮助的人。与身居要职的人建立联系会让你拥有一种优势。文化资本包括在艺术、音乐、文学等方面的趣味。文化资本还包括你所获得的知识，包括有无证书（例如获得的大学学位）证明的知识。声望、名人地位等也属于文化资本。这些文化资本的价值会根据场域的不同而发生变化。有些资源可能含有内在价值（人们喜欢这些资源是因为资源本身的原因），这取决于行动者的禀性（惯习）。然而，不同的资本形式也可能相互发生作用。文化趣味的价值在一定程度上取决于拥有这一趣味的人的经济资本和社会资本。“人脉”的价值会因一个人的经济资本和社会资本而异。社会行动者总是试图通过统筹安排现有的资本，将他们的资源最大化，从而提高他们的地位，增加他们在其所在的场域内的资本总量。布迪厄坚持认为，他的社会学并没有把一切都归结为经济学，也没有引入“经济人”的概念。在布迪厄看来，行动者追求多重价值：他们寻求的是资源，而非金钱。不过，布迪厄的社会行动者还是与古典经济学中的“效用最大化的追求者”有微妙的相似之处。

布迪厄认为，文化偏好在客观上并没有高低之分。在布迪厄看来，哪种事物或哪个群体的文化更“高雅”，这是一种文化专断。没有谁的审美具有本质上的优越性。这一观点得到了社会学领域学者们的一致赞同。布迪厄的论点可以追溯到20世纪60年代（Bourdieu and Darbel，1969），主要针对的是艺术领域，那些自鸣得意的所谓的文化精英说服自己及他人（但不包括布迪厄）相信，他们的趣味在客观上要优于那些追随流行大众娱乐的人。尽管如此，布迪厄认为，“高雅”文化的确在某种意义上具有客观上的与众不同之处。这是因为相关领域的精英、专家会对艺术作品、乐曲和表演等的优劣发表权威意见。规则和权威评委的存在使这种文化成为“正统”文化。这与那些将“我是否喜欢它”作为唯一价值评判标准的艺术形式是截然不同的。这种社会建构的正统性将不同趣味的人“区隔”开来（Bourdieu，1979）。布迪厄认为，某些趣味，例如对艺术的热爱是需要学习的。人们需要掌握规则，学习相关的艺术，从而保持所谓“有文化的”与“没文化的”大众之间的区隔。诺伯特·埃利亚斯的理论中与此相对应的是文明与非文明之间的区别。

布迪厄所说的社会资本与美国政治学家罗伯特·帕特南（Robert Putnam，2000）所说的不同。帕特南所说的社会资本（通常以志愿团体的成员人数来衡量）属于整个社会或社区。社会资本较高时，集体利益就会产生，如犯罪率降低，受教育程度提高，公民健康水平上升等。帕特南区分了结合型社会资本和桥梁型社会资本，前者加强了社会群体的内部团结，后者形成了社会群体之间的联系。布迪厄的社会资本（包括他所说的其他资本）属于个人，属于社会网络中的成员。此外，不是所有人都能从中受益，局内人为维护自身利益，会牺牲局外人的利益。布迪厄提出的各种资本综合起来可以区分不同的阶层，并使每个阶层都具有独特性。

四、布迪厄对其社会学理论的应用

如前文所述，布迪厄不仅提出了新的概念，还把这些概念与数据结合起来。正是这些出色的研究成果为他赢得了声誉。布迪厄的社会学说明我们需要以不同的方式看待熟悉的事物，并留意那些社会生活中我们所忽视的特征。

（一）社会学的社会学

对于学术界的读者来说，布迪厄的“社会学的社会学（sociology of sociology）”及其对（法国）整个学术领域的观察（Bourdieu，1965，1984）都是非常有趣而真实的，甚至细节方面都处理得非常得当。布迪厄通常会使用大量的数据为自己的论点提供支持。布迪厄认为：

1）学术机构和学科分为不同的等级，医学、法律和哲学位于最顶端，科学和工程排在最后，艺术和人文位于中间。

2）个人学术生涯的成败不在于他们所开展的研究的数量，而在于他们能够利用的文化资本。尤为重要的是，学者要具备使用学术语言的能力（Bourdieu，1965），不能使用非学术性的简单语言。布迪厄本人就以令人费解的长句而闻名。

3）在社会学中，有一些子领域的地位特别高，而且在这些领域很容易实现晋升。理论研究优于数据统计。在休闲领域，艺术（高雅文化）显然胜过体育运动及其他一切形式的休闲活动。

（二）社会分层

在布迪厄的著作中，社会阶层最初是指所有标准社会阶层体系中对职业的划分。但是，布迪厄后来对此进行了扩展。社会阶层于是便涵盖了职业群体及其所对应的各种资本——收入和财富（经济资本）、人脉的阶级地位（社会资本），以及文化趣味。马克斯·韦伯提出的“地位”概念与布迪厄所说的各种形式的资本相对应。布迪厄指出，尽管经济资本和文化资本之间存在联系，但二者并不完全一致。实际上，在法国的最高职业阶层中，经济资本（收入）和正统文化资本成相反关系（Bourdieu，1979）。换言之，经济精英和文化精英并不是同一类人，虽然他们都属于最高的社会经济阶层。布迪厄还解释了为什么不同资本形式之间的部分不对应具有重要的社会意义，尤其是在促进父母向子女传递阶层地位方面（布迪厄称之为阶层“复制”）的意义重大。

（三）阶层复制

20 世纪 60 年代，虽然法国的教育系统倡导社会公平和人人机会平等，但下层阶级的儿童仍然面临学业失败的情况，布迪厄对其原因的解释似乎有些夸大其词（Bourdieu and Passeron，1970）。布迪厄认为，当时法国的学校和教师认为有学术能力的学生是那些熟悉本国正统文化的孩子。因此，入学时是否具备这种文化资本被视为衡量学业能力的一个指标。下层阶级儿童所拥有的文化资本不同，因此他们一进教室就会受到象征性暴力的攻击。上层阶级的儿童已经从家人那里了解到他们应该期待什么，别人对他们有何期待，以及他们可以从学校教育中获得什么。而下层阶级儿童的惯习与上层阶级儿童的不同，他们容易被判定为学习能力欠缺。他们自身的文化资本根本没有得到认可，反而遭到了蔑视。这样会使人产生一种印象，即下层阶级儿童的学业失败是能力欠缺造成的（衡量指标是缺乏正统文化资本）。拥有正统文化资本的上层阶级儿童在初等教育中取得优异的成绩后，会升入公立中学。完成高中学业后，再加上从家庭中获得的原始文化资本，他们就可以进入法国著名的高等教育机构，例如“大学校（the grandes écoles）”，这里就是布迪厄所说的“国家精英”的诞生地（Bourdieu，1989）。（法国大学校又译为“法国高等专业学院”或“法国高等专门学校”，是与法国公立大学并列的高等教育机构，相对于综合性大学而言，大学校规模小、专业性更强，更重视教学与实践的结合，以培养高级专业人才而闻名，被称为法国的精英教育。——译者注）

任何熟悉英语教育社会学的人应该知道，阶层文化差异至少有助于我们理解儿童的社会阶层出身为什么和他们的学业成就之间有紧密联系。布迪厄还有哪些观点呢？他还提出，正统文化资本（即高雅文化知识）的意义至关重要。这可能反映了20世纪60年代法国教育的真实情况，但也未必如此。布迪厄无法证明，下层阶级的儿童在学业成就方面不如上层阶级的儿童，是因为前者缺乏这种特定的文化，而不是因为他们在教育和职业方面的抱负和期望较低。但他可以证明，在当时的法国（20世纪60年代），正是这种特定的文化趣味将法国的上层社会经济阶级与其他阶级区分开来（Bourdieu and Darbel，1969）。

也许不同的时间和地点会有不同的关键文化资本，但布迪厄的主要观点并不会因此而被削弱。他认为，即使中上层阶级的父母无法直接把他们的职业传给自己的孩子，他们也依然能够将对孩子有利的文化传递给孩子。这种文化资本被视为可教育性的一个指标，再加上经济资本和文化资本并不完全对等，这必然会使人们产生一种印象，即下层阶级的儿童学业上的失败不是因为他们受到社会经济水平的阻碍，而是由于他们缺乏成功所必需的学术才能和能力。不平等的复制以及不平等本身就这样被合法化了，而从表面上看来，这似乎对所有人都是公平的。

五、如何应用到体育、休闲及相关领域

（一）体育运动与其他惯习

布迪厄的理论可以应用于社会学的方方面面。用布迪厄自己的话来说，他的理论并非限定于某个领域。在体育与休闲研究方面，布迪厄的观点显然比其他任何主要社会理论家的观点都更有用。

惯习的概念可以用来阐述个人为何会被某项休闲活动所吸引，并对其产生持久的兴趣。人们的体育职业生涯能否长久，很大程度上取决于童年时期是否养成了一种体育惯习。斯堪的纳维亚人对体育与休闲活动的参与率较高就是一个例子。斯堪的纳维亚人说他们“生来如此”（Green et al.，2015）。这就是他们的感受：活跃的户外运动是他们本性的一部分。前文已经提到，如果我们将惯习作为一种解释性概念使用，它就会有循环论证的问题。但惯习概念的优势在于它可以

表现出一个人的禀性，使个体在运动场上能够立刻产生“轻松自在”的感觉，或者感到格格不入（如果不擅长这项运动的话）。布迪厄研究指出，体育与其他休闲爱好的发展模式与艺术爱好类似（Bourdieu and Darbel，1969）。在童年时期形成的惯习，以及在童年和青年时期获得的相关资本（趣味和技能）很可能成为后来从事“深度”休闲活动的基础（Stebbins，1992）。

显然，就像有些人会对某种艺术形式情有独钟一样，人们在从事某项体育运动时也会感到特别地“轻松自在”。当参与者沉浸在某项体育运动的社会纽带和文化中时，会产生这一运动特有的惯习。卢瓦克·华康德（Loïc Wacquant，2004）以生动的常人学方法描述了他在芝加哥一家体育馆的拳击经历：如何获得“拳击惯习”，然后将其运用到这项“甜蜜的科学”（拳击运动）中。他阐述了一个完全沉浸其中的参与者是如何在这项“以血娱人”的运动中体会到轻松自在的。

惯习的概念除了可以应用到体育与休闲研究以外，还可以用来解释人们为什么在某些教育或居住环境中会产生舒适自在感和归属感（Savage et al.，2004，2005）。

（二）更多资本形式

布迪厄对经济资本、社会资本、文化资本和象征资本（指任何享有声望的财产、技能或知识）进行了区分。他似乎认为这份资本清单已经包罗万象了。但后来的研究者们又提出了可以应用在特定领域的其他形式的资本，这些资本会产生交换价值。凯瑟琳·哈基姆（Catherine Hakim，2011）提出了另一种类型的资本——“性感资本”（性吸引力）。她认为，女性比男性拥有更多的性感资本，因为男性对性更感兴趣。因此，性感资本主要是女性（但也包括男性）可以在劳动力市场、体育运动、文化相关职业、大多数其他工作环境，以及在大多数日常休闲环境中使用的资源。

鲍勃·斯图尔特（Bob Stewart）及其同事（2013）指出，虽然在健身房锻炼可能不会产生社会资本、文化资本或象征资本，但它确实能促进“身体资本”（身体更健康，更有型）和“心理资本”（自尊和心理复原力）的产生。这些形式的资本会产生交换价值。众所周知，与有着同等教育、阶层、种族、性别和其他预测因素的人相比，面容姣好的人在职场中一般能够得到更快的晋升（Sala et al.，2013）。

但是，许多人进行体育运动和其他休闲活动可能纯粹是为了内在享受，而且体育与其他休闲领域的地位绝大多数都取决于特定领域的资本（在体育运动、音乐或其他爱好中的表现及拥有的相关知识），而非其他形式的文化资本、社会资本或经济资本。皮埃尔·布迪厄著作中的知识在社会学系或社会学研讨会上可能是一种有价值的文化资本，但在其他领域可能完全无用武之地。

（三）正统文化

布迪厄称，正统文化（通常称为高雅文化）将法国的中产阶级与其他阶级区分开来，并使他们的孩子获得教育优势。这是 20 世纪 60 年代法国的情况，它同样适用于 21 世纪的其他地方吗？

安娜·钦姆达斯（Anna Zimdars）及其同事（2009）对布迪厄关于教育优势的主张提出了质疑。他们调查了英国著名学府牛津大学在通过面试选拔学生时，除了其他社会阶级指标外，是否会将布迪厄所称的正统文化资本视为一项优势。安娜·钦姆达斯等发现，在 2002 年，广泛阅读是申请理科专业的优势，广博的文化知识是申请文科专业的优势，但参与和消费高雅文化在申请中并没有起到任何作用。

高雅文化依旧可以区分出优势阶级吗？最近英国的一些研究给出了部分肯定的观点。在英国大型阶级调查（Savage et al.，2013）中，超过 16 万人参与了在线问卷调查。受访者提供了他们的经济资本（收入和财富）、社会资本（是否认识职业列表中的相关人士）和文化趣味。研究表明，最高阶级的群体（研究者称之为精英）比其他阶级更有可能表现出对高雅文化的趣味，但精英阶级的文化趣味并不仅限于高雅文化。

（四）阶级与文化："杂食性"理论

在 20 世纪 90 年代，布迪厄的思想遭遇到了"杂食性"（omnivore）理论的挑战。"杂食性"一词最早是由美国社会学家理查德·彼得森（Richard Peterson，1992）发明的，他发现美国中产阶级既喜欢流行音乐，也喜欢古典音乐。杂食性理论与布迪厄的观点相悖，布迪厄认为中产阶级只钟情于正统文化趣味（高雅文化），并对任何低俗的东西不屑一顾。在理查德·彼得森之后，其他研究者也发现除了在音乐领域，西方世界的中产阶级在艺术、阅读、电影、食物等诸多方面的趣味都体现了杂食性（Eijck，1999；Eijck and Rees，1998；Gronow，2009；López-Sintas and García-Álvarez，2002；López-Sintas et al.，2008；Warde et al.，1999）。托尼·本内特（Tony Bennett）及其同事（2009）对 21 世纪前十年英国的文化消费展开研究，发现中产阶级更有可能消费各种类型的文化，但只有一个例外——电视节目。

自 1992 年以来，杂食性理论在以下几个方面做了调整。

1）沙利文和卡茨–格罗（Sullivan and Katz-Gerro，2007）指出，当今的中产阶级在文化实践中既表现出贪食性（他们在文化方面消费得很多），也表现出杂食性。

2）这种杂食性又分为集体杂食性与个体杂食性。中产阶级中仍有一些人保持着完全高雅的文化趣味。

3）此外，杂食性中产阶级也有不同的趣味集群（亚文化）：对音乐或戏剧流派的喜爱因人而异（Tampubolon，2010）。

4）托尼·本内特及其同事（2009）的研究表明，当今英国的主要文化差异既不是中产阶级文化和工人阶级文化趣味之间的差异，也不是具有包容性的主流文化与具有排外性的少数群体文化之间的差异，而是杂食性的中产阶级与大多数普通人之间的差异，后者的文化消费几乎都是通过大众媒体，他们很少去听音乐会、观看展览或戏剧表演。

5）与前人的研究相比，贝内特及其同事对杂食性中产阶级和其他阶级之间的分界线划定得更为准确。该分界线既不是非体力劳动者和体力劳动者之间的分界线，也不是专业人员和管理人员的分界线。杂食者往往是级别较高的管理人员，以及各级别的专业技术人员，即接受过高等教育的职业群体。高等教育对一个人独特文化品位和休闲习惯的形成具有重要影响。

6）该项研究还发现，在研究期间，这种主要的文化差异还与政党偏好密切相关。最有可能支持保守党的群体一般是非杂食性的非体力劳动者。一些中产阶级的杂食者是工党的拥护者，但通过进一步调查发现，他们也表达了对自由民主党或其他非保守党的支持（Roux et al.，2008）。

在 20 世纪 90 年代，社会学家们就杂食性是否与作为区隔标志的文化趣味和实践相矛盾展开了一场辩论。最终，他们得出结论：杂食性本身就是一种标志。当今的中产阶级是通过其广泛的文化趣味和知识与其他阶级区隔开来的。一个人如果缺乏必要的文化资本广度和深度，他就有可能被边缘化，而且他自己也可能会主动将自己排除在中产阶级之外（Erikson，1996；Peterson and Kern，1996）。

关于中产阶级杂食者是否是 20 世纪晚期产生的“新”事物，一直存在争论。难道真有那么一段时间，整个中产阶级都是只崇尚高雅文化的单食者（univore）？除了布迪厄自己于 20 世纪 60 年代在法国的研究，我们缺乏 20 世纪早期和中期的调查证据，因此无法直接将其与有关中产阶级文化趣味和实践的最新证据进行比较。但在荷兰，中产阶级似乎在某一个明确的历史阶段由单食性转为杂食性（Eijck and Knulst，2005）。这种转变的主要原因如下（假设转变的确发生了）。

1）大众传媒使大众文化渗透到各个社会阶级。

2）20 世纪中叶以后，大量社会下层阶级向中产阶级流动，中产阶级的组成发生变化，新加入了很多由下层阶级向上流动的人口，可能是这些人将下层阶级的文化趣味带到了中产阶级。艾克和纳尔斯特（Eijck and Knulst，2005）推测，中产阶级的杂食性可能只存在于一个历史阶段，而大众文化最终会在所有社会阶级中占据主导地位。

布迪厄所说的中产阶级的独特趣味可能已经发生改变，但后续研究表明不同阶级的文化之间仍然存在巨大的鸿沟。即便如此，尚缺少足够的证据表明，这些趣味会成为父母将阶级地位传递给子女的资本，或者文化资本可以与经济资本等其他资本交换。尽管这些观点具有一定的合理性，但这些问题都有待进一步研究。

（五）社会资本

不过已有确凿证据表明，社会资本有助于阶级地位的代际传递，而且在某些情况下，还有助于实现社会的向上流动。事实上，文化资本的交换价值很可能完全取决于社会资本（人们所交往的人的类型），而社会资本正是某些特殊文化趣味导致的结果。在不考虑其他预测因素的情况下，在英国 1970 年出生的人群中，16 岁加入体育俱乐部、教会或社区团体会给他们成年后带来积极的影响。与此相反，16 岁加入青年帮派组织则会带来消极的影响（Feinstein et al.，2006）。是什么原因造成了这种差异？最合理的一种解释是不同群体的社会构成不同。以弱势群体为主要吸引对象的休闲项目可能会增加参与者的社会资本，但这只会在弱势群体自身的社会圈子中产生交换价值。这些群体的弱势可能因此会被放大（Nichols，2004；Skogen and Wichstrøm，1996）。显然，如果父母想把自身的优势传递给子女，就要慎重行事，鼓励子女远离“不良群体”。

英国有研究者对志愿团体的成员进行了分析，结果表明，随着时间的推移，社会资本的分布呈现出一些有趣的趋势。研究发现，与 20 世纪中叶相比，现在的中产阶级集中度更高，其原因主要是工会和工人俱乐部的工人阶级成员人数下降，而白领工会（主要在公共部门）的数量增加（Li et al.，2002，2003，2005）。同时，还有证据表明，除看电视以外，工人阶级的文化消费参与率均低于中产阶级。这表明中产阶级的社会文化形态蒸蒸日上，而工人阶级的社会文化形态则逐渐式微。

六、结论

布迪厄的社会理论没有塔尔科特·帕森斯的理论那么完整，因此他不算是帕森斯真正的继承者。布迪厄的理论未涉及历史变革的方式和原因，也未探讨当代社会之间的差异及产生这些差异的原因。但在布迪厄 2002 年去世后，他的影响力在 21 世纪的第二个十年里一直在不断扩大，而帕森斯的影响力在他 1979 年去世后就逐渐减弱了。而且，布迪厄的影响力仍在继续扩大，这一点从他的关键词被广泛使用的程度就可以看出来。因为场域存在于任何社会的任何部分，它既可以是社会学各个专业已经关注的领域，也可以是任何体育或休闲领域。无论是什么场域，行动者都可以进入其中使用资源。有人可能质疑惯习的解释力，但它强调了一种倾向，即人们往往会选择让他们感到舒服自在的环境，而这种环境可以存在于任何场域。

布迪厄的社会学从个体行动者的层面阐述了行为的意义，但它并不是纯粹的微观社会学，也涉及一些宏观问题，比如全社会各阶层在受教育程度上的不平等，以及全社会文化品位差异的影响等。

也许布迪厄过于强调了阶级复制的概念。布迪厄理论中的行动者不会对某个场域的意义和规则提出挑战和重新协商，也不具备足够的反身性，很难做出与他们根深蒂固的禀性相反的行为。于是批评者们提出变化的必要性。虽然存在这些局限性，但布迪厄的社会学强调了一些重要趋势，这已经足矣。到目前为止，社会学领域还没有一种能够解释一切的万能理论，但实际上根本不需要这样一种理论。我们要将布迪厄的理论与其他宏观理论一视同仁，将其视为一种突出强调整体趋势的理论，而非那种可以解释一切的理论。从这个角度来看，布迪厄强调的趋势仍然具有很强的影响力。

我们从家庭获得的最初惯习和资本的交换价值不同，因此我们提高自身所拥有的资本价值的能力也不同。布迪厄认为，经济资本、社会资本和文化资本之间的联系一般会促进社会阶级地位的代际传递，同时获得有价值的社会资本和文化资本可以推动社会阶级向上流动。但我们必须强调一点，布迪厄并未指出的是，一个人不可能仅仅通过培养相应的兴趣或参加几场古典音乐会和艺术展览就能成为中产阶级的一员。为了成为中产阶级的一员，一个人还需要拥有适当的社会资本（作为进入中产阶级的敲门砖），最好还能拥有一份与中产阶级地位相称的工作。否则，即使是再有抱负的人，也会在相关场域中受到排斥或被边缘化，而无法真正感到轻松自在。例如，高尔夫俱乐部很可能会拒绝这种人的入会申请。贝弗利·斯凯格斯（Beverley Skeggs，1997，2004）发现，那些想要生活得更加体面的工人阶级很有可能受到排斥和揭露，还会因为装腔作势而遭到嘲笑。同时，中产阶级成员也会有“穷困潦倒”的时候，但他们在其工作和社交网络中仍然感觉舒适自在。雅什和卡茨–格罗（Yaish and Katz-Gerro，2012）的研究表明，在以色列，文化趣味与当前收入无关，但参与能力（为满足趣味而采取行动的能力）确实取决于经济资本。因此，在那些已经拥有与其阶级地位相称的经济资本的群体中，社会资本和文化资本可以发挥更好的作用。

布迪厄的另一个观点是，休闲在很大程度上（或至少在一定程度上）与交换关系有关，而某些趣味、兴趣和技能的意义在一定程度上取决于它们的交换价值。我们参与休闲活动不仅仅是为了追求个人享受或幸福，因此也不能只从这些角度来衡量休闲活动的结果。休闲活动的选择可以被视为一种社会定位行为。例如，从事体育运动的意义取决于从事哪种运动，在哪里，以及和谁一起。人们对体育运动的选择还会受到更广泛的社会影响。尽管如此，我们必须认识到，许多休闲行为与社会定位无关，纯粹是为了快乐、放松和幸福，以及享受家人和朋友的陪伴。在休闲活动中，社会资本和文化资本会不断扩张，它们通常具有交换价值，但只能提升一个人在相关休闲领域内的地位。究竟哪些体育与休闲资本具有可以在相关体育与休闲领域之外使用的交换价值，以及究竟是谁利用了这种交换价值，仍有待进一步研究。

关于特定趣味和活动的交换价值，体育与休闲研究者还可以从布迪厄那里学到更多，例如他的场域概念。趣味的重要性取决于趣味在各个场域的地位，因此也取决于趣味与特定地区、阶层、性别、种族、年龄等的行动者的接近程度。我们不能将性别、社会阶层和地区等变量或因子简单地视为因果关系中的自变量或因变量，而是应考虑变量之间的相互界定性。因此，休闲活动的意义很大程度上取决于它的执行者。反过来，某些休闲活动也已经成为某种人、中产阶级、美国人、英国人、法国人等的标志。从这一方面来看，我们根本无法消除限制因素，也无法让每个人都有平等的机会参与同一种休闲活动并从中受益。我们只能维持表面的机会均等，这不仅在申请国家资助时非常有用，而且还可以掩盖非任人唯亲的管理方式中社会和文化的阶级固化问题，以及上层阶级如何传递地位和延续优势的问题。

第三部分

当代发展

第十一章

乌尔里希·贝克（1944—2015）与第二次现代化时期

一、引言

自 20 世纪 70 年代以来，几乎所有就西方社会发表过自己看法的社会学家都或明确或含蓄地提出或采用过有关前工业时代以来社会变革的理论。新时代又被称为后福特主义时代、后工业时代、后现代时代、后福利时代、新自由主义时代、流动时代和信息与知识时代。德国社会学家乌尔里希·贝克使用的术语是“最新现代性”“第二现代性”和“反身现代性”。本书之所以会重点介绍他的研究，是因为与以往的报道相比，他的成名作《风险社会》（*Risk Society*）（1985 年首次在德国出版）强调了新现代性的不同特征和不同的变革驱动力（Beck，1985/1992）。贝克改变了我们对新时代的看法。他的研究以一种独特的方式将全球经济和政治的宏观趋势与微观的人际关系（包括但不限于亲密的爱情关系）联系起来。

直到 2015 年贝克去世，他一直是现代性最新发展阶段的主要社会理论家。

当然，其他社会学家也对第二次现代化时期的概念化和思考做出了贡献，其中包括英国社会学家安东尼·吉登斯（Anthony Giddens，1938—），他不仅做出了独立贡献，还曾与贝克共同著述（Giddens，1990；Beck et al.，1994）；齐格蒙特·鲍曼（Zygmunt Bauman，1925—），他最初是波兰的一位社会学家，但自 1971 年便定居在英国，和诺伯特·埃利亚斯（参见第六章）一样，在 1991 年正式退休后，成为一名多产的社会学家（Bauman，1998，2006，2007，2011 等）。贝克影响广泛，声名显赫，但这并不意味着他的理论都是正确的。在社会学领域，贝克受到了不少的批判。本章稍后会介绍这些批判者及其他贡献者对第二次现代化时期的争论。但贝克的研究很重要，因此本章会围绕他的观点对有关当前新时代的各种理论建树展开介绍。

本书中所有欧洲理论家（涂尔干、马克思、韦伯、埃利亚斯、哈贝马斯、福柯、布迪厄和贝克）的生活都带有 19 世纪和 20 世纪上半叶欧洲大陆风云动荡的印记。贝克的这种印记来得比较早，但持续时间比较短。贝克于 1944 年出生在波美拉尼亚地区波罗的海沿岸的一个小镇——施托尔普（Stolp）。施托尔普在当时属于德国，后在 1945 年成为波兰的一部分，更名为斯武普斯克（Srupsk）。1945 年，苏联划走了波兰的部分领土，导致波兰的东部和西部疆界都向西移动。在那之前，维尔纽斯（Vilnius，现立陶宛首都）和利沃夫（Lviv，现位于乌克兰境内）都是波兰的一部分。许多波兰人从以前的东部领土搬到了战后的西部新领土上。这些领土上的德国人则向西迁移。贝克家族成为 20 世纪大规模驱逐行动的受害者。在这次驱逐行动中，数以百万计的德国人被赶出东欧和中欧的独立国家，成千上万的人被肆意杀害，而有的人被杀害仅仅是因为他们说德语。那时战争刚刚结束，还处于野蛮的和平时期。德国人自 1945 年以来就意识到，他们必须保持沉默，压抑愤怒，不能抱怨。德国 20 世纪的历史有助于我们理解德国为什么从 1945 年开始在任何情况下都决心要与欧洲邻国结盟。1945 年，贝克一家沿着波罗的海沿岸迁移，然后定居在汉诺威（Hanover）。汉诺威是一个很好的选择，后来，乌尔里希·贝克在慕尼黑按部就班地度过了自己大部分的学习和学术生涯。贝克之后的欧洲理论家们都过着与本书中美国理论家（帕森斯、戈夫曼、布鲁默，以及第十二章中的重要人物英格尔哈特和福山）一样的传统生活。但也有例外情况，他们主要是1989年之前出生在欧洲共产主义国家的那些理论家。

二、贝克前的后工业社会

人们预测到西方发达经济体会进入后工业时代这一历史进步，而且有明确迹象表明，早在乌尔里希·贝克的《风险社会》出版之前，这种进步就已经悄然开始了。新后工业时代得名于这些国家的经济变化。关于此变化，最著名、被引用次数最多的解释来自丹尼尔·贝尔（Daniel Bell）的《后工业社会的来临》（*The Coming of Post-Industrial Society*，1974）。这些变化的驱动因素是经济增长和技术变革，正是这两个因素导致了就业方面的两大转变。其中一个转变是就业岗位从制造业向服务业的转变。当时的机械化或自动化新技术更容易应用于制造业，因此机器取代了人工。虽然在医疗保健和教育服务行业，以及公共管理、金融服务和商业服务行业，员工没有被机器取代，但其工作效率和产能也提高了（后来的信息通信技术使得大多数的服务行业也出现了机器取代人工的现象）。此外，还产生了这样一种情况，即随着人们生活水平的提升，人们对商品需求的增长速度逐渐落后于对服务（尤其是教育和保健）需求的增长速度。第二个转变是从体力劳动或蓝领工作向非体力劳动或白领工作（办公室、管理和专业职业）的转变。之所以发生这种转变，是因为在当时，低技能职业比高技能职业更容易实现机械化。此外，总体而言，从事白领工作的服务业人员所占比例高于制造业、农业和采掘业。有人认为，这些趋势会对受过高等教育的高素质劳动力产生更多需求——这种说法至今仍然存在。知识正在取代实物资本成为生产的关键要素。有人认为，随着经济的增长，我们要将教育投资放在首位。到20世纪70年代，工人阶级已经不再是社会人口的主力了，阶级结构正在经历资产阶级化，工人阶级工会和政党的经济基础逐渐萎缩。正如几十年前预测的那样，西方国家的政治中心格局现在已经右倾化。

20世纪80年代之前曾有一个备受争议的说法，即在后工业社会中，人均有偿工作的数量会减少。休闲学者们卷入纷争，或支持这个观点，或对其提出异议。在20世纪六七十年代，那些声称工作机会将减少的学者据此推断，休闲时间会占据人们生活的很大一部分。这一观点在当时具有一定的说服力，因为从19世纪到20世纪70年代，工作需求确实减少了。每天的工作时间缩短到七个或八个小时，每周的工作天数从6天缩短到5天，每年的工作天数随着假期的增加而缩短。正常的工作年限也被压缩了，因为儿童和年轻人要花更多的时间接受教育，而国家退休金和私人养老金能确保人们在退休后还能享受多年的美好人生。随着社会的日益繁荣，工作时间的减少预计会为人们带来越来越多的益处。另一种观点是，无论人类是否接受，人类都会逐渐被成本更低、更高效、更可靠的机器所取代。一些人设想人们会第一次享受到“他们生命中最美好的时光”（Best，1978），而另一些人则担心人们的生活会因此变得百无聊赖（Glasser，1970）。为了使前一种美好设想成为可能，人们要更加重视休闲教育，而非工作教育，还要增加对公共休闲服务的投资（Jenkins and Sherman，1981）。安德烈·高兹（André Gorz，1982）认为，资本主义会使工人阶级逐渐消失。高兹的社会主义对策是提高公民工资，这样会减少人们对工作的需求，从而减少劳动力供应。从下文来看，这些预测都不是完全正确的。需要注意的一点是，贝克时期（即休闲研究首次成为一项集体事业、一个独特的教学和研究领域的时期）之前的休闲学者都在纷纷辩论即将到来的现代时期会具备什么特征。后来，他们在辩论中失败了，但他们能够夺回，也应该夺回获胜者的位置。

20世纪70年代，评论家们第一次注意到经济增长的物理性限制因素：世界上的化石燃料和其他矿物储备最终都会消耗殆尽（Heilbroner，1976；Meadows et al.，1974）。大多数认为经济发展会陷入停滞的人也肯定会认为，行动也可能会推迟。我们还了解到，在经济发达国家已经达到的层面之上，经济增长会受到社会因素的制约；“更多”并不意味着人们会更满意、更幸福。弗雷德·郝希（Fred Hirsch，1977）解释了其中的原因。他认为地位因素在个人消费中发挥的作用越来越大。换言之，人们感到更加满意并不是因为他们获得了更多的收入和财产，而是因为这些收入和财产意味着他们比同类群体中的其他人拥有的更多。赫希将这一现象描述为：随着人们生活水平的不断提高，每个人都在踮着脚尖，因此没有人能在人群中看得更远。这些观点后来都得到了研究和证据的证实（Layard，2003）。各国政府和跨学科学者们目前正在寻找其他的进步指标，但在选举中，经济仍然是最重要的因素。你的经济宽裕吗？你现在的经济状况与上次选举时相比有所改善吗？选举结果的决定性因素仍然是这些问题，而非“你今天感到更快乐吗？”。但也有一些人宁愿放弃高薪的长时间工作，也要选择更轻松的生活方式。这些状况较为复杂，它们是否构成了一种趋势，仍然是一个未知数。

三、乌尔里希·贝克

（一）风险

贝克的《风险社会》对经济发达社会的变革方式提出了一种新颖的观点。该书根据社会中出现的一种新风险而命名，如核灾难和气候变化。之所以称这些风险为“新”风险，不只在于它们是新出现的，而且在于它们的新特性。科学是导致这些新风险的原因，而且无法提供解决方案。这些风险无法估量，也无法投保，任何国家或集团都无法置身事外。贝克认为，现代出现的这些新状况要求我们要比过去更加注重自我反省，审视我们所做的改变和所承担的风险，并尽可能地控制和限制非预期影响（Beck，1985，1994）。

《风险社会》是在1979年美国三里岛核泄漏事件发生后撰写和出版的，但当时还没有发生乌克兰切尔诺贝利核电站事故（1986年发生）。切尔诺贝利核电站的爆炸和火灾导致东欧大片地区暴露在大量泄漏的放射性物质中。人们从20世纪70年代后期开始注意到臭氧层损耗问题，在整个20世纪80年代，这一问题得到持续关注。随后又发生了一系列的核事故，其中包括2011年的日本福岛核电站事故，6个核反应堆中有3个受到了由强地震而引发的海啸的袭击。到了21世纪，气候变化成为人们一直关注的主要问题。

虽然贝克关注的不是这类气候变化及其他“温室”问题，但他是最早意识到这些问题的人之一。自20世纪80年代以来，越来越多的评论家认为，最大的自然环境问题不是化石燃料即将耗尽，而是化石燃料的开采和使用破坏了人类的栖息地。随后，贝克（Beck，2013a）将2008年发生的全球金融危机和随后的欧元区危机作为风险社会的例子。这两次危机都是人为的，而且根据贝克的说法，这两次危机都没有被预测到（但在这一点上他是错的）。他坚定地认为，没有任何相关科学家（经济学家）能够提供可靠的解决方案。

（二）全球性

这些新风险具有全球性特征，但贝克认为，这主要是由更加开放的市场导致的，包括2008年爆发金融危机的全球资本市场。面对这些风险，国家政府保护公民的能力下降，社会也随之变得更加脆弱，更加不可靠。许多大型企业从一个地区搬迁到另一个地区，身后留下的是一个个经济废墟。整个行业可能都会输给国际竞争。我们看到的不是发展中国家追赶西方发达国家，而是西方劳动力不得不与新兴市场经济体的劳动力成本竞争。贝克（Beck，2000）将其描述为就业领域的逐步“巴西化”——低薪、不稳定的工作越来越多。齐格蒙特·鲍曼（Bauman，2006）称这些新时代为“流动的现代性”。工业时代的那种坚固可靠已经一去不复返了。

（三）个体化

《风险社会》使“个体化”的概念成为社会学的主流。贝克认为，个体化源于家庭、邻里和宗教团体力量的减弱，而这种弱化则可以追溯到福利国家的创建。个体不再过分依赖家庭的帮助，同时家庭对邻里帮助的依赖也减小了。但风险的全球性会造成一种影响，即当政府无法保证就业和保障所有人的成年生活时，个体就不得不承担更多的风险。

贝克意识到，童年的社会出身依然与成年后的归宿有着紧密的联系，但越来越少的家庭能花费金钱让孩子得到良好的教育，来自贫困家庭的孩子有了进入名校学习的资格。福利国家的公民有权利获得医疗保健和体面的住房。年轻人不再像过去那样依赖他们的家庭。几乎没有人再依赖家族企业或家族性的专业事务所，这些家族企业或家族性的专业事务所大多数也已成为股份制公司或国有机构。就业机会向所有人才开放。父母依然可以将他们的优势传递给子女，但这必须依靠子女自身的能动性。父母需要教导子女树立远大的目标并努力工作。人生的辉煌要靠自己争取，个人成败也由自己负责。就像就业一样，朋友关系和住房不再是与生俱来的，而是变成了个人的选择。这些变化可能会让人们对他们出生和成长的地方感到陌生，但人们可以选择搬到让他们感到“轻松自在”的社区（Savage et al.，2005）。

（四）世界主义

贝克在他所有的著作中都提到，社会学缺乏理解这个不断变化的世界所需的词，即概念。他有些夸大其词地声称“阶级”和“国家”已经成为僵死的概念——虽然目前仍在使用，但已经失去了解释力（Beck，2013b）。贝克认为，年轻人越来越多地居住在大学、城市和工作场所内的世界性空间（Beck，2012；Beck，Beck-Gernsheim，2009）。“世界性的（cosmopolitan）”这个词既可以用来形容人，也可以用来形容地方。世界主义者在他们暂时学习、工作、旅游或居住的任何一个国家都会有一种宾至如归的感觉。虽然世界主义者必须持有某个国家签发的护照，但他们并没有因此对这个国家产生比其他国家更强烈的依恋感。理想地说，世界主义者是世界的公民，是整个人类的一员，而不属于任何民族。具有世界性的地方欢迎来自世界各地的游客，并让他们有宾至如归的感觉。

这就是贝克所设想的世界化的欧洲和欧洲化的德国，而非德国化的欧洲。历史比较悠久的民族不太可能成为一个欧洲化的国家。欧洲人会保留他们的民族语言、文化和身份，同时也愿意与其他欧洲人，甚至是世界各地的游客和移居者共享他们的家园。贝克（Beck，2013a）提出了“伊拉斯谟一代（Erasmus generation）”的概念，即这一代人拥有世界性的观念，更倾向于“欧洲化”，而不愿看到民族主义、国家货币和边境管制的回归。贝克认为，我们生活在一个不断变化的世界里，就像在社会学诞生的 19 世纪，当时的一些变化也是不可理解的，直到工业化、城市化和科层制等概念被赋予了它们的现代意义，人们才能够理解这些变化。这需要反身性，当然，贝克认为自己也是一个拥有反身性的思想家。他反对德国政治家优先考虑国内投票，也反对他们制定自上而下的政策来解决欧洲问题（Beck，2013a）。贝克自称是一个自下而上的思想家，他认为他代表的是那些愿意接受“革命思想”（例如，他提出的在欧洲税收资助下的“欧洲化”概念）的欧洲人民，尤其是年轻人。

（五）亲密关系

乌尔里希・贝克和他的妻子伊丽莎白・贝克-盖恩斯海姆（Elisabeth Beck-Gernsheim）探讨了晚期现代性对个人生活的影响。他们认为，其中一种影响是“爱情混乱的常态化”（Beck，Beck-Gernsheim，1995；Giddens，1993）。人们从亲密关系中寻求安全感和身份认同，亲密关系就像就业一样，已经成为个人的选择。人们寻求“纯粹关系”，在这种关系中，他们不是因外部压力而被捆绑在一起，而是因人与人之间的相互吸引在一起。女性不再需要为了自己和孩子的经济保障而受到关系的束缚。男性不再需要为了定期的合法性行为而结婚，也不再需要为了能安心在外工作而娶一个照顾家庭的妻子。个人吸引力成为唯一的纽带，而关系的维持取决于双方获得的情感利益和精神利益。

人们需要亲密关系，但个人的教育和就业经历却又将他们分开。因此，重组家庭越来越多，来自不同关系的孩子生活在同一屋檐下的情况也越来越多。人们不得不认为任何事物都是暂时的，没有什么是永恒的。为了教育、工作和休闲而远行的现象越来越普遍，这导致越来越多的“异地恋”、两地分居及同住分居的情况（随着伴侣之间关系的疏远，就会产生这种情况）。迁移使丈夫与妻子分开，子女与祖父母分开，但信息通信技术的发展使他们能够每天甚至更频繁地保持联系（Beck，Beck-Gernsheim，2002，2013）。这就是贝克描绘的第二次现代化时期的美妙新世界。

四、贝克后的后工业社会

乌尔里希·贝克的观点也招来了很多学者的批判（例如，Atkinson，2007；Curran 2013a，2013b；Mythen，2004，2005）。这些批判主要是针对他的社会阶级观。贝克认为，以前的阶级会在个体化的反身性潮流中逐渐消失。事实上，贝克只是有一些夸大之词（而这些夸大之处经常是正确的），并且有时会忽略或未能突出在别人看来非常重要的趋势（这一点可能无法避免）。贝克确实夸大了欧洲在过去 50 年里的变化程度。从中世纪到现代早期，欧洲社会演变成了完全不同的社会。这一过程经历了好几个世纪。但今天的西方国家并非像蝌蚪变青蛙那样，因为我们仍然可以看出它们 20 世纪中期的样子。贝克的著作很少提及经济或政治。继 1985 年出版的《风险社会》之后，除了 2000 年出版的《工作的美丽新世界》（*The Brave New World of Work*）（主要论点是劳动力市场的“巴西化”）之外，贝克的其他著作都没有强调过经济变革。贝克在《德国化的欧洲》（*German Europe*）中用了很长的篇幅批判德国政治家和“马基雅维利主义（Merkeliavelli）”（Beck，2013a），但在这之前，他几乎没有写过关于政治的文章。

（一）就业和社会流动

20世纪80年代之后，西方国家的经济有一个特征，即职业结构的资产阶级化没能继续下去，这一点贝克没有指出。白领类的工作一直是受信息通信技术冲击最严重的工作类型，因为信息通信技术的发展使很多此类的工作都可以转移到海外（Urry，2014）。21世纪就业增长最快的是那些不稳定、低薪、非标准工时的工作（Standing，2011）。在贝克之前，人们曾预测，所有人都会有更多的休闲时间，技术性失业人数将不断攀升，但事实证明，这种预测是错误的。在《风险社会》出版后，有关失业人数增长的观点盛行了很长一段时间（Aronowitz，DiFazio，1994；Dunkerley，1996；Forrester，1999），但大多数欧洲和北美国家已经通过创造更多的低薪工作（有些实习工作是零薪的）和短时工作（有些是临时工）避免了这种情况的发生。现在，代际社会流动的主要趋势更多的是自上而下的流动，自下而上的流动很少（Bukodi et al.，2015）。

（二）时间压力

然而，虽然短时工岗位增加了，但全职工作者的平均工作时间仍然和以前一样长。短时工经历了长期的历史衰退，这种衰退到20世纪70年代或80年代才结束，在不同国家稍有差别。虽然全职员工花在有偿工作上的时间没有增加，但是由于家庭中工作者的人数有所增加（更多的已婚妇女就业），每个家庭中成年人的有偿工作时间总数增加了。或许有些令人惊讶，家用科技并没有减少做家务和照顾孩子的时间。家庭和工作领域的新技术使人们能在更短的时间内完成更多的工作，但为什么平均工作时间并没有因此而下降呢？专家们对此意见不一。一些人将其归咎于苛刻的雇主和因害怕失去工作或失去晋升机会而产生的“出勤主义”文化，以及“消费成瘾性”（Schor，1991）。另一些人则认为，其主要原因是文化观念上的差异；忙碌是一种需要，忙碌是一种地位的象征，而闲散则是一个人无用的标志（Gershuny，2005）。家用科技可以提高家庭和个人护理的标准，也可以使父母有更多的时间和年幼的孩子在一起。我们通过社交媒体交朋友。我们对生活的满意度可能并不会因此而增加，我们仍然想做更多，拥有更多。

老板很少在正常工作时间之外联系我们，但在工作时间通过电子邮件和手机与家人和朋友交流的现象却很常见。虽说如此，我们还是觉得需要经常查看与工作相关的邮件和短信（Bittman et al.，2009）。越来越多的人抱怨时间压力大。人们可以感到生活节奏正在加快（Wajcman，2015）。我们似乎在给自己施加压力。那些真正富有的人，也就是最有能力赚钱的人，似乎不愿退休。婴儿潮时代出生的一些人目前正享受着富足的休闲生活，他们已经从高薪的管理工作和专业工作中退休，开始领取按最终薪水支付的养老金。目前正处于工作中期的人或更年轻的人退休后是无法领取这些养老金的。目前还未就业的年轻人也一直在忙碌，他们忙着学习，忙着做兼职工作，忙着与朋友保持联系（通常每天会多次使用信息通信技术），还要花一些时间与家人在一起。贝克在关于晚期现代性的观点中并没有考虑这些问题。

（三）经济不平等的加剧

虽然金砖国家和旧西方国家的经济差距在逐渐缩小，但国家内部的经济不平等却在加剧。贝克的著作几乎没有这方面的论述。贝克认为阶级已成为一个僵尸概念，他的这一观点很难解释财富和收入不平等日益扩大的现象。贝克（Beck，2013b）坚持认为，阶级概念已经“弱化”，失去了解释力。工人阶级的人数在减少，并失去了其特有的生活方式，而且他们也不再是有效政治运动的基础。从这方面来看，贝克的这一观点是合理的。资产阶级（现在经常自称为“企业家”）和新兴的上层中产阶级（高薪的专业人士和管理人员）是否也已经成为僵尸式的群体，仍待商榷。

（四）地域

贝克认为“国家”也是一个僵尸概念。他的这一观点也有些夸大其词。他认为，一些较小的欧洲国家从未真正拥有过主权。美国的主权也从未如此独立，矿产丰富的中东国家也是如此。出生地和护照还会继续发挥很大作用。贝克的新现代世界中充斥着世界主义者。这些世界主义者为了教育、工作和休闲在不同国家间流动时，以一种反身性的方式构建了他们的经历，他们面临的主要问题是无法保持密切、亲密的关系。实际上，就算是年轻的欧洲人，大多数都不是贝克所说的“伊拉斯谟一代”。大多数人从未上过大学。只有富裕国家的民众和其他国家的富人才会将旅行作为一种休闲活动。一些人的频繁流动依赖于另一些人的不流动，如保姆、办公室职员、餐厅和酒店员工（Elliott，Urry，2010）。2004 年以后，欧盟国家的高素质年轻人纷纷向西部进发，从事低技能、低报酬的工作，因为在他们的家乡，与他们资质相匹配的工作比这些低技能、低报酬工作的薪水还要低。从欧盟以外的国家到欧盟居住和工作的移居者们往往都是在朦胧的暮色中进入欧盟的。雅克·德洛尔（Jacques Delors）在 1985 年至 1994 年担任欧盟委员会主席期间，最初要驱逐的就是这些人。他们在劳动力市场里被边缘化，没有参政权，也没有福利权。

（五）新技术

贝克的研究还缺失第二次现代化时期的一些其他特征，至少在他的研究中体现得没有那么明显。第二次现代化时期也被称为知识经济时代和信息时代等，有些人由此认为信息通信技术也是这个时代的本质特征。这些新技术（Castells，1996）已经消除了组织和国家之间的界限（对于信息流而言，而非人）。新技术的确减少了距离的阻碍，而且几乎实现了世界各地之间的即时通信。这种现象叫作时空压缩。虽然这种时空压缩现象在整个现代时期一直都存在，但信息通信技术是一次前所未有的巨大跨越。企业（包括银行和政府）之间的屏障已变得“千疮百孔”。

新的网络层出不穷，更迭频繁。在休闲时间，我们可以玩电脑游戏。这些游戏早在 20 世纪 70 年代就已经出现了，只不过现在变得更复杂，更具挑战性：多人集体参与的网络游戏已经出现。我们可以为维基百科这样的集体项目做出自己的贡献，可以发布博客（目前最常用的是推特），可以在社交媒体网站上聊天（目前最常用的是脸书，但它又能持续多久呢？）。

由于信息通信技术的广泛使用，大多数工作都在某种程度上发生了变化。几乎所有过去在办公室里才能完成的工作，现在都可以用笔记本电脑、智能手机或平板电脑在移动过程中完成。但要注意的是，这样的工作方式无法实现面对面的交流。连信息通信技术产业的企业首脑也认为有必要通过面对面交流建立和维持信任关系（Wajcman，2015）。

信息通信技术可以改变一切，还是只是围绕在熟悉的工作、家庭和休闲琐事周围的浮云？现在下结论还为时过早。在全球信息通信技术渗透率最高的美国，2000 年只有不到 10%的家庭拥有宽带。那时，没有推特，没有脸书，也没有网上购物。基本的无线电和电影技术早在 19 世纪末以前就被发明并开始利用了，但直到 20 世纪 20 年代，美国民众才能收听无线电广播，放映好莱坞“长片”所需的影院才开始建设。信息时代的全面化应用时期可能还未到来。

（六）政治变革

如前文所述，除了在 1985 年出版的《风险社会》提到全球性削弱了各国政府的权力，以及在 2013 年出版的《德国化的欧洲》对德国政治家们阻碍“欧洲计划”的行为进行斥责外，贝克几乎没有谈及任何政治问题。

如果各国政府向欧盟、欧洲中央银行、国际货币基金组织和世界贸易组织交出了权力，这也是他们自己的选择。此外，新自由主义政策（尽可能地维护市场自由，减少政府开支，压缩福利预算）的广泛采用已经成为另一种国内政治选择，也是第二次现代化时期的一个特征。

与此同时，选民参选率一直在下降，目前的主要政党和最有可能组建政府的政党获得的选票数也在持续下降。"人民"和"民主"政府之间的纽带关系变得越来越弱。然而，虽然信息通信技术也被应用到了政治活动中（Castells，2012；Castells et al.，2012），但新兴政党已经凭借"第三条道路"（Giddens，1998）和"绿色"新政对欧洲现有的政府政党提出了最强有力的挑战，这些新兴政党一直在倡导一种更古老的政治："左倾"（如希腊的左翼激进联盟党和西班牙的"我们能"党）或民族主义（如法国的国民阵线）。

（七）人口统计学

贝克也很少提及人口结构的变化。年轻人花在教育上的时间越来越长，职业生涯在一生中所占的比例越来越小。现在几乎所有国家都存在人口老龄化问题。

尽管乌尔里希·贝克的理论存在夸大、缩小或遗漏等缺陷，但他仍然是一位关于 20 世纪后期变革的主要理论家。这是因为，他并不是简单列举了变革，而是为我们提供了探索这些变革之间相互关联性的一套概念（主要是风险、全球性、个体化和反身性）。无论是第二次现代化时期本身，还是与其相关的理论，都仍处于发展过程中。与此同时，所有研究当代发展的学者所能做的只有投身于研究中。

五、如何应用于体育与休闲研究

体育与休闲学者不仅可以利用有关第二次现代化时期的理论，还可以参与到这些理论的构建中。如果你只问“休闲是如何受到……影响的”，那你就错了，因为影响是相互的，休闲的各种趋势也有助于第二次现代化时期的建设。这个时代的一些特征已经体现在了体育与休闲学者的研究中。这种情况是不可避免的，因为现代晚期的各种趋势将重塑体育与休闲学者的研究领域——休闲商品和服务的需求和供应，而他们的学生将会是这些休闲商品和服务的生产者。休闲产业会逐渐适应人们年轻阶段的延长，同时也会考虑老年人数量的增加。每个参与提供休闲活动的人都能够体会到富人和普通人之间日益扩大的不平等现象。体育与休闲学者意识到，休闲方面的公用事业支出正在缩减。休闲活动的提供趋于商业化，更多的支出来自私人消费者。志愿部门会填补这一空白，还是会因国家不再支持而被削弱，目前尚不清楚（Roberts，2015b）。

（一）时间

“加速”是第二次现代化时期休闲学者必须面对和解决的另一个问题。人们抱怨生活节奏加快了，时间压力也越来越大（Wajcman，2015）。按说，新技术提高了我们做事（工作和休闲）的效率，节省了我们的时间，使我们有了更多可自由支配的时间。然而，雇主制定的工作制度迫使我们利用技术节省下来的时间做更多的工作。我们也要以同种方式牺牲我们的休闲时间吗？倒是不必这样做，但如果我们有能力的话，按照雇主的要求“做更多事情”也是符合我们自身利益的。体育与休闲研究者发现，“做更多的工作”也有益于我们的身心健康（Iso-Ahola，Mannell，2004）。毫不夸张地说，业余时间似乎成了一种负担。我们可以在家或在路上玩各种简单或复杂的电脑游戏，写博客，收发电子邮件和短信。这些活动可能会减轻空闲时的无聊感，就像 20 世纪 50 年代以来电视发挥的作用一样。同时，这些活动也可能会使人们对时间压力的抱怨增加。有些人倡导“慢节奏”，例如慢食、慢旅行（Hohlbaum，2009；Honore，2004，2008）。实际上，频繁的短期休假不如一次慢节奏的长假。我们的假期变得越来越频繁，但每次的休假时间也越来越短。因此，整体来说，休闲似乎会增加而不是减轻工作和家庭日常琐事带来的时间压力。约会网站效率太低了，所以一些单身人士会选择闪电约会。但总的来说，我们花在看电视上的时间越来越多，而且经常使用“电视回看”功能。此外，我们花费在台式电脑（无论是离线还是在线）、笔记本电脑和智能手机上的时间也越来越多。旅行途中，大量的时间被浪费在交通堵塞和飞机旅行上，我们不仅没有得到放松，反而感到无聊和沮丧。信息通信技术设备是让我们放松下来，打发无聊的时光，不去想工作上的事，还是让时间更加混乱，让生活节奏加快，让我们的时间和生活处于持续不断的压力之下？闲暇时，我们可以决定何时阅读和回复电子信息，而在面对面交流或使用固定电话交流时，这是不可能的。我们有时也会不由自主地不断查看信息，以防错过了什么紧急的事或人。在工作场所和公共场所，我们可能会受到更多监控设备的监控，但这些监控设备的新配件也有助于青少年和成年人在与朋友交往的过程中掌握更多的主动权，享受更多的隐私。

（二）生态学

第二次现代化时期还有一些其他特征，无论是贝克还是其他理论家，均未提出过有关这些特征的理论。这正是体育与休闲学者需要介入的领域。自 20 世纪 70 年代我们就意识到，地球上的化石燃料和其他矿产资源最终会消耗殆尽，我们的生产和消费方式也在改变着人类赖以生存的自然环境。然而，休闲期间的能源消耗增长率超过了整体的能源消耗增长率（Aall et al.，2011）。休闲领域的能源消耗量可能是我们最容易削减的，但不是我们首先要削减的。我们依然热爱汽车旅行和航空旅行。即使是在经济衰退期，高能耗的休闲方式仍然保持增长。2008 年金融危机后，全球旅游业只经历了一年的短暂波动，之后便恢复了长期以来的增长趋势。在较富裕的国家，人们在新老媒体、体育用品和服务方面的支出持续上升，而更本地化、能耗更低的休闲方式则不再受到人们的青睐（Roberts，

2014，2015a）。较富裕国家的人们似乎即使减少购买食物和供暖等必需品，也要坚持高能耗的休闲方式。休闲活动的缩减主要集中在低能耗的活动上，比如去当地的酒吧和餐馆，而且每次外出的花费也减少了。休闲是问题的核心，也是解决第二次现代化时期反身性公民所面临的生态挑战的核心。

（三）流动的现代性

有人提出，我们所生活的社会比以前更具流动性、更脆弱。对于此，我们需要系统地提出质疑，而不是仅仅用非典型的休闲理论来阐述。我们可以从反面来考虑，即休闲生活本可以保持其原有的稳定性。托尼·布莱克肖（Tony Blackshaw）是一位休闲学者，他对其居住的西约克郡进行了连续研究，并与理论相结合，阐述了原有的稳固性和可靠性丧失对休闲的影响。布莱克肖认为，工作、家庭生活和休闲活动的总体趋势对不同人群产生的影响不同。其研究表明（Blackshaw，2003），一些工人阶级的成年男性在劳动力市场和家庭生活中没有机会彰显自己的男子气概，但在休闲活动中可以彰显。在晚上一起出去玩儿时，这些男性会彼此安慰，让对方相信他们喜欢的世界仍然是真实的并且基本上没有什么改变。但布莱克肖也提出，有些人为休闲失去了原有的稳固性而感到遗憾。他将这些人称为“中间人”，他们的童年在稳固的现代世界度过，然后经历了这个舒适世界的瓦解（Blackshaw，2013）。但同时，布莱克肖也认为当前“流动的现代性”为人们（“中间人”之后的代际）创造了通过休闲活动来建立和表达首选身份的空间：

> 我认为，我们生活的流动的现代世界首先是一个自由的世界，在这个世界里，休闲活动逐渐成为支撑人类实现更有意义、更有目的性的生活的主要驱动力（Blackshaw，2010）。

工作场所和社区的变化速度加快，可供选择的休闲活动和方式也会发生更迅速的变化。可选择的度假地点和方式永远在增加。我们可以接触到更多种类的音乐,可以在更多的体育专用电视频道观看更多的体育节目,可以频繁地变换频道，观看种类繁多的体育运动，可以去更多的地方旅游。当然，我们也可以利用这些更广泛的选择为我们经常参加的活动服务，比如听我们一直最喜欢的音乐，追随我们从小就喜欢的运动队，选择我们平常信赖的旅游组织者，让他们为我们提供与往年相似的度假体验。这些可能是“流动的现代性”在休闲方面为我们带来的益处。

然而，芬恩・鲍林（Finn Bowring，2015）认为，可选择性越多，就越不受旧选择的限制，这必然会导致涂尔干主张的失范现象产生（参见第二章）。无论是通过摆脱旧选择的限制而获得的自由，还是通过更多样化的选择而获得的自由（例如，获得体面住房、就业和一系列休闲机会的自由），这些自由都只能由国家来保证，而对于个人来说，真正的自由是参与公共事务的自由，但这并不属于不断增加的休闲活动的种类之一。

（四）个体化

这是休闲学者要面对的最后一个问题。更频繁的地域流动和更多样化的工作日程导致家庭内部、邻里之间、高中生和大学生之间的时间安排越来越不同步，从而使团队成员比过去更难在同一时间聚集在一起参加休闲活动。这促成了个性化休闲事业的发展，而且这也可能解释休闲活动为什么会从大型的团队运动转向个人锻炼及其他形式的非竞争性但充满活力的休闲活动，如游泳、冲浪和滑雪等可以自己参与或恰好可以凑成双人或四人对抗赛的运动。竞争性的业余团队运动只有在可以凑够运动员的情况下才能开展起来。但这些趋势的发展还另有原因：公共运动场和其他运动设施的投资在减少，且收费越来越高，只有较富裕的人群有能力支付健身房费用、旅行费用，购买冲浪、水肺潜水、攀岩和滑雪的装备。

个体化并不意味着孤独。相反，这证明每个人的朋友圈和熟人圈都在不断变化。总体而言，休闲伙伴的稳定性虽然有可能较低，但这与长期、甚至终身的友谊和家庭纽带的维系并不矛盾，尤其是信息通信技术使人们能够经常甚至每天保持联系，使人们无论距离有多远，时间安排有多不同步，都能保持亲密的关系。虽然休闲在某种程度上体现了个体化，甚至会增强个体化，但休闲也可能是使人们既能实现流动社交性，又能维系重要关系的一种方式。

六、结论

我们无法得出真实的结论，因为到目前为止，还没有任何一种完整的理论能确定第二次现代化时期的变化驱动因素和总体特征。我们不确定第二次现代化时期已经到来，还是仍在酝酿之中。如今，我们更倾向于回顾与工业化、城市化、民族国家的形成和民主传播相关的早期转型。虽然这些理论观点不一，甚至相互矛盾，理论的提出距离现在也已经有很长时间了，但其中每一种理论比起试图掌握新的理论，可能更有助于识别当前的各种趋势。预测可能会经常出错。“知识型工作机会”的扩张期已经结束了。在休闲社会里，每个人都可以享受更多的不需要工作的空闲时间，在此期间消费也会增加，但这样的休闲社会并没有成为现实。技术性失业并没有肆意蔓延，经济增长也并没有因为自然资源的枯竭而停滞。随着能源稀缺导致价格上涨，人们发现了更多的可开发能源。我们开始管理与核能、臭氧层和气候变化相关的风险，或试着适应和接受这些风险。

第二次现代化时期最引人注目的一个特征是，在西方社会，过去的底层和中产阶级的生活水平停滞不前，而亿万富翁的财富却在不断增加。金融企业（不包括传统银行，但包括纯营利性银行）、律师事务所、会计师事务所及其他为这些金融企业服务的机构为一些员工支付的年薪甚至超过在同一城市生活和工作的普通员工的终身收入。但这些只是工资，而非利润。在互联网经济中，一些成功的初创企业无须创建拥有大量员工的大型组织就可以迅速让其所有者成为亿万富翁。

第二次现代化时期另一个备受关注的特征是“加速”，即时间紧张，有时也被称为工作与生活的平衡。当然，工作场所的节奏也在加快。新技术提高了人们的工作效率，而雇主负责确保这些技术的确能够提高工作效率。在整个资本主义时代，他们一直都在想方设法地提高效率，奉行“时间就是金钱”，将时间视为一种可以用于生产的商品。人们上网的时间显著增加了：上网时间从 1990 年的零小时增加到 2014 年的平均每周 20 小时（英国成年人）和平均每周 27 小时（16～24 岁的人群）（Ofcom，2015），但信息通信技术在人们空闲时的重要性仍有待进一步研究。

体育与休闲学者可以通过多种途径就第二次现代化时期的特征以及推动我们进入和度过这一时期的驱动力提出自己的观点。然而，体育与休闲学者还未能充分利用第一次和第二次现代化时期的现有理论，而且也尚未对这些理论的发展做出重大贡献。这些都是新一代学者必须应对的挑战。

第十二章

罗纳德·英格尔哈特（1934—2021）与现代化理论

一、引言

罗纳德·英格尔哈特（Ronald Inglehart，1934—2021）是美国密歇根大学的一名社会学家。20 世纪六七十年代，他对西方经济发达国家进行了研究，发现第二次世界大战后长大的那一代人与他们的父母有着不同的价值观。他们的父母经历了战争和“饥饿的 30 年代”，高度重视经济安全——工作且远离贫困。而战后长大的那一代人则认为这些都是理所当然的。他们想获得更多，其价值观最初被描述为后稀缺或后物质主义（Inglehart，1977，1997）。

1981 年以后，英格尔哈特的研究范围扩大，并演变为世界价值观调查项目，他担任项目负责人。第七轮世界价值观调查于 2016 年至 2018 年在近 100 个国家开展。这些调查发现了两种全球价值观转变，这两种转变主要是通过代际更替发生的。

第一种转变是从传统价值观向世俗/理性价值观的转变。传统价值观强调宗教、亲子关系和尊重权威的重要性。信奉这些价值观的人往往会拒绝离婚、堕胎、安乐死和自杀，并表现出高度的民族自豪感和民族主义观。世俗/理性价值观则恰恰相反。这种转变通常发生在国家经济开始增长时，一般是通过制造业的发展来实现的。

第二种转变是从生存价值观向自我表达价值观的转变。生存价值观强调经济安全和人身安全的重要性。自我表达价值观将环境保护、对外国人的宽容、性别平等以及参与经济和政治生活决策的需求置于优先地位。这种转变与高等教育的扩张和新中产阶级的形成有关。在大城市从事中产阶级工作并受过高等教育的人通常会形成这种价值观。

经济增长（工业化）似乎是最初的变革驱动力。但随后，世俗/理性价值观和自我表达价值观成为新的变革驱动力，此类价值观支持民主需求，鼓励个体自由表达自己的个性并追求自己选择的生活方式（Dalton，Welzel，2014；Welzel，2013；Welzel et al.，2003）。

通过下文我们会发现，有关当前全球变化的这种观点（现在被纳入现代化理论）只是众多认为所有社会都将遵循相同的进化或发展路径的社会理论中最新的一种观点。与先前的理论一样，当今的现代化理论也受到了质疑。本书将其作为讨论 21 世纪全球趋势的一个切入点。如同有关第二次现代化时期的理论一样（参见第十一章），体育与休闲学者不仅可以使用该理论，还可以对该理论的传播和发展做出贡献。

二、现代化理论

最早的现代化理论（20 世纪 80 年代后采用的名称）是关于进化的经典社会学理论（当时采用的名称），包括本书前几个章节介绍的孔德、马克思、涂尔干及其同时代社会学家的理论。他们认为所有社会都将沿着同样的进化路径前进。

在 20 世纪早期，人们对这些理论中关于进化的一些观点提出了质疑。很明显，我们无法把非洲部落社会、澳大利亚土著、新西兰毛利人、印度和中东国家按照先后顺序归入同一条进化路径。此外，当时西方国家也分裂为共产主义国家、法西斯主义国家和民主国家。

第二次世界大战后，现代化理论（当时尚未采用这一名称）得以复兴。轴心国的战败，法西斯政权逐步退出欧洲的历史舞台。在 20 世纪 70 年代，法西斯政权从西班牙、葡萄牙和希腊（曾在 20 世纪 60 年代短暂地脱离民主制度）消失。同一时期，一些社会学家提出，在共同的工业主义逻辑驱动下，资本主义国家和社会主义国家将趋于融合。他们认为，社会主义和资本主义只不过是通向同一目的地的不同路径而已，并非不同的最终状态（Bell，1960；Kerr et al.，1960）。当时，西方国家正大力建设福利国家，政府在宏观经济管理中发挥主导作用，社会主义国家也正在讨论如何将市场机制引入中央计划经济中。发展学促进了“所有国家都在同一条轨道上”这一主张的复兴。这一主张认为较贫穷的国家在努力追赶较发达的国家。后来，在 20 世纪 90 年代，在联合国的主持下，各国联合制定了人类发展指数，推动了人们对“世界各国均朝着同一方向发展”这一观点的认同。人类发展指数综合了经济产出、死亡率和教育方面的数据，有的还增加了性别平等和民主方面的数据。

没有人认为所有国家最终都会达到相同的发展水平。世界系统理论（Wallerstein，1979）作为社会学中的一个小众专业，将世界视为一个社会系统，将国家视为子系统。自古以来就有帝国之间的往来以及跨越多国的宗教联系，而到了现代，国家间的联系和流动变得越来越频繁，越来越深入。在西方国家的现代化过程中，许多国家成了殖民地，有种观点认为，这些殖民地国家是系统性欠发达国家（Frank，1969）。在后殖民时代，新殖民关系可能一直存在，由附属国的“买办阶级”在剥削者和被剥削者之间进行调解（Kamruzzaman，2014）。但 21 世纪的观点是，这些古老的国际关系已被全球资产阶级的形成所改变（Robinson，

Harris，2000；Sklair，2001）。资本的个体所有者必然来自某个国家，但他们的资本可以在全球流通。这并不意味着所有国家都会变得平等。一些国家拥有“全球性城市”，这些城市是全球性金融网络的节点（Sassen，1991）。这些国家的公民会因为靠近金融中心而受益——用马克思主义的话来说，就是会获得剩余价值份额。据称，这些变革使所有国家都走上了同样的历史轨道，但有些国家仍比其他国家更强大，更繁荣。

从历史方面来看，我们走在了前头，需要后退一步。到 20 世纪末，“所有国家都在同一条轨道上”这一主张遇到了新的问题。在 20 世纪七八十年代，社会主义国家和资本主义国家非但没有趋于融合，反而出现了分歧。社会主义国家保留了中央计划经济，而西方国家的计划经济程度不断下降，更加倾向于新自由主义经济模式。与此同时，日本和新加坡开创了具有亚洲特色的资本主义、市场经济和民主政治。到 20 世纪 90 年代，一些社会学家强调了西方国家之间的分歧：欧洲内部不同类型的福利资本主义之间的分歧（Esping-Andersen，1990），以及欧洲和美国之间的分歧（Martinelli，2007）。

到了 20 世纪 80 年代，西方进入了后工业时代，新自由主义经济学说方兴未艾。对于那些即将放弃社会主义的国家来说，西方国家开出了“大爆炸”休克疗法的药方。西方国家为这些国家提供经济援助的条件是必须信奉新自由主义经济思想。美国政治学家弗朗西斯・福山（Francis Fukuyama）正是在这种背景下宣称“历史的终结”即将到来，市场经济、资本主义和民主注定要在全世界取得胜利（Fukuyama，1992）。然而，不久之后，另一位美国政治学家塞缪尔・亨廷顿（Samuel Huntington）作出了相反的预测。他认为世界会出现新的“文明冲突”，因为冷战的结束使先前的冲突重新浮出水面，尤其是西方基督教和伊斯兰教之间的冲突（Huntington，1996）。这一预测早于 2001 年的九一一事件，后来，九一一事件的发生为该预测赢得了极高的可信度。

同时，世界价值观调查一直在为全球单轨道现代化理论提供强有力的支持，同时也提供了重要的补充条件和限定条件。除了前文所述的全球价值观转变，调查还显示，一些欠发达国家正在经济上迎头赶上，并开始采用现代价值观。许多国家与西方国家的差距正在缩小。调查结果显示，在参加了 1981 年和 2007 年世界价值观调查的 52 个国家中，有 45 个国家的幸福感出现了净增长。西方国家的幸福感已经达到峰值。西方劳动力可能会抱怨“巴西化”和“逐底竞争”，但从全球来看，新自由主义自由贸易政策让数百万人摆脱了贫困。尽管如此，一些国家的经济仍然停滞不前，由此导致顶层与底层之间的差距不断扩大。此外，该调查还证实了“后发展效应”：在某些方面，最新实现现代化的国家可能会跃居全球前列。他们可以使用最新的技术和管理实践开始进行工业化，而不用背负第一波工业化国家在发展过程中积累的“包袱”（Dore，1973，1976）。因此，发展较晚的国家或这些国家中已经实现了现代化的一些部门，可以迅速发展成为超现代化国家/部门，这让老牌西方国家从它们身上看到自己的未来发展趋势。

与此同时，世界价值观调查提供的证据也为“所有国家都在同一条轨道上”的主张设定了重要的限定条件。调查显示，无论一个国家是否经历过社会主义时代，无论其主要宗教是否一直是伊斯兰教，无论其是否有悠久的新教历史，传统文化和国家历史都会留下深深的印记。此外，这些差异似乎没有在代际更替中消失，甚至都没有减少。而且，许多现代化进程开始得较晚的国家内部也产生了巨大的差异。在这些国家中，大多数人仍然保持着传统的生活方式。这些国家的这部分群体没有沿着现代化的轨道前进。因此，将全球人口全部纳入现代经济部门，以践行现代休闲和更广泛的现代生活方式似乎是一件不太可能的事情。

现代化理论的倡导者面临着这样一个问题，即一旦接受了所有限定条件，“所有国家都在同一条轨道上”的主张还有多少存续空间。现代化理论（作为一种或一套假设）在被应用于后发国家的体育与休闲时，就遇到了这个问题。一种能接受无数限定条件的理论是无可辩驳的，如果是这样，这一理论需要被彻底取代或从根本上进行重新配置。体育与休闲学者正可以为此做出自己的贡献。与“所有国家都在同一条轨道上”相反的观点是，多元化的现代性正在形成。体育与休闲领域现有的一些证据支持哪一方呢？

三、如何应用于体育与休闲研究：亚洲案例

经济全球化并不是问题所在。经济全球化有助于推动所有国家的变革，建设第二次现代化。但当前的现代化理论表明，一旦各国经济开始发展，仅凭本土力量就能使所有国家走上同一轨道。经济全球化本身——国家间的商品、服务、信息和人员流动增加——并不一定会使社会变得更加相似，也有可能会加剧各国之间的差异。

休闲产品的全球流动已经不是什么新鲜事了。19 世纪晚期，现代体育的诞生与迅速传播促成了 1896 年第一届现代奥运会的召开。自 20 世纪 20 年代以来，音乐和电影得以在全球传播。几十年来，顶级体育赛事一直都是通过电视向全球转播的。各种形式的流动都变得更加频繁，现在每个国家的无线电广播和电视广播都可以面向全球观众直播。麦当劳餐厅无处不在，很多其他连锁店和品牌商品也是如此。有才华的体育明星、音乐家和演员进入国际市场，但大多数情况下体育运动员仍然沿着欧洲国家建立海外帝国时创造的路径流动（McGovern，2002），而且虽然流动不断增加，但每个国家最受欢迎的音乐、演员、运动队和运动员依然是本国的。最受欢迎的电视节目总是那些取材于本地的节目。全球产品在不同的地方被赋予不同的含义。在 20 世纪 80 年代的东欧和苏联，穿西式服装、听西方流行音乐是支持变革的象征，但在西方，这些行为却没有这样的内涵。因此，每个国家都有混合了全球元素和本地元素的独有特征。这个过程被称为“全球本土化”。

同质化既没有发生，也未对现代化理论的最新观点（“所有国家都在同一条轨道上”）进行检验。我们努力降低宗教和其他传统的影响：这么做不是要完全

摒弃它们，而是希望可以根据自己的需要来选择是否保留它们，不必因为它们是必须尊重的传统就无条件地将它们保留下来。我们希望有证据能够证明孩子们在休闲活动中不认为自己必须以父母为榜样或不认为自己必须听从他们的建议。我们希望人们能够包容多样性，休闲活动比在其他任何方面都更需要这种包容。我们期望一个国家可以提供更多样化的休闲选择，当然总体来说，公民的休闲选择将继续呈现出明显的民族性和地域性特征。

本书主要关注来自亚洲国家的体育与休闲证据。之所以选择亚洲国家，一方面是基于证据的可获得性，但主要还是基于理论的需要。一些亚洲国家，如中国和日本，从未被欧洲列强殖民过。那些曾经是殖民地的国家并没有成为移垦社会（比如美国和澳大利亚）。基督教在亚洲国家的渗透率并不高，这表明亚洲国家对西方文化有一定的“绝缘”作用。近几十年来，一些亚洲国家经历了沧海桑田般的变化。在 20 世纪末和 21 世纪初，亚洲一些国家跻身于世界上增长最快的经济体行列。到 20 世纪末，日本已经成为一个主要的经济强国，印度和中国也紧随其后。这些国家特别值得关注，因为如果西方现代性（包括西方休闲）有替代品的话，那它一定会出现在亚洲国家。那些曾经成为欧洲列强殖民地的国家，尤其是移居者占人口大多数的国家，则有望发展成与欧洲国家相似的现代社会。除了那些在近几十年通过矿产资源开采而非工业化实现经济快速增长的国家，其他伊斯兰国家和亚洲国家一样，也可以作为检验西方现代性是否有替代品的典型例子。非洲大陆还尚未出现引人注目的经济发展。有人可能会说，需要更多的研究和更多的时间才能对亚洲国家作出可靠的判断，但与此同时，这些国家也是现代化理论最有力的检验案例。

（一）亚洲休闲：有什么不同吗？优于西方休闲吗？

在整个亚洲，人们不仅抵制西方休闲活动传入他们的国家，而且有些研究者也抵制西方休闲概念在全球的采用。岩崎义孝（Yoshitaka Iwasaki）及其同事

（2007）指出，东亚和南亚的传统语言中没有与英语“leisure”相对应的词。现在，所有语言都包含了“leisure”这个词，它在印地语、汉语普通话等语言中都有特定的本地化含义。例如，在韩国，人们日常所说的“休闲”并不包括花在看电视上的时间（KyungHee Kim，2011）。最初，这些语言把“休闲”与西方联系在一起。休闲是西方人的东西，他们到西方国家以外的国家旅行时将休闲带到了这些国家。大多数亚洲人都知道他们没有西方国家所称的休闲。在亚洲国家，休闲是一种产业（主要是旅游业），其中一些人通常都是作为雇员参与其中的。

印度和中国的一些学者称，他们的休闲方式与西方休闲不同且优于西方休闲，而且它们已经对欧美在体育与休闲研究方面的霸权形成挑战（Dodd，Sharma，2012）。他们认为西方休闲是物质主义和消费主义，基于此，可参与的休闲活动种类越多越好，参与的时间越长越好，花费的金钱越多越好。东方学者汲取印度教和佛教的圣贤、老子和孔子的思想，倡导将休闲视为一种精神状态或存在状态（Li，2009）。他们的理想是实现自我内部、自我与他人、社会与自然之间的平衡。一些人（Ma Huidi，Er，2009）希望将英语单词“leisure”与这个理想联系起来。以下引文并非来自古文或宗教神秘主义者，而是来自国际社会学协会休闲研究委员会的成员或相关学者：

> 当今（西方）社会的主要动机是获取物质产品。这一动机具有一种幻想性，它不会产生满足感，而是以贪婪的形式出现……休闲是一种“存在”的状态，而不是一种“拥有”或“行动”的状态……有必要阐明的一点是，休闲是通过对自我进行大胆且批判性的探究来发现自我的。（Sharma，2006）

> 休闲是全人类的精神家园，在这里，我们可以凝望星空，陷入沉思，也可以审视我们内心的道德准则……休闲在生活中是必不可少的，就像阳光、空气和水一样。没有休闲，生活就无法继续。休闲有助于我们实现身

体和心灵、物质生活和精神生活、体能和心理能力、物质享受和精神振奋之间的平衡。（国际社会学协会休闲研究委员会，2009）

如果现代休闲主义（范曾的休闲研究中使用的术语）不能依照本体论的分析来实现自己的理想，那么现代的物质主义便会稳操胜券，人类的前景便会一片黑暗。现代休闲主义的目的是依循宇宙的本体使人类的欲望和自然提供的可能保持一个适当的比例。……我们理解的休闲是人类心灵的救赎。（Fan Zeng，2010）

无论是面对这种对西方休闲概念的抵制，还是面对西方休闲活动的全球发展，西方学者都不应感到惊讶。如果欧洲国家超过一半的人口仍然生活在没有任何现代设施的村庄，现代休闲的概念也会被认为不适合大多数欧洲人的生活方式，也会有很多人反对其破坏了欧洲的传统生活方式。“Sport”和“Leisure”这两个词在西方国家现代化后才被赋予了现代意义。亚洲对现代西方休闲的批评也获得了一些西方学者的支持。例如，塞巴斯蒂安·德格拉齐亚（Sebastian de Grazia，1962）谴责当代休闲是对早期纯粹休闲的腐化。

东西方学者一致认为，亚洲传统文化仍然发挥着强大的影响力（Jianyu Wang，Stringer，2000）。传统的西方文化也是如此，只是影响方式一直没有被注意到，直到遇到了拥有不同传统的现代化社会，这种影响才被注意到。如今，在西方和亚洲，捍卫传统的本地研究者们遭到了其他本地研究者的反对。在亚洲，这些反对者通常是更年轻的研究者，他们认为传统是一种束缚。蔡琼姿（Tsai Lucetta，2006）指出，儒家思想主张台湾女性必须继续恪守节俭、被动和恭顺的传统，结果她们的休闲活动通常只有睡觉、看电视和学英语。有证据表明，亚洲一些城市的年轻人，尤其是那些受过良好教育、从事中产阶级工作的年轻人，已经接受了西方思想。上海的世界价值观调查发现，这座城市的有些年轻人把自我发展置于对社会的贡献之上。他们奉行个人主义，为自己的生活而努力（Jiaming Sun，Xun Wang，2010）。受过大学教育的印度青年坚持认为自己是有远见的，而非墨守成规的（或“落后的”），尽管他们中的大多数人仍然尊重他们的父母，并尽可能满足父母的愿望。例如，有些年轻人为了父母可能会放弃自由恋爱的权利而接受包办婚姻（Wessel，2011）。这种休闲证据与现代化理论的预测相一致。但亚洲也有一些其他证据与现代化理论的预测相反。

（二）工作与休闲

韩国人认为他们是世界上工作时间最长的人（KyungHee Kim，2011；Moonkyum Kim，2010）。日本紧随其后（Harada，1994；Horne，1998）。员工应该有奉献精神，不能将法定假期完全用于休息，不能迟到，也不能早退。在日本，疲倦和在公共场合小睡是一种状态的标志，表明一个人处于正常工作的状态（Steger，1996）。张彤禾（Chang Leslie，2008）研究了从农村到东莞工作的年轻中国女性。东莞是中国南方一个庞大的工业城市这些女孩通常每天至少要工作10小时，一周工作6天。下班后，她们还要挤进夜校学习英语，或学习其他更受欢迎的课程，如学习如何成功。她们的目标是成为经理或经营自己的企业，但实际上大多数人的归宿都是回老家结婚。同时，如果她们能定期给家里人寄钱，回家时带一些礼物，她们回家后的地位就会提高。

对于亚洲一些国家工作时间长、工资低的传统解释是，这些国家仍处于工业化的早期阶段，随着经济发展，这些国家拥有了与更发达的西方国家一样高的生产力，工资水平就会随之上升，工作时间也会下降。的确，欧洲和北美国家处于工业化早期阶段时，也存在工作时间长和工资低的普遍特征。但是，21世纪初，新兴工业国家的情况与一百多年前的西方从根本上来说是不同的。新兴工业经济体的企业可以采用最新技术，并以全球市场价格出售产品，而且他们的劳动力比19世纪时西方劳动力的受教育程度要高得多。亚洲某些国家的雇主可以用较低的工资换来较长的工作时间，因为这些国家都有劳动力过剩和工会（如有的话）力量薄弱的问题。

受传统文化（尤其是受儒家思想影响的文化）的影响，亚洲雇主可能会提出长时间工作的要求。在中国、韩国和日本，时间从来不属于个人，而是属于一个群体，这个群体可以是一个家庭、一个村庄或一个公司。人们没有可供自由支配的“自由时间”用于纯粹的娱乐（North，2010）。空闲时间可能会让他们感到焦虑，这说明工作没有完成（Li，2009）。如果一个人未从事有偿工作，那他也会做些家务或学习，从而使个人在未来更有用。比“老板”（雇主、部门经理或团队领导）晚走或早到是一种对上级的尊重（Tan Soo Kee，2008）。员工有义务随时待命。在这些国家，“上班”时间和实际“工作”时间是有区别的。公司随意占用员工的业余时间是很常见的事（Harada，1994）。

马惠娣在北京开展的一项研究显示，有些群体参加的休闲活动（西方的定义）几乎为零。其研究发现，北京的退休老人很少参加这座城市为老年人组织的活动或节目，他们的日常生活通常就是照顾孙子、孙女，其他空闲时间则花在看电视、在附近散步和与邻居聊天上（Ma Huidi et al.，2010）。马惠娣的另一项研究考察了北京进城务工人员的生活。“进城务工人员”是一种官方认可的身份。他们的户籍仍在农村老家，只是获得在城市生活和工作的临时许可。这种临时身份可以从父母传递给子女（Kwong，2011）。而且进城务工人员是长期的后备劳动力，没有固定工作，他们从劳动力市场上获得工作机会，或作为日工，住在地下室和临时搭建的鸽笼式棚户房里。这些进城务工人员并不是无业游民。恰恰相反，他们的生活被工作主导着。他们不是在工作，就是在找工作，纯粹的休闲时间几乎为零。他们觉得自己需要不停地工作、挣钱。无所事事反而会让他们忧心忡忡（Ma Huidi，Ning Zequn，2010）。

移居中国台湾的印尼女性护工也过着这种被工作主导的生活。她们一般都在远离家庭（在印尼）的地方生活和工作。这些移民通常会离开家乡三年，在此期间，她们的工作一般都是在台湾中产阶级家庭为所服务家庭的年迈者提供居家护理。这些护工需要工作很长时间，经常会感到孤独和疲惫（Yi-Chung Hsu，Yu-Cheng Hsu，2012）。

开展这些研究的研究者及研究对象本身之所以会反对西方的休闲概念，不一定都是受人们与自身、社会环境和实体环境（无论是农村还是城市）和谐相处的传统价值观的影响。如果你只看某一个地方或某一个群体，亚洲看起来可能有点儿“不同”，但你再看看亚洲的其他地方，你会看到一个超现代的亚洲。

（三）新中产阶级

安·马尔弗里德·罗兰森（Unn Målfrid Rolandsen，2011）估计，在中国（除去农村人口，农村人口目前正在减少），从职业和收入来看，只有11%的城市家庭可以称得上中产阶级。然而，世界价值观调查发现，有多达60%的城市居民称自己为中产阶级。中产阶级在中国显然是一个新兴的、有抱负的阶级，尤其是对年轻人来说。印度的情况与此类似。据估计，当今印度中产阶级的规模为1亿到4亿不等（Donner，2011）。这两个数字都很大：最小的规模（1亿）也超过了最大的欧洲国家的中产阶级规模，但在印度却还不到印度总人口的10%。在当今的亚洲，中产阶级是一个越来越受欢迎的要求或志向，虽然没有一致的定义（因此在规模上也未达成一致），但有一个共识，即中产阶级不仅在增长，也在朝着多样化方向发展。

在当今亚洲的所有城市，游客和当地人都能看到新兴中产阶级的身影。在公共场所，中产阶级通常会把钱花在西式的休闲商品和服务上。到20世纪90年代，高尔夫球场、卡拉OK厅、健身俱乐部、主题公园和度假胜地在日本遍地开花，这导致休闲消费激增（Harada，1994）。20世纪90年代，韩国在休闲消费方面也出现了惊人的增长，主要是对国际产品（西方品牌、本地制造）的消费（Moonkyum Kim，2010；Sokho Choe，Hyejung Cheon，2010）。韩国人会购买休闲商品，如体育用品和其他休闲用品、相机、视频游戏、书籍和 DVD，即使他们知道自己没有时间使用、阅读或观看这些产品（KyungHee Kim，2011）。大学教育和白领工作通常是跻身于中产阶级的基本要求，但为了彰显中产阶级的身份，还要养成中产阶级的生活方式，而这种生活方式无论在何地都是通过消费主义来体现的。

罗兰森（Rolandsen，2011）的研究显示，在中国东南部沿海城市泉州，中产阶级的消费习惯相对温和。年轻人会去网吧上网，而中产阶级成年人则在家上网。成年人典型的周末休闲活动包括购物，在附近的山区散步，下午泡在茶室、书店或咖啡馆，有时晚上在 KTV 预订个房间唱歌。但很少有当地人走进博物馆和画廊这些公共文化设施，基本只有外国游客会去。当地中产阶级的休闲活动是非正式的，并趋于商业化。政府鼓励人们参与有利于提高文化水平的"健康"休闲，从而让他们变得对社会更有价值。

所有东亚国家的政府都知道，他们需要刺激国内消费，以保持经济增长。因此，在 21 世纪的前十年，韩国开始实行每周 5 天或 40 小时的工作制（KyungHee Kim，2011）。在第一批实现工业化的西方国家，第二次世界大战之前，工作时间被缩短，随后消费支出才开始激增。在亚洲，貌似休闲消费的增长领先，休闲时间的增长则更加缓慢，甚至停滞。

王琪延（Wang Qiyan，2007）比较了日本和中国的休闲时间及休闲方式。他指出，虽然每个国家都有自己的传统休闲方式，但目前两国在休闲方面的主要差异似乎是由日本更为领先的经济水平导致的。因此，日本人有更多的空闲时间，而且对大多数休闲活动的参与度更高。这表明，亚洲国家正在沿着标准的现代化轨道发展，但同时也保留着蕴含国家和地区特性的亚洲特色。

只要看一看当今印度的文化马赛克，你就能领略到中产阶级休闲的多样化。无论在何地，各个阶级的行为都会因年龄和性别而有所差异。无论在何地，新老中产阶级之间的差异都在不断增加。在印度，新中产阶级不同于殖民时期由公务员和为统治阶级服务的专业人员组成的中产阶级（Breckenridge，1995；Ganguly-Scrase，Scrase，2008；Jaffrelot，Veer，2008；Liechty，2003；Lukose，2009；Varma，1998）。消费主义是一个鲜明的新特征，但它也总是与过去一脉相承，在印度会受到地区、种族和种姓的影响而有所不同。

（四）讨论

亚洲国家之间的一些休闲差异与欧洲国家一样，也可以归因于不同的经济发展水平（Gronow，Southerton，2011；López，2011）。这些差异与现代化理论完全一致。现代化理论也涉及因保留传统的民族性和地区性消遣方式和娱乐形式而造成的差异。虽然西方的商业健身俱乐部在亚洲迅速发展（对于那些支付得起相关费用的人来说），传统的锻炼方式在亚洲仍然很受欢迎（Kwai-Sang Yau，Packer，2002；Li-Ming Chiang et al.，2009），而且这些锻炼方式也不会因为西方体育运动的引入就被毫无道理地边缘化。亚洲休闲似乎仍然会保持其独特性，究其原因有两个方面：一是这些休闲形式在亚洲国家发展较晚，二是有些休闲活动是亚洲所特有的。

1）西式的休闲时间安排和休闲方式正在亚洲的城市中产阶级中传播。这些城市中产阶级是大多数亚洲国家人口中的少数群体，而且在未来很可能一直是这种情况。新加坡可能是唯一的例外。第一批实现工业化的国家能够让所有劳动力参与现代化就业。与此类似，社会主义的做法是优先实现充分就业，其中包括通过城外的集体农场和分散在农村地区的工厂创造足够的就业机会。即使还剩余很多劳动力，这一体系也提供了一定的就业机会。企业变得更有效率了。劳动力即使失业了，也可以被其他企业重新吸收，但是那些正规经济部门之外的劳动力往往会无法实现充分就业。亚洲以及整个拉丁美洲和非洲的新兴工业国家吸引了大批移民涌入城市，他们很多人只能在这些城市的非正规部门找到工作。如果人们无法获得现代化的就业机会，他们将永远无法享受现代休闲。

2）在正规经济部门工作的亚洲人可能仍然会无法摆脱工作时间长的现状。西方国家的工作时间在经历了长期的减少后，开始恢复正常，而亚洲国家现代经济的增长正是从这一历史时期开始的。在亚洲，无论在什么情况下做选择，金钱对于大多数人而言都是最受欢迎的选项。空闲时间从本质上就不受重视，而且也没有理由要改变这一现状。

3）与拥有相同工作计划的西方国家工人相比，亚洲国家的城市工人在家里花费的时间很可能更少，而且会继续减少，尽管这一猜测还需要通过时间使用方面的研究予以证实。在儒家文化中，家庭一直是由年长男性当家做主的地方，其他人要做的就是服从（Freysinger，Chen，1993）。除此之外，亚洲的城市人口非常密集。除了非常富有的人，大多数人都住在小公寓里。他们没有休息室、工作室、书房、游戏室或花园供自己独处或招待朋友。这可能是亚洲人不急着下班的原因之一。亚洲的传统烹饪很耗时，而且在家做饭可能比在路边的廉价小餐馆吃饭更贵。此外，简单地散散步，随意地逛逛街是东亚国家城市里主要的低成本外出休闲方式。

4）与欧洲和北美的公民相比，亚洲人很少利用公共休闲服务，因为他们接触到这种服务的机会较少。亚洲的休闲政策服从于经济政策（Yongkoo Noh，2010）。政府将休闲视为一个产业，而非社会服务的分支。这些国家实现现代化时，旅游业正成为世界上最大的产业之一，公共投资经常被引流到酒店、度假村和其他景点等的旅游基础设施。这些国家希望能够举办大型活动，而这些活动可能需要数百户家庭搬离他们的住所，以便为新设施腾出空间。在休闲活动如此商业化之前，西方国家已经实现了公共休闲服务的现代化发展。中国澳门的本地居民抱怨，他们被游客及旅游设施（主要是昂贵的酒店和赌场）挤出了澳门（Vong Tze Ngai，2005）。

5）与西方国家相比，新兴工业国家的志愿部门也处于不健全的状态。这在一定程度上是因为这些国家未经历过宗教改革，而在西方国家，正是宗教改革为志愿团体创造了发挥作用的空间（Delisle，2004）。通常情况下，新兴工业国家公民在组织志愿团体之前需要获得政府的许可。无论是在数量上还是种类上，21世纪的商业性休闲团体都不太可能取得像几十年前西方国家所创建的志愿性休闲团体那样的成就。正如罗伯特·帕特南所指出的，北美人越来越趋向于“独自打保龄球”（在非正式的团体内），而不愿参加联盟中的团体比赛（Putnam，2000）。

四、结论

现代化理论既可以被用于政治论争，也可以被用来整理对体育、休闲和其他活动进行比较研究所需的证据。现代化理论把注意力集中在变革的方向上，将此作为对不同国家的体育、休闲和其他活动进行描述并根据它们的异同进行分组的另一种方式。

体育与休闲领域的一些趋同现象是经济全球化的必然结果。在世界各地，人们可以看同样的电影，听同样的音乐，在电视上看同样的体育赛事。人们可以接触到同一国际品牌产品的广告。互联网具有全球性，世界各地的人都在使用智能手机。全球流动仍然主要是由西方国家流向其他国家，因此，在这些国家内部出现对西方文化和习俗入侵的反抗是意料之中的事。

世界价值观调查为现代化理论提供了最令人印象深刻的证据。该调查所提供的数据是人们“所说的”，而不是他们实际“所做的”。体育与休闲的证据是关于“所做的事情”，而且我们可以评估这些趋势是否符合现代化理论强调的价值转变。本章仅提供了亚洲方面的证据，虽不足以证明这是一个全球性的趋势，但如果说有一只“黑天鹅”足以驳倒全球性趋势的观点，那么亚洲就是这样一只高大的“天鹅”。

亚洲的体育与休闲证据与该地区传统的弱化、宗教的影响以及对父母和其他传统权威的顺从是一致的。这些趋势在一个国家年轻的新中产阶级中体现得最为明显。面对任何遗留的传统束缚，他们可能会怨恨，也可能会寻求“协商”的办法。这些年轻人是否依然是像他们的父母那样的民族主义者，目前还不清楚。此外，如果安全价值观和生存价值观可以等同于物质主义，那么它们会与自我表达价值观相结合，而不是被其所取代。有能力这样做的年轻人对消费商品和服务表现出巨大的需求。即便如此，他们试图表达的“自我”仍带有传统文化的特征。在印度，中产阶级生活方式的多样性所反映的似乎主要是那些早已存在的性别规范、地域文化和种姓文化。休闲方面的证据既未表明年轻中产阶级的消费行为会遵循环境保护的原则，也未表明他们支持在西方已经成为一种礼仪的性别平等和性平等，也没有证据显示他们要求在工作或政治决策中获得更大的发言权。目前还没有迹象表明，随着经济的发展，西式民主会在全球范围内传播。

世界价值观调查报告没有强调的一个明显趋势是，晚期现代化将国家内部的各个部门划分为进步部门和滞后部门。滞后部门也在进步，只是进步速度较为缓慢。这种推测也可能不正确。新中产阶级是高度的消费主义者。他们往往愿意自己度过休闲时光，或使用商业性设施（而非公共部门或志愿部门提供的设施）进行非正式的人际沟通。这些新中产阶级在各地都是少数群体。无论在农村还是城市，越来越多的公民在非正规经济领域谋生（偶尔业绩不错）。大众传媒的入侵拓宽了年轻人的视野，提高了他们的志向，从而使传统的生活方式受到破坏。当地的手工艺品和商店被品牌产品和连锁便利店取代。这可能是旧西方世界的未来：生活富足的中产阶级和极度富有的人处于最高阶层；随着产业工人的工作和生活方式的消失，以及工人阶级组织和政治团体的解散，新的下层阶级应运而生。

如果所有国家都朝着一个共同的目标前进，这是最可能产生的特征，但就目前而言，毫无疑问，我们正处于一个充满多元现代性的时代。各地的体育与休闲都是从当地背景中获得它们存在的意义，而地区和国家的历史与文化对这些背景具有显著影响。

第十三章

结论

一、理论类型

本书不会称哪种理论更好，也不会根据上述各种理论提出一个综合性的理论。20 世纪中期，塔尔科特・帕森斯的理论融合了欧洲的各种社会理论（不包括马克思主义）。尽管这一融会贯通的理论有其自身的优点（参见第三章），但也因其自身的复杂性和抽象性受到了严格的批判。如今，需要考虑的理论还有很多，所以本书结尾没有提出一种综合性的理论。

这些理论也不可能只有一个赢家，因为其中涉及两种截然不同的社会理论。有些理论是“分析性”的理论。这些理论家认为，他们所提供的概念可用来研究任何地点、任何时间的任何社会。塔尔科特・帕森斯、皮埃尔・布迪厄和符号互动论者都是这种类型的理论家。另一些理论是关于历史变革的理论。古典理论及其继承学派的理论都与欧洲自中世纪以来的变革有关。当前构建的理论都是关于 21 世纪正在发生的变革。帕森斯赞同涂尔干关于社会分工是历史主要趋势的观点，但他的理论家声誉是通过他的系统分析理论建立起来的，且主要是其社会系统理论。

从各种类型的理论中决出胜负也是毫无意义的。每种分析理论都强调了所有社会中都应存在的特定的社会过程和形态。每种分析理论的优势并不会使其他分析理论失去可信度。这些理论所强调的过程和形态可能（但也不一定）会出现在任何特定的体育或其他休闲活动中。这些活动或许会涉及塔尔科特・帕森斯所说的潜在模式维持功能，也可能涉及皮埃尔・布迪厄所强调的社会定位和“资本”交换。符号互动论无处不在，且是一种真正普遍适用的理论。

古典理论及其继承学派理论都是关于历史变革的理论。涂尔干、马克思、韦伯、埃利亚斯、福柯和哈贝马斯的理论都是在欧洲背景下由欧洲人创立的。这些理论讨论的是中世纪即将结束时开始发生的变革如何促成了 18 世纪以来的工业化、城市化和民主化。这些理论都产生于欧洲，研究的是欧洲的变革。但在帕森斯之后，这些理论被经历了类似于西方城市化、工业化和民主化进程的欧洲殖民地（主要是北美洲和大洋洲）采纳并应用。然而，这些理论无法被照本宣科地应用到未经历过中世纪时期的社会，因此它们在这种社会里不太受欢迎。关于第二次现代化时期的理论主要论述了这些后工业社会自 20 世纪末以来的趋势，这些社会采用了信息通信技术，推动了经济全球化，并在全球范围内采用并传播了新自由主义政治经济学。这些变革的最终结果目前尚不明了，因此这些理论必须被视为仍在构建中的理论。

现代化理论的主要倡导者是美国人。20 世纪的美国成为全球主要的经济、军事和政治强国。以美国为首的西方国家赢得了冷战，现代化理论就是在冷战后产生的。现代化理论设想其他国家都会效仿西方国家。如第十二章所述，现代化理论并不是 20 世纪晚期产生的新思想。但从目前来看，21 世纪不太可能成为“美国世纪”。金砖国家正在崛起。今天的西方国家或许需要向其他国家看看，才可窥见自己未来的一些特征。我们最好将现代化理论视为一系列仍存在争议的观点。欧洲的理论家们必然对欧洲大陆上持续存在的分歧具有敏锐的感知力，而且目前他们也认为我们正处于一个充满多元现代性的时代。

本书介绍的所有理论都是由西方学者提出的。因此，它们都是关于西方国家及其近代史的理论。关于当代发展的理论也是以西方国家为中心提出的。其余国家仍然是西方国家之外的“其他国家”。当然，这并不意味着这些理论就是错误的。但 21 世纪可能成为一个不同的时代，主要理论家可能会来自“其他国家”。这些理论家可能会为我们带来不同的视角，在他们看来，在漫长的世界历史中，几个世纪的殖民主义和西方霸权只是一个短暂的插曲。这导致了金砖国家崛起，阿拉伯文化、非洲文化、拉丁文化、伊斯兰文化、儒家文化和印度文化的位置日益凸显。本书介绍的理论都是各自时代的产物。需要重申的是，这并不意味着这些理论是错误的，只是我们从 21 世纪末及以后的角度看到的他们那个时代，与他们所描述的可能会有所不同。

据预测，体育与休闲研究目前使用最多的社会理论会是最近提出的一些理论，如福柯、布迪厄、贝克等关于第二次现代化时期的理论。现代化理论很少被使用，因为有关体育与休闲的比较研究相对较少，而且在进行研究时，研究者更倾向于强调他们所关注国家的独特性，而忽略它们与全球趋势的异同。值得注意的是，所有的最新理论都吸收了早期古典理论及其继承学派理论的一些观点，而且这些古典理论仍然是当今学者经常参考的理论。诺伯特·埃利亚斯坚持认为社会学不应该脱离历史，这一观点可能是正确的，因为我们在尝试理解现在时仍然会用到那些古老的理论。笔者个人认为，与那些研究 20 世纪 70 年代以来变革的理论相比，古典理论及其继承学派的理论对当今更具启发性。其他人对此可能有不同的看法。

二、兼容并存、非此即彼与趋同

有些历史理论是相互兼容的，因此有可能出现两种理论并存且无须做出选择的情况。大多数历史理论认为人类思想的变化是历史发展的驱动力，但也有例外情况。例如，涂尔干和帕森斯认为历史发展的驱动力是社会分工，而马克思认为是生产方式的变化。韦伯认为，现代是由理性思维推动的时代。法兰克福学派的原始成员和哈贝马斯则认为工具理性才是历史发展的驱动力。在埃利亚斯看来，个人需要更强的自制力，并要屈服于文明进程。对于福柯来说，社会要通过专家话语和监视来治理，而为了实现治理，还需要个人的自律。我们可以把上述不同理论家的理论看作同一种现代思想的不同方面。

此外，还存在另外一种情况，即思想之间非此即彼的对立。关于人类的思考能力在何种程度上及何种情况下能改变历史发展的方向，思想理论家存在着分歧。法兰克福学派最初的批判理论家及其思想的继承者尤尔根·哈贝马斯可以说是乐观主义者。在这方面，他们追随了黑格尔和孔德的脚步。哈贝马斯提出可以将新旧公共领域（可能是休闲领域）作为重构和重建社会的场所。符号互动论者也和这些乐观主义的思想理论家们一样，认为人类有重新协商现实的能力。韦伯和福柯则是相对悲观的思想理论家。韦伯认为世界无法摆脱“科层制的铁笼”和祛魅。用乔治·瑞泽尔的话说就是，理性孕育着压迫性的非理性。瑞泽尔跟随韦伯的脚步，鼓励人们抵抗，但仍然无法阻挡当代社会的“麦当劳化”趋势。福柯同样提倡抵抗，但他发现即使通过专家话语和监视迫使人们自律，最终也是无果。

如果福柯活的时间再长一些，他就会看到女权主义和反种族主义运动所取得的成就，以及这个世界对性取向和行为的包容。这里有一个当代隐含的趋同点。韦伯认为思想要想发挥作用就必须与物质条件密切相关，而正是这种密切相关性使加尔文主义成为点燃资本主义发展的火花。虽然马克思和后来的马克思主义者“归根结底”都是唯物主义者，但马克思本人明确提出，无产阶级要成为革命力量，需要一种理论为他们指明方向，尤其是他所提供的理论。但即使在那时，也必须具备恰当的条件才行，即生产力所能提供的结果（人人都实现“免于匮乏的自由”）与现有生产关系所能提供的结果之间必须存在明显的矛盾。马克思预测这种公然的矛盾会出现在最发达的资本主义国家之一，可能是英国。结果，第一个获得政权的马克思主义政党是俄国的布尔什维克党，而俄国在当时是一个被战争摧毁的落后国家。苏联模式的社会主义已经成为全球“左翼”势力的一个长期的沉重负担。尽管如此，马克思主义思想仍然使人们相信，在未来的某个时刻，资本主义公然的内部矛盾必将导它垮台。这里面的趋同点在于：韦伯之后的所有学者都认为思想可以产生影响，因此各种解释都必须将人的思想考虑在内。但思想是否会对历史进程产生影响，以及这种影响有什么特点（假设会产生影响）都将取决于周围的环境。这些也需要加以考虑。

此外，还有一个隐含的趋同点。在 20 世纪中期，共识理论家的支持者（涂尔干和帕森斯）与冲突理论家的支持者（马克思和韦伯）展开了一场激烈的社会学辩论。最终，冲突理论一方获胜，这场辩论才得以停息。现在人们普遍认为，现代社会包含不同的利益群体，而变革通常是由特定群体引起的。人们需要更强大、更平衡的社会。涂尔干和帕森斯都认为他们所称的主要历史趋势（社会分工）是对这一需求的回应。即使冲突理论家赢得了与共识理论家的辩论，他们也会承认社会可以长期保持稳定，这意味着帕森斯所称的功能在发挥作用，包括潜在模式维持功能，运动与其他休闲活动可以在其中发挥作用。此外，社会可能会以某种方式失去平衡，从而产生变革，而且这种变革可能会在协商一致的情况下产生。在 2008 年金融危机后针对金融机构出台的新规定就是一个例子。

最后，涂尔干的社会事实理论值得我们重新审视。只有这样，我们才有可能超越涂尔干所取得的成就。体育与休闲研究者及所有其他社会研究者需要区分复现模式、趋势和事件。观赏性体育项目的参与程度和出席率可以用来阐述复现模式（典型的涂尔干社会事实）。参与程度和出席率可能在一段时间内就会出现波动，这与年际波动完全不同。在前一种现象下存在一种趋势。而体育赛事会在一个赛季中重复出现，下一个赛季也是如此，因此是一种模式。重大赛事通常只是纯粹的事件。这些事件结束后（除非真的形成一种传统），模式就会回归到以前的正常状态。1981 年和 2011 年在英国几个主要城市发生的骚乱都属于事件。研究者对这三种现象都非常感兴趣。每种情况下，他们都需要确定他们要解释的是一种复现模式、趋势，还是事件/系列事件。

这些理论可能从不同方面或不同程度上来看都是对的，而且它们还有另一个共同的特征。理论家都是男性，而且到现在，大多数社会理论家依然是男性。这一点反映了这些理论诞生时的历史时期的特点。在 19 世纪和 20 世纪早期，公共生活是只有男性才能参与的，政治、商业和思想生活也是如此。古典理论家们没有解决性别分工的问题。唯一的例外是马克思的合作者恩格斯。除此之外，古典理论家们一直认同性别差异是自然的，不可避免的。20 世纪下半叶的继承学派理论家们确实开始涉及性别问题，但除了符号互动论者之外，他们仍将政治和经济作为各自理论的中心问题，而且在相应的几十年里，政治和经济依然由男性主导。但在过去的 50 年里，女权主义批判的浪潮已经瞄准了“以男性为主导”的社会思想。就业、政治和学术生活方面也出现了男女一视同仁的趋势。这些变化也反映在相关的当代社会理论中。21 世纪也许会是女性崛起的世纪。现代的历史也许会被重写，以突出女性的生活，但历史并不会因此而发生改变。自现代时期以来，经济和政治领域一直都在发生变化，而且至今仍在变化。宗教也是近代早期变革的一个重要来源。直到 20 世纪后期，变革的驱动者大多是男性，而且与此相关的那些经久不衰的主要理论也是由男性提出的。从这个意义上来说，这些理论都是它们所处时代的产物，并没有对错之分。

三、体育与休闲领域的社会理论

体育与休闲学者需要寻找的不是正确的理论或最好的理论。体育运动和休闲活动太多样化了，因此没有任何一种连贯的理论能够适合所有情况。体育运动可以是欧洲冠军联赛（UEFA Champions League）的足球比赛，可以是酒吧里的一场随性的台球比赛，也可以是独自慢跑。休闲活动可以是环游世界，也可以是晚上在家看电视。不管怎样，如前文所述，这些理论中很少有非此即彼的选择。

在韦伯之后，人们普遍认为社会科学不能提供与自然科学相同的解释。关于社会的研究必须是一门社会科学。在自然科学中，较低层次的定律都是用少数几个较高层次的定律来解释的，整个知识体系就是一种理论，终极目标是万用理论。社会是不同的，因为不同于无生命的物质和其他哺乳动物，人类拥有使自己能够思考的语言，可能会产生出乎意料的想法。然而，正如韦伯所认为的，社会科学仍有可能提供因果性解释。体育休闲学者可以利用丰富的社会理论研究更广泛的模式和趋势下某个特定的体育与休闲模式和趋势。如果情况确实如此，最好将体育与休闲活动放在更广泛的模式和趋势中来解释。

“如果情况确实如此”是一个重要的限定短语，因为大多数体育与休闲活动并不符合与现代化或现代实践相关的趋势。本书中的理论家只有塔尔科特·帕森斯、诺伯特·埃利亚斯和尤尔根·哈贝马斯明确指出人们需要“休息”空间来休整自己。在帕森斯看来，人们通过冲动的、情绪化的、不文明的方式来休整；而埃利亚斯和哈贝马斯认为，人们通过与社会地位平等的人的交往言语和交往行为来休整。我们可以摆脱福柯所说的专家话语，可以避免或忽略监视。我们可以在休闲时间做非理性、非工具性的自己。我们可以看到，涂尔干所称的社会分工创造了各种各样的新型现代体育运动和其他休闲活动，以及专业的公共机构、志愿团体和企业，让我们在休闲时间里有事情可做，有地方可去。同时，人们依旧会花大部分的休闲时间与家人、亲戚、邻居、同学以及同事在一起，而不是与共同参与过某项休闲活动的同伴在一起。只有塔尔科特·帕森斯能够解释休闲无所不在的原因。马克思主义认为体育与休闲很难驾驭，因为直到 20 世纪后期，还有很多体育与休闲活动并没有被纳入资本主义市场。大多数体育与其他休闲活动都是由公共机构和志愿团体提供的。同时，无论是过去还是现在，人们的空闲时间都是在自己家里、街道上或其他公共场所与家人和朋友一起随意度过的。直到 20

世纪末，资本主义才开始接管大量参与性和观赏性的体育项目，并将之发展成为欧洲电视节目的支柱。在马克思主义流行的时期，体育与休闲活动也是当时社会的组成部分。但马克思主义却更适用于解释 21 世纪的体育与休闲，而非 19 世纪和 20 世纪大部分时期的体育与休闲。

马克思一生中最大的成就是将经济（而非政府和政治或人类思想）作为其解释的核心。尽管韦伯对资本主义的兴起有不同的解释，但他赞同马克思将经济作为核心的观点。马克思强调社会是由利益不同的阶级组成的。韦伯也同意此观点，并坚持认为贯穿历史和现代社会的分层比马克思所说的要复杂得多。这些最初的马克思主义观点已经被普遍接受，以至于人们不再将它们视为马克思主义的独特观点。他们提醒我们，经济是体育与休闲方面变化的首要因素。对于 21 世纪来说，这意味着研究者要思考资本主义的金融化以及大多数国家内部经济不平等加剧和国家之间不平等差距缩小对体育与休闲的影响。

同时，其他社会理论所提供的观点也不能忽视。所有体育与其他休闲活动都属于社会发明。社会学中有可供体育与休闲学者使用的大量理论，其数量远超心理学、经济学、地理学、政治学和其他社会科学中可用理论的总和。

体育与休闲学者不需要创造关于体育与休闲的专门理论，而且这样做也是不明智的，会把自己局限在一个狭窄的领域，自说自话。现成的社会理论可以提升体育与休闲的影响力，并将体育与休闲领域的论点与关于现代社会的发展方式和当前变化趋势的众多更宽泛的论点联系起来。到目前为止，体育与休闲研究尚未成为任何已被广泛应用的理论的来源。就这一点而言，体育与休闲同社会学的所有其他专业是一样的。体育与休闲学者最好浏览、选取和使用 19 世纪以后创立的理论（这些理论会对体育与休闲研究有很大的帮助），且没有必要再创立新理论。

参考文献

Aall, C., Klepp, I.G., Engeset, A.B., Skuland, S.E. and Stoa, E. (2011), 'Leisure and sustainable development in Norway: part of the solution and the problem', *Leisure Studies,* 30, 453-476.

Adorno, T. and Horkheimer, M. (1977), 'The culture industry: enlightenment as mass deception', in Curran, J., Gurevitch, M. and Woollacott, J., eds, *Mass Communication and Society,* Edward Arnold, London, pp. 347-383.

Alexander, J., ed. (1985), *Neo-Functionalism*, Sage, London.

Aronowitz, S. and DiFazio, W. (1994), *The Jobless Future: Sci-Tech and the Dogma of Work*, University of Minnesota Press, Minneapolis, MN.

Atkinson, W. (2007), 'Beck, individualization and the death of class: a critique', *British Journal of Sociology*, 58, 349-366.

Bancroft, A. (2012), 'Drinking without fun: female students' accounts of pre-drinking and club drinking', *Sociological Research Online*, 17, 4, 7.

Barrell, G., Chamberlain, A., Evans, J., Holt, T. and Mackean, J. (1989), 'Ideology and commitment in family life: the case of runners', *Leisure Studies*, 8, 249-262.

Baudrillard, J. (1988), *Selected Writings*, Policy Press, Cambridge.

Baudrillard, J. (1998), *The Consumer Society*, Sage, London.

Bauman, Z. (1998), *Work, Consumerism and the New Poor*, Open University Press, Buckingham.

Bauman, Z. (2006), *Liquid Times: Living in an Age of Uncertainty*, Polity Press, Cambridge.

Bauman, Z. (2007), *Consuming Life*, Polity Press, Cambridge.

Bauman, Z. (2011), *Collateral Damage: Social Inequalities in a Global Age*, Polity Press, Cambridge.

Beachain, D.O. and Polese, A. (2010), ' "Rocking the vote": new forms of youth organisations in Eastern Europe and the former Soviet Union', *Journal of Youth Studies*, 13. 615-630.

Beck, U. (1985/1992), *Risk Society: Towards a New Modernity*, Sage, London.

Beck, U. (1994), *Reflexive Modernization: Politics, Tradition and Aesthetics in the Modem Social Order*, Polity Press, Cambridge.

Beck, U. (2000), *The Brave New World of Work*, Cambridge University Press, Cambridge.

Beck, U. (2012), 'Redefining the sociological project: the cosmopolitan challenge', *Sociology*, 46, 7-12.

Beck, U. (2013a), *German Europe*, Polity Press, Cambridge.

Beck, U. (2013b), 'What "class" is too soft a category to capture the explosiveness of social inequality at the beginning of the twenty-first century', *British Journal of Sociology*, 64, 63-74.

Beck, U. and Beck-Gernsheim, E. (1995), *The Normal Chaos of Love*, Polity Press, Cambridge.

Beck, U. and Beck-Gernsheim, E. (2002), *Individualization: Institutionalized Individualism and Its Social and Political Consequences*, Sage, London.

Beck, U. and Beck-Gernsheim, E. (2009), 'Global generations and the trap of methodological nationalism for a cosmopolitan turn in the sociology of youth and generation', *European Sociological Review*, 25, 25-36.

Beck, U. and Beck-Gernsheim, E. (2013), *Distant Love: Personal Life in the Global Age*, Polity Press, Cambridge.

Beck, U., Giddens, A. and Lash, S. (1994), *Reflexive Modernization: Politics, Tradition and Aesthetics in the Modern Social Order*, Polity Press, Cambridge.

Becker, H.S. (1963), *Outsiders: Studies in the Sociology of Deviance*, Free Press, Glencoe, IL.

Bell, D. (1960), *The End of Ideology*, Free Press, New York.

Bell, D. (1974), *The Coming of Post-Industrial Society*, Basic Books, New York.

Bennett, T., Savage, M., Silva, E., Warde, A., Gayo-Cal, M. and Wright, D. (2009), *Culture, Class, Distinction*, Routledge, London.

Best, F. (1978), 'The time of our lives', *Society and Leisure*, 1, 95-114.

Bittman, M., Brown, J.E. and Wajcman, J. (2009), 'The mobile phone, perpetual contact and time pressure', *Work, Employment and Society*, 23, 673-691.

Blackshaw, T. (2003), *Leisure Life: Myth, Masculinity and Modernity*, Routledge, London.

Blackshaw, T. (2010), *Leisure*, Routledge, Abingdon.

Blackshaw, T. (2013), *Working Class Life in Northern England, 1945-2010: The Pre-History and Afterlife of the Inbetweener Generation*, Palgrave Macmillan, Basingstoke.

Blau, P.M. (1964), *Exchange and Power in Social Life*, Wiley, New York.

Blumer, H. (1969), *Symbolic Interactionism: A Perspective on Method*, Prentice Hall, Englewood Cliffs, NJ.

Bourdieu, P. (1963/1979), *Algeria 1960*, Cambridge University Press, Cambridge.

Bourdieu, P. (1965/1994), *Academic Discourse: Linguistic Misunderstanding and Professorial Power*, Polity Press, Cambridge.

Bourdieu, P. (1979/1984), *Distinction: A Social Critique of the Judgement of Taste*, Routledge, London.

Bourdieu, P. (1980/1990), *The Logic of Practice*, Polity Press, Cambridge.

Bourdieu, P. (1984/1988), *Homo Academicus*, Polity Press, Cambridge.

Bourdieu, P. (1989/1996), *The State Nobility: Elite Schools in the Field of Power*, Polity Press, Cambridge.

Bourdieu, P. (1993/1999), *The Weight of the World*, Polity Press, Cambridge.

Bourdieu, P. (1998/2001), *Masculine Domination*, Polity Press, Cambridge.

Bourdieu, P. and Darbel, A. (1969/1991), *The Love of Art*, Polity Press, Cambridge.

Bourdieu, P. and Passeron, J.-C. (1970/1977), *Reproduction in Education, Society and Culture*, Sage, London.

Bowring, F. (2015), 'Negative and positive freedom: lessons from, and to, sociology', *Sociology*, 49, 156-171.

Breckenridge, C., ed. (1995), *Consuming Modernity: Public Culture in South Asia*, University of Minnesota Press, Minneapolis, MN.

Bukodi, E., Goldthorpe, J.H., Waller, L. and Kuha, J. (2015), 'The mobility problem in Britain: new findings from the analysis of birth cohort data', *British Journal of Sociology*, 66, 1, 93-117.

Bulmer, M. (1984), *The Chicago School of Sociology*, University of Chicago Press, Chicago, IL.

Burawoy, M. (2005), 'For public sociology', *American Sociological Review*, 70, 4-28.

Carrington, B. and McDonald, I., eds (2009), *Marxism, Cultural Studies and Sport*, Routledge, London.

Castells, M. (1977), *The Urban Question: A Marxist Approach*, Edward Arnold, London.

Castells, M. (1996), *The Rise of the Network Society*, Blackwell, Oxford.

Castells, M. (2012), *Networks of Outrage and Hope: Social Movements in the Internet Age*, Polity Press, Cambridge.

Castells, M., Caraca, J. and Cardoso, G. (2012), 'The cultures of the economic crisis: an introduction', in Castells, M., Caraca, J. and Cardoso, G., eds, *Aftermath: The Cultures of the Economic Crisis*, Oxford University Press, Oxford, pp. 1-14.

Chang, L.T. (2008), *Factory Girls: From Village to City in a Changing China*, Spiegel and Grau, New York.

Clark, S. (2012), 'Being "good at sport": talent, ability and young women's sporting participation',

Sociology, 46, 1, 178-1, 193.

Clarke, J. and Critcher, C. (1985), *The Devil Makes Work*, Macmillan, London.

Collin, M. (2007), *The Time of the Rebels: Youth Resistance Movements and 21st Century* Revolutions, Serpent's Tail, London.

Collins, T. (2013), *Sport in Capitalist Society: A Short History*, Routledge, London.

Connerton, B., ed. (1976), *Critical Sociology*, Penguin, Harmondsworth.

Cooley, C.H. (1909), *Social Organization*, Scribner, New York.

Crossley, N. (2005), *In the Gym: Motives, Meanings and Moral Careers*, Working Paper 6, CRESC Working Paper Series, University of Manchester, Manchester.

Csikszentmihalyi, M. (1990), *Flow: The Psychology of Optimal Experience*, Harper and Row, New York.

Curran, D. (2013a), 'Risk society and the distribution of bads: theorizing class in the risk society', *British Journal of Sociology*, 64, 44-62.

Curran, D. (2013b), 'What is a critical theory of the risk society? A reply to Beck', *British Journal of Sociology*, 64, 75-80.

Dalton, R. and Welzel, C., eds (2014), *The Civic Culture Transformed: From Allegiant to Assertive Citizens*, Cambridge University Press, New York.

Davis, K. and Moore, W.E. (1945), 'Some principles of stratification', *American Sociological Review*, 10, 242-249.

Delisle, L.J. (2004), 'Leisure and tolerance - a historical perspective', *World Leisure Journal*, 46, 2, 55-63.

Dilthey, W. (1976), *W. Dilthey, Selected Writings*, ed. Rickman, H.P., Cambridge University Press, Cambridge.

Djilas, M. (1957), *The New Class*, Thames and Hudson, London.

Dodd, J. and Sharma, V., eds (2012), *Leisure and Tourism: Cultural Paradigms*, Rawat

Publications, Jaipur.

Donner, H., ed. (2011), *Being Middle Class in India*, Routledge, Abingdon.

Donner, H. and Neve, G. De (2011), 'Introduction', in Donner, H., ed., *Being Middle Class in India*, Routledge, Abingdon, pp. 1-22.

Dore, R. (1973), *British Factory-Japanese Factory*, Allen and Unwin, London.

Dore, R. (1976), *The Diploma Disease*, Allen and Unwin, London.

Dumazedier, J. (1967), *Towards a Society of Leisure*, Free Press, New York.

Dumazedier, J. (1974), *Sociology of Leisure*, Elsevier, Amsterdam.

Dunkerley, M. (1996), *The Jobless Economy?* Polity Press, Cambridge.

Dunning, E. and Rojek, C., eds (1992), *Sport and Leisure in the Civilizing Process: Critique and Counter-Critique*, University of Toronto Press, Toronto.

Dunning, E., Murphy, P. and Williams, J. (1988), *The Social Roots of Football Hooliganism*, Routledge, London.

Durkheim, E. (1893/1938), *The Division of Labour in Society*, Free Press, Glencoe, IL.

Durkheim, E. (1895/1938), *The Rules of Sociological Method*, Free Press, Glencoe, IL.

Durkheim, E. (1897/1970), *Suicide: A Study in Sociology*, Routledge, London.

Durkheim, E. (1912/1956), *The Elementary Forms of Religious Life*, Allen and Unwin, London.

Durkheim, E. (1922/1956), *Education and Sociology*, Free Press, Glencoe, IL.

Durkheim, E. (1925/1973), *Moral Education*, Free Press, New York.

Durkheim, E. (1928/1959), Socialism and Saint-Simon, Routledge and Kegan Paul, London.

Durkheim, E. (1957), *Professional Ethnics and Civic Morals*, Routledge and Kegan Paul, London.

Eijck, K. van (1999), 'Socialisation, education and lifestyle: how social mobility increases the cultural heterogeneity of status groups', *Poetics*, 26, 309-328.

Eijck, K. van and Knulst, W. (2005), 'No more need for snobbism: highbrow cultural participation in a cultural democracy', *European Sociological Review*, 21, 513-528.

Eijck, K. van and Rees, K. van (1998), 'The impact of social mobility on patterns of cultural consumption: individual omnivores and heterogeneous status groups', paper presented at *International Sociological Association Congress*, Montreal.

Elias, N. (1939/2000), *The Civilizing Process: Sociogenetic and Psychogenetic Investigations*, Blackwell, Oxford.

Elias, N. (2013), *Studies on the Germans*, ed. Mennell, S. and Dunning, E., University College Dublin Press, Dublin.

Elias, N. and Dunning, E. (1986), *Quest for Excitement: Sport and Leisure in the Civilizing Process*, Blackwell, Oxford.

Elias, N. and Scotson, J.L. (1965), *The Established and the Outsiders*, Frank Cass, London.

Elliott, A. and Urry, J. (2010), *Mobile Lives*, Routledge, Abingdon.

Engels, F. (1845/1969), *The Condition of the Working Class in England*, Granada, St Albans; Grafton, London.

Engels, F. (1902/2001), *The Origin of the Family, Private Property and the State*, University Press of the Pacific, Honolulu, HI.

Erikson, B.H. (1996), 'Culture, class and connections', *American Journal of Sociology*, 102, 217-251.

Esping-Andersen, G. (1990), *The Three Worlds of Welfare Capitalism*, Princeton University Press, Princeton, NJ.

Fan Zeng (2010), 'The philosophy of leisure', in Modi, I., Ma Huidi and Ning Zequn, eds, *Leisure and Civilization: Interdisciplinary and Internationational Perspectives*, China Travel and Tourism Press, Beijing, pp. 30-34.

Feinstein, L., Bynner, J. and Duckworth, V. (2006), 'Young people's leisure contexts and their relationships to adult outcomes', *Journal of Youth Studies*, 9, 305-327.

Florida, R.L. (2002), *The Rise of the Creative Class: And How It's Transforming Work, Leisure, Community and Everyday Life*, Basic Books, New York.

Forrester, V. (1999), *The Economic Horror*, Polity Press, Cambridge.

Foucault, M. (1961/1988), *Madness and Civilization: A History of Insanity in the Age of Reason*, Tavistock, London.

Foucault, M. (1963/1973), *The Birth of the* Clinic, Tavistock, London.

Foucault, M. (1966/1973), *The Order of Things*, Vintage, New York.

Foucault, M. (1969/1972), *The Archaeology of Knowledge, Tavistock*, London.

Foucault, M. (1975/1977), *Discipline and Punish: The Birth of the Prison*, Tavistock, London.

Foucault, M. (1976/1980), *The History of Sexuality, Volume l: An Introduction*, Random House, New York.

Foucault, M. (1984a/1985), *The History of Sexuality, Volume II: The Use of Pleasure*, Penguin, Harmondsworth.

Foucault, M. (1984b/1986), *The History of Sexuality, Volume III: The Care of the Self*, Penguin, Harmondsworth.

Frank, A.G. (1969), *Capitalism and Underdevelopment in Latin America*, Monthly Review Press, New York.

Freud, S. (1930), *Civilization and Its Discontents*, Hogarth Press, London.

Freysinger, V.J. and Chen, T. (1993), 'Leisure and family in China: the impact of culture', *World Leisure and Recreation*, 35, 3, 22-24.

Fukuyama, F. (1992), *The End of History and the Last Man*, Penguin, London.

Fulbrook, M. (1991), *A Concise History of Germany*, Cambridge University Press, Cambridge.

Gabriel, N. and Mennell, S. (2011), 'Handing over the torch: intergenerational processes in figurational sociology', in Gabriel, N. and Mennell, S., eds, *Norbert Elias and*

Figurational Research: Processual Thinking in Sociology, Sociological Review, 59, s1, Sociological Review Monograph Series, Wiley-Blackwell, Oxford, pp. 5-23.

Ganguly-Scrase, R. and Scrase, T. (2008), *Globalisation and the Middle Classes in India: The Social and Cultural Impact of Neoliberal Reforms*, Routledge, London.

Garfinkel, H. (1967), *Studies in Ethnomethodology*, Prentice Hall, Englewood Cliffs, NJ.

Gershuny, J. (2005), 'Busyness as the badge of honour for the new superordinate working class', *Social Research: An International Quarterly*, 72, 287-314.

Gerth, H.H. and Mills, C.W., eds (1946), *From Max Weber: Essays in Sociology*, Oxford University Press, New York.

Giddens, A. (1990), *The Consequences of Modernity*, Polity Press, Cambridge.

Giddens, A. (1993), *The Transformation of Intimacy: Love, Sexuality and Eroticism in Modern Societies*, Polity Press, Cambridge.

Giddens, A. (1998), *The Third Way: The Renewal of Social Democracy*, Polity Press, Cambridge.

Giorgi, L., Sassatelli, M. and Delanty, G., eds (2011), *Festivals and the Cultural Public Sphere*, Routledge, London.

Glaser, B. and Strauss, A. (1968), *The Discovery of Grounded Theory*, Weidenfeld and Nicolson, London.

Glasser, R. (1970), *Leisure: Penalty or Prize?* Macmillan, London.

Goffman, E. (1959), *The Presentation of Self in Everyday Life*, Doubleday Anchor, New York.

Goffman, E. (1961), *Asylums*, Penguin, Harmondsworth.

Goffman, E. (1964), *Stigma: Notes on the Management of Identity*, Penguin, Harmondsworth.

Goffman, E. (1974), *Frame Analysis*, Penguin, Harmondsworth.

Goodwin, J. and O'Connor, H. (2006), 'Norbert Elias and the lost Young Worker Project', Journal *of Youth Studies*, 9, 159-173.

Gorz, A. (1982), *Farewell to the Working Class: An Essay on Post-Industrial Socialism*, Pluto Press, London.

Gouldner, A.W. (1971), *The Coming Crisis of Western Sociology*, Heinemann, London.

Gramsci, A. (1971), *Selections from Prison Notebooks*, New Left Books, London.

Grazia, S. de (1962), *Of Time, Work, and Leisure*, Twentieth Century Fund, New York.

Green, K., Thurston, M., Vaage, O. and Roberts, K. (2015), " 'We're on the right track, baby, we were born this way!": exploring sports participation in Norway', *Sport, Education and Society*, 20, 285-303.

Green, M. and Oakley, B. (2001), 'Elite sports development systems and playing to win: uniformity and diversity in international approaches', *Leisure Studies*, 20, 247-267.

Gronow, J. (2009), " 'High-brow" culture as status: the devaluation of cultural capital in Europe or what happened to the good taste?', paper presented *at 39th World Congress of the International Institute of Sociology*, Yerevan.

Gronow, J. and Southerton, D. (2011), 'Leisure and consumption in Europe', in Immerfall, S. and Therborn, G., eds, *Handbook of European Societies*, Springer, New York, pp. 355-384.

Gross, E. (1961), 'A functional approach to leisure analysis', *Social Problems*, 9, 2-8.

Gruneau, R. (1983/1999), *Class, Sports and Social Development*, University of Massachusetts Press, Amherst, MA.

Guillen, M.F., Garvia, R. and Santana, A. (2012), 'Embedded play: economic and social motivations for sharing lottery tickets', *European Sociological Review*, 28, 344-354.

Habermas, J. (1962/1989), *The Structural Transformation of the Public Sphere: An Inquiry into a Category of Bourgeois Society*, Polity Press, Oxford.

Habermas, J. (1976), *Legitimation Crisis*, Heinemann, London.

Habermas, J. (1984/1988), *The Theory of Communicative Action* (2 vols), Polity Press, Cambridge.

Hakim, C. (2011), *Honey Money*, Allen Lane, London.

Hall, S. and Jefferson, T., eds (1976), *Resistance Through Rituals*, Hutchinson, London.

Harada, M. (1994), 'Towards a renaissance of leisure in Japan', *Leisure Studies*, 13, 277-287.

Hargreaves, J. (1986), *Sport, Power and Culture*, Polity Press, Cambridge.

Haworth, J. and Hart, G., eds (2007), *Well-Being: Individual, Community and Social Perspectives*, Palgrave Macmillan, Basingstoke.

Haworth, J.T., Jarman, M. and Lee, S. (1997), 'Positive psychological states in the daily life of a sample of working *women'*, *Journal of Applied Social Psychology*, 27, 345-370.

Heilbroner, R. (1976), *Business Civilization in Decline*, Norton, New York.

Held, D. (1980), *Introduction to Critical Theory*, Hutchinson, London.

Henderson, K.A. (2011), 'A continuum of leisure studies and professional specialties: what if no connections exist?', *World Leisure Journal*, 53, 76-90.

Hirsch, F. (1977), *The Social Limits to Growth*, Routledge, London.

Hohlbaum, C.L. (2009), *The Power of Slow*, St Martin's Press, London.

Homans, G.C. (1961), *Social Behaviour: Its Elementary Forms*, Harcourt Brace, New York.

Honore, C. (2004), *In Praise of Slow*, Orion, London.

Honore, C. (2008), *Under Pressure: Putting the Child Back in Childhood*, Orion, London.

Honwana, A. (2013), *Youth and Revolution in Tunisia*, Zed Books, London.

Horne, J. (1998), 'Understanding leisure time and leisure space in contemporary Japanese society', *Leisure Studies*, 17, 37-52.

Horning, K.H., Gerhard, A. and Michailow, M. (1995), *Time Pioneers: Flexible Working Time and New Lifestyles*, Polity Press, Cambridge.

Huntington, S.P. (1996), *The Clash of Civilizations and the Remaking of World Order*, Simon and Schuster, New York.

Inglehart, R. (1977), *The Silent Revolution*, Princeton University Press, Princeton, NJ.

Inglehart, R. (1997), *Modernization and Postmodernization*, Princeton University Press, Princeton, NJ.

International Sociological Association Research Committee on Leisure (2009), *Beijing Consensus on Leisure Civilization*, International Sociological Association Research Committee on Leisure, Beijing.

Iso-Ahola, S.E. and Mannell, R.C, (2004), 'Leisure and health', in Haworth, J.T. and Veal, A.J., eds, *Work and Leisure*, Routledge, London, pp. 184-199.

Jaffrelot, C. and Veer, P. van de, eds (2008), *Patterns of Middle Class Consumption in India and China*, Sage, Delhi.

Jenkins, C. and Sherman, B. (1981), *The Leisure Shock*, Methuen, London.

Jiaming Sun and Xun Wang (2010), 'Value differences between generations in China: a study in Shanghai', *Journal of Youth Studies*, 13, 65-81.

Jianyu Wang and Stringer, L.A. (2000), 'The impact of Taoism on Chinese leisure', *World Leisure Journal*, 42, 3, 33-41.

Jones, O. (2014), *The Establishment: And How They Get Away with It*, Allen Lane, London.

Kamruzzaman, P. (2014), *Poverty Reduction Strategy in Bangladesh*, Policy Press, Bristol.

Keddie, N., ed. (1973), *Tinker, Tailor... The Myth of Cultural Deprivation*, Penguin Harmondsworth.

Kerr, C., Dunlop, J.T, Harbison, F.H. and Myers, C.A. (1960), *Industrialism and Industrial Man: The Problems of Labor and Management in Economic Growth*, Harvard University Press, Cambridge, MA.

Konrad, G. and Szelenyi, I. (1979), *The Intellectuals on the Road to Class Power*, Harvester, Brighton.

Kwai-Sang Yau and Packer, T.L (2002), 'Health and well-being through t'ai chi: perceptions of older adults in Hong Kong', *Leisure Studies*, 21, 163-178.

Kwong, J. (2011), 'Education and identity: the marginalisation of migrant youths in *Beijing'*,

Journal of Youth Studies, 14, 871-883.

KyungHee Kim (2011), *Work and Leisure and Leisure Policy in Korea*, PhD thesis, University of Liverpool, Liverpool.

Land, C. and Taylor, S. (2010), 'Surf's up: work, life, balance and brand in a New Age capitalist organization', *Sociology*, 44, 395-413.

Layard, R. (2003), *Happiness: Lessons from a New Science*, Allen Lane, London.

Lenin, V.l. (1939), *Imperialism: The Highest Stage of Capitalism*, International Publishers, New York.

Li, M.Z. (2009), 'Leisure and tourism in the changing China', *World Leisure Journal*, 51, 229-236.

Li, Y., Pickles, A. and Savage, M. (2005), 'Social capital and social trust in Britain', *European Sociological Review*, 21, 109-123.

Li, Y., Savage, M. and Pickles, A. (2003), 'Social capital and social exclusion in England and Wales (1972-1999)', *British Journal of Sociology*, 54, 497-526.

Li, Y., Savage, M. and Tampubolon, G. (2002), 'Dynamics of social capital: trends and turnover in associational membership in England and Wales, 1972-1999', *Sociological Research Online*, 7, 3.

Li-Ming Chiang, Cebula, E. and Lankford, S.V. (2009), 'Benefits of tai chi chuan for older adults: literature review', *World Leisure Journal*, 51, 184-196.

Liechty, M. (2003), *Suitably Modern: Making Middle Class Culture in a New Consumer Society*, Princeton University Press, Princeton, NJ.

Linder, S. (1970), *The Harried Leisure Class*, Columbia University Press, New York.

Lindsay, J. (2004), 'Gender and class in the lives of young hairdressers: from serious to *spectacular'*, *Journal of Youth Studies*, 7, 259-277.

Liston, K. (2011), 'Sport and leisure', in Gabriel, N. and Mennell, S., eds, *Norbert Elias and*

Figurational Research: Processual Thinking in Sociology, *Sociological Review*, 59, s1, Sociological Review Monograph Series, Wiley-Blackwell, Oxford, pp. 160-179.

López, M.D.M.-L. (2011), 'Consumption and modernization in the European Union', *European Sociological Review*, 27, 124-137.

López-Sintas, J. and García Álvarez, E. (2002), 'Omnivores show up again: the segmentation of cultural consumers in Spanish social space', *European Sociological Review*, 18, 353-368.

López-Sintas, J., GarcÍa-Álvarez, M.E. and Filimon, N. (2008), 'Scale and periodicities of recorded music consumption: reconciling Bourdieu's theory of taste with facts', *Sociological Review*, 56, 78-101.

Luhmann, N. (1997), *Social Systems*, Stanford University Press, Stanford, CA.

Lukose, R. (2009), *Liberalization's Children: Gender, Youth and Consumer Citizenship in Globalizing India*, Duke University Press, Durham, NC.

Lusby, C., Autry, C. and Anderson, S. (2012), 'Community, life satisfaction and motivation in ocean cruising: comparative findings', *World Leisure Journal*, 54, 310-321.

Lynd, R.S. and Lynd, H.M. (1929), *Middletown: A Study in Contemporary American Culture*, Harcourt, Brace, New York.

Lynd, R.S. and Lynd, H.M. (1937), *Middletown in Transition: A Study in Cultural Conflicts*, Harcourt, Brace, New York.

Ma Huidi and Liu Er (2009), 'Social transformation: the value of traditional leisure culture of China revisited', *World Leisure Journal*, 51, 3-13.

Ma Huidi and Ning Zequn (2010), 'Survey and thinking on the leisure life of migrant farmers in China', paper presented at *International Sociological Association World Congress*, Gothenburg.

Ma Huidi, Zhao Peng, Ning Zequn and Li Xiang (2010), 'Survey of leisure life of senior people in China', in Modi, I., Ma Huidi and Ning Zequn, eds, *Leisure and Civilization: Interdisciplinary and International Perspectives*, China Travel and Tourism Press, Beijing, pp. 170-181.

MacCannell, D. (1976), *The Tourist: A New Theory of the Leisure Class*, Macmillan, London.

Maguire, J.S. (2008), *Fit for Consumption: Sociology and the Business of Fitness*, Routledge, London.

Mannheim, K. (1936), *Ideology and Utopia: An Introduction to the Sociology of Knowledge*, Routledge and Kegan Paul, London.

Marcuse, H. (1955/1987), *Eros and Civilization: A Philosophical Inquiry into Freud*, Routledge, London.

Markula-Denison, P. and Pringle, R. (2006), *Foucault, Sport and Exercise*, Routledge, London.

Marsh, P., Rosser, E. and Harre, R. (1978), *The Rules of Disorder*, Routledge, London.

Martinelli, A. (2007), *Transatlantic Divide: Comparing the United States and the European Union*, Oxford University Press, Oxford.

Marx, K. (1858/1993), *Grundrisse*, Penguin, London.

Marx, K. (1867/1965), *Capital: A Critique of Political Economy*, Lawrence and Wishart, London.

Marx, K, (1979), *Selected Writings on Sociology and Social Philosophy*, ed. Bottomore, T.B. and Rubel, M., Penguin, Harmondsworth.

Marx, K. (1989), *Readings from Karl Marx*, ed. Sayer, D., Routledge, London.

Marx, K. and Engels, F. (1845-1846/1965), *The German Ideology*, Lawrence and Wishart, London.

Marx, K. and Engels, F. (1848/1985), *The Communist Manifesto*, Penguin, London.

Maslow, A.H. (1943), 'A theory of human motivation', *Psychological Review*, 50, 370-396.

Maslow, A.H. (1954), *Motivation and Personality*, Harper, New York.

McGovern, P. (2002), 'Globalization or internationalization? Foreign footballers in the English league, 1946-1995', *Sociology*, 36, 23-42.

McKinlay, A. and Smith, C., eds (2009), *Creative Labour: Working in the Creative Industries*, Palgrave Macmillan, Basingstoke.

Mead, G.H. (1934), *Mind, Self and Society*, Chicago University Press, Chicago, IL.

Meadows, D.L., Randers, J. and Behrens III, W.W. (1974), *The Limits to Growth*, Pan, London.

Mennell, S. (2003), 'Eating out on the public sphere in the nineteenth and twentieth centuries', in Jacobs, M. and Scholliers, P., eds, *Eating out in Europe: Picnics, Gourmet Dining and Snacks since the Late Eighteenth Century*, Berg, Oxford, pp. 245-260.

Merton, R.K. (1938), 'Social structure and anomie', *American Sociological Review*, 3, 672-682.

Merton, R.K. (1949), *Social Theory and Social Structure*, Free Press, Glencoe, IL.

Michels, R. (1962), *Political Parties*, Free Press, New York.

Mills, C.W. (1959), *The Sociological Imagination*, Oxford University Press, New York.

Moonkyum Kim (2010), 'The leisure transformation in modern Korea', in Erwei Dong and Jouyeon Yi-Kook, eds, *Korean Leisure: From Tradition to Modernity*, Rawat Publications, Jaipur, pp. 17-33.

Mouzelis, N.P. (1995), *Sociological Theory: What Went Wrong?* Routledge, London.

Mythen, G. (2004), *Ulrich Beck: A Critical Introduction to the Risk Society*, Pluto Press, London.

Mythen, G. (2005), 'Employment, individualization and insecurity: rethinking the risk society perspective', *Sociological Review*, 53, 129-149.

Nichols, G. (2004), 'Crime and punishment and sports development', *Leisure Studies*, 23, 177-194.

North, S. (2010), 'Strategies of leisure in Japan', paper presented at *International Sociological Association World Congress*, Gothenburg.

Ofcom (2015), *Adults' Media Use and Attitudes Report 2015*, Ofcom, London.

Pangburn, W.M. (1940), 'Play and recreation', *Annals of the American Academy of Political and Social Science*, 212, 121-129.

Parker, S. (1971), *The Future of Work and Leisure*, MacGibbon and Kee, London.

Parsons, T. (1937), *The Structure of Social Action*, Free Press, New York.

Parsons, T. (1951), *The Social System*, Routledge, London.

Parsons, T. (1966), *Societies: Evolutionory and Comparative Perspectives*, Prentice Hall, Englewood Cliffs, NJ.

Parsons, T. and Bales, R.F. (1955), *Family, Socialization and Interaction Process*, Free Press, Glencoe, IL.

Parsons, T. and Smelsner, N.J. (1956), *Economy and Society*, Routledge, London.

Peterson, R.A. (1992), 'Understanding audience segmentation: from elite and mass to omnivore and univore', *Poetics*, 21, 243-282.

Peterson, R.A. and Kern, R.M. (1996), 'Changing highbrow taste: from snob to omnivore', *American Sociological Review*, 61, 900-907.

Pfister, G. (2007), 'Sportification, power and control: ski-jumping as a case *study'*, *Junctures*, 8, 51-67.

Piketty, T. (2014), *Capital in the Twenty-First Century*, Harvard University Press, Cambridge, MA.

Pronovost, G. (1998), 'The Sociology of Leisure', *Current Sociology*, 46, 3, 1-156.

Putnam, R.D. (2000), *Bowling Alone: The Collapse and Revival of American Community*, Simon and Schuster, New York.

Rapuano, D. (2009), 'Working at fun: conceptualizing leisurework', *Current Sociology*, 57, 617-636.

Riordan, J. (1980), *Soviet Sport*, Blackwell, Oxford.

Riordan, J. (1982), 'Leisure: the state and the individual in the USSR', *Leisure Studies*, 1,

65-79.

Ritzer, G. (1993), *The McDonaldization of Society*, Pine Forge Press, Thousand Oaks, CA.

Ritzer, G. (1999), *Enchanting a Disenchanted World: Revolutionizing the Means of Consumption*, Pine Forge Press, Thousand Oaks, CA.

Roadburg, A. (1978), 'An Enquiry into Meanings of Work and Leisure', PhD thesis, University of Edinburgh, Edinburgh.

Roberts, K. (2009), *Youth in Transition: Eastern Europe and the West*, Palgrave Macmillan, Basingstoke.

Roberts, K. (2012), 'The end of the long baby boomer *generation'*, *Journal of Youth Studies*, 15, 479-497.

Roberts, K. (2014), 'Youth and leisure in an age of austerity', in Nuere, C.O. and Bayon, F., eds, *El Papel del Ocio en la Construccion Social del Joven*, University of Duesto, Bilbao, pp. 17-31.

Roberts, K. (2015a), 'Social class and leisure during recent recessions in Britain', *Leisure Studies*, 34, 131-149.

Roberts, K. (2015b), *The Business of Leisure*, Palgrave Macmillan, Basingstoke.

Robinson, W.l. and Harris, J. (2000), 'Towards a global ruling class? Globalization and the transnational capitalist class', *Science and Society*, 64, 11-54.

Rolandsen, U.M.H. (2011), *Leisure and Power in Urban China: Everyday Life in a Chinese* City, Routledge, London.

Roux, B. Le, Rouanet, H., Savage, M. and Warde, A. (2008), 'Class and cultural division in the UK', *Sociology*, 42, 1, 049-1, 071.

Sala, E., Terraneo, M., Lucini, M. and Knies, G. (2013), 'Exploring the impact of male and female facial attractiveness on occupational prestige', *Research in Social Stratification and Mobility*, 31, 69-81.

Samdahl, D.M. (2010), 'Is leisure studies "ethnocentric"? It takes more than optimism: a view from Athens, Georgia, USA', *World Leisure Journal*, 52, 3, 185-190.

Sassen, S. (1991), *The Global City: New York, London, Tokyo*, Princeton University Press, Princeton, NJ.

Savage, M., Bagnall, G. and Longhurst, B. (2004), 'Local habitus and working class culture', in Devine, F., Savage, M., Scott, J. and Crompton, R., eds, *Rethinking Class: Culture, Identities and Lifestyle*, Palgrave Macmillan, Basingstoke, pp. 95-122.

Savage, M., Bagnall, G. and Longhurst, B. (2005), *Globalization and Belonging*, Sage, London.

Savage, M., Devine, F., Cunningham, N., Taylor, M., Li, Y., Hjellbrekke, J., Roux, B. Le, Friedman, S. and Miles, A. (2013), 'A new model of social class? Findings from the BBC's Great British Class Survey experiment', *Sociology*, 47, 219-250.

Schor, J.B. (1991), *The Overworked American*, Basic Books, New York.

Schütz, A. (1972), *The Phenomenology of the Social World*, Heinemann, London.

Sharma, V. (2006), 'The leisure principle for eradication of global hunger and a more prosperous world', paper presented at *The Phenomenon of the Culture of Leisure* symposium, Wroclaw.

Sharma, V. (2012), 'Introduction', in Dodd, J. and Sharma, V., eds, *Leisure and Tourism: Cultural Paradigms*, Rawat Publications, Jaipur, pp. 1-16.

Simmel, G. (1900/1990), *The Philosophy of Money*, Routledge, London.

Simmel, G. (1903/1950), 'The metropolis and mental life', in Wolff, K., ed., *The Sociology of Georg Simmel*, Free Press, New York.

Singer, P. (1983), *Hegel*, Oxford University Press, Oxford.

Skeggs, B. (1997), *Formations of Class and Gender*, Sage, London.

Skeggs, B. (2004), *Class, Self, Culture*, Routledge, London.

Sklair, L. (2001), *The Transnational Capitalist Class*, Blackwell, Oxford.

Skogen, K. and Wichstrøm, L. (1996), 'Delinquency in the wilderness: patterns of outdoor recreation activities and conduct problems in the general adolescent population', *Leisure Studies*, 15, 151-169.

Smith, A. (1776/1976), *An Inquiry into the Nature and Causes of the Wealth of Nations*, Clarendon Press, Oxford.

Snape, R. and Pussard, H. (2013), 'Theorisations of leisure inter-war Britain', *Leisure Studies*, 32, 1-18.

Sokho Choe and Hyejung Cheon (2010), 'Economic crisis and the change of work and leisure in Korea', in Erwei Dong and Jouyeon Yi-Kook, eds, *Korean Leisure: From Tradition to Modernity*, Rawat Publications, Jaipur, pp. 128-152.

Spracklen, K. (2009), *The Meaning and Purpose of Leisure: Habermas and Leisure at the End of Modernity*, Palgrave Macmillan, Basingstoke.

Spracklen, K. (2011), *Constructing Leisure: Historical and Philosophical Debates*, Palgrave Macmillan, Basingstoke.

Spracklen, K. (2013), *Leisure, Sports and Society*, Palgrave Macmillan, Basingstoke.

Spracklen, K. and Spracklen, B. (2012), 'Pagans and Satans and Goths, oh my: dark leisure as communicative agency and communal identity on the fringes of the modern Goth scene', *World Leisure Journal*, 54, 350-362.

Standing, G. (2011), *The Precariat: The New Dangerous Class*, Bloomsbury Academic, London.

Stebbins, R.A. (1992), *Amateurs, Professionals and Serious Leisure*, McGill-Queens University Press, Montreal.

Stebbins, R.A. (2001), 'The costs and benefits of hedonism: some consequences of taking casual leisure seriously', *Leisure Studies*, 20, 305-309.

Stebbins, R.A. (2005), 'Project-based leisure: theoretical neglect of a common use of free time',

Leisure Studies, 24, 1-11.

Steger, B. (1996), 'Hurried work, hurried leisure, and time to sleep: the case of Japan', paper presented at *New Strategies for Everyday Life* conference, Tilburg.

Sterchele, D. and Saint-Blancat, C. (2015), 'Keeping it liminal: the Mondial Antirazzisti (Anti-Racist World Cup) as a multifocal interaction ritual', *Leisure Studies*, 34, 182-196.

Stewart, B., Smith, A. and Moroney, B. (2013), 'Capital building through gym work', *Leisure Studies*, 32, 542-560.

Stouffer, S.A., Suchman, E.A., DeVinney, L.C., Star, S.A. and Willims Jr, R.M. (1949), *Studies in Social Psychology in World War II. The American Soldier, Volume 1: Adjustment During Army Life*, Princeton University Press, Princeton, NJ.

Sullivan, O. and Katz-Gerro, T. (2007), 'The omnivore thesis revisited: voracious cultural consumers', *European Sociological Review*, 23, 123-137.

Tampubolon, G. (2010), 'Social stratification and cultures hierarchy among the omnivores: evidence from the Arts Council England surveys', *Sociological Review*, 58, 1-25.

Tan Soo Kee (2008), 'Influences of Confucianism on Korean corporate culture', *Asian Profile*, 36, 1, 1-15.

Thomas, W.I. (1927), 'The behavior pattern and the situation', in *Publications of the American Sociological Society: Papers and Proceedings*, 22nd Annual Meeting, vol. 22, pp. 1-13.

Toennies, F. (1887/1955), *Community and Association*, Routledge, London.

Tsai, C.-T.L. (2006), 'The influence of Confucianism on women's leisure in Taiwan', *Leisure Studies*, 25, 469-476.

Urry, J. (2014), *Offshoring*, Polity Press, Cambridge.

Varma, P. (1998), *The Great Indian Middle Class*, Penguin, Delhi.

Vitanyi, I. (1981), *The Goals, Methods and Achievements of Cultural Policies as Reflected in the Social Development of Countries*, Institute for Culture, Budapest.

Vong Tze Ngai (2005), 'Leisure satisfaction and the quality of life in Macao, China', *Leisure Studies*, 24, 195-207.

Wacquant, L. (2004), *Body and Soul: Notebooks of an Apprentice Boxer*, Oxford University Press, Oxford.

Waiton, S. (2012), *Snobs' Law: Criminalising Football Fans in an Age of Intolerance*, Take a Liberty, Dundee.

Wajcman, J. (2015), *Pressed for Time: The Acceleration of Life in Digital Capitalism*, University of Chicago Press, Chicago, IL.

Wallerstein, I. (1979), *The Capitalist World-Economy*, Cambridge University Press, Cambridge.

Wang Qiyan (2007), 'A comparison of Chinese and Japanese leisure modes', *World Leisure Journal*, 49, 142-154.

Warde, A., Martens, L. and Olsen, W. (1999), 'Consumption and the problem of variety: cultural omnivorousness, social distinction and dining out', *Sociology*, 33, 105-127.

Warhurst, C. and Nickson, D. (2007), 'Employee experience of aesthetic labour in retail and hospitality', *Work, Employment and Society*, 21, 103-120.

Warner, W.L. and Lunt, P.S. (1942), *The Status System of a Modern Community*, Yale University Press, New Haven, CT.

Weber, M. (1905/1930), *The Protestant Ethic and the Spirit of Capitalism*, Allen and Unwin, London.

Weber, M. (1922/1946), 'Class, status, party', in *From Max Weber: Essays in Sociology*, in Gerth, H.H. and Mills, C.W., eds, Oxford University Press, New York, pp. 180-195.

Welzel, C. (2013), *Freedom Rising: Human Empowerment and the Quest for Emancipation*, Cambridge University Press, New York.

Welzel, C., Inglehart, R. and Kingemann, H.-D. (2003), 'The theory of human development: a cross-cultural analysis', *European Journal of Political Research*, 42, 341-379.

Wessel, M. van (2011), 'Cultural contradictions and intergenerational relations: the construction of selfhood among middle class youth in Baroda', in Donner, H., ed., *Being Middle Class in India*, Routledge, Abingdon, pp. 100-116.

Willis, P. (1977), *Learning to Labour*, Saxon House, Farnborough.

Wouters, C. (2011), 'How civilizing processes continued: towards an informalization of manners and a third nature personality', in Gabriel, N. and Mennell, S., eds, *Norbert Elias and Figurational Research: Processual Thinking in Sociology*, *Sociological Review*, 59, s1, Sociological Review Monograph Series, Wiley-Blackwell, Oxford, pp. 140-159.

Wright, E.O. (1979), *Class, Crisis and the State*, Verso, London.

Wright, E.O. (2000), 'Working class power, capitalist class interests, and class compromise', *American Journal of Sociology*, 105, 957-1, 002.

Yaish, M. and Katz-Gerro, T. (2012), 'Disentangling "cultural capital": the consequences of cultural and economic resources for taste and participation', *European Sociological Review*, 28, 169-185.

Yi-Chung Hsu and Yu-Cheng Hsu (2012), 'Work and leisure among Indonesian professional family caregivers in Taiwan: reality versus dreams', *World Leisure Journal*, 54, 337-349.

Yongkoo Noh (2010), 'Korean leisure policies', in Erwei Dong and Jouyeon Yi-Kook, eds, *Korean Leisure: From Tradition to Modernity*, Rawat Publications, Jaipur, pp. 34-58.

Yoshitaka Iwasaki, Hitoshi Nishino, Tetsuya Onda and Bowling, C. (2007), 'Leisure research in a global world: time to reverse the western dominance in leisure research?', *Leisure Sciences*, 29, 113-117.

Yu-Hao Lee and Holin Lin (2011), ' "Gaming is my work": identity work in Internet-hobbyist game workers', *Work, Employment and Society*, 25, 451-467.

Zimdars, A., Sullivan, A. and Heath, A. (2009), 'Elite higher education admissions in the arts and sciences: is cultural capital the key?', *Sociology*, 43, 648-666.